utb 5209

Eine Arbeitsgemeinschaft der Verlage

Böhlau Verlag · Wien · Köln · Weimar
Verlag Barbara Budrich · Opladen · Toronto
facultas · Wien
Wilhelm Fink · Paderborn
Narr Francke Attempto Verlag · Tübingen
Haupt Verlag · Bern
Verlag Julius Klinkhardt · Bad Heilbrunn
Mohr Siebeck · Tübingen
Ernst Reinhardt Verlag · München
Ferdinand Schöningh · Paderborn
Eugen Ulmer Verlag · Stuttgart
UVK Verlag · München
Vandenhoeck & Ruprecht · Göttingen
Waxmann · Münster · New York
wbv Publikation · Bielefeld

Andrea Klein, Natascha Miljković

Mein Start in die Hochschullehre

Ratgeber für Erstlehrende

Haupt Verlag

1. Auflage 2019

Bibliografische Informationen der Deutschen Nationalbibliothek:
Die Deutsche Nationalbibliothek verzeichnet diese Publikation in der Deutschen Nationalbibliografie; detaillierte bibliografische Daten sind im Internet über http://dnb.dnb.de abrufbar.

Umschlagsgestaltung: Atelier Reichert, D-Stuttgart
Abbildung Umschlag: Marina Levshina
Satz: Die Werkstatt Medien-Produktion GmbH, D-Göttingen

Printed in Germany

UTB-Band-Nr.: 5209
ISBN: 978-3-8252-5209-0

Inhaltsverzeichnis

Abbildungs- und Tabellenverzeichnis

Geleitwort

Möchte man das hochkomplexe und vielseitige Tätigkeitsfeld einer Hochschuldozentin/eines Hochschuldozenten fassen und beschreiben, so bietet sich die Wahl einer möglichst gut greifbaren Metapher an, z. B. die einer Bergführerin/eines Bergführers: Als Expertin/Experte im eigenen (Fach-)Gebiet führt sie/er mit langjähriger Erfahrung und großem Engagement eine in aller Regel sehr diverse Kohorte von Lernenden auf möglichst gesicherten Pfaden hin zum Gipfel vertieften Verständnisses und ausgewiesener wissenschaftlicher Kompetenz. Dabei muss sich der/die BergführerIn – meist allein auf sich gestellt – mit der sehr variablen Kondition (Motivation, Resilienz) der BergsteigerInnen auseinandersetzen, muss Pfade wählen, die möglichst auch der teilweise minimal vorhandenen Ausrüstung (Vorkenntnisse) gerecht wird, muss schon am Fuße des Berges deutlich machen, weshalb gerade dieser Berg bestiegen wird (Relevanz für die spätere berufliche Tätigkeit, für die Gesellschaft usw.) und welche Belohnung (Abschluss, Auszeichnung) der/dem erfolgreichen GipfelstürmerIn winkt.

Schon im Tal entscheidet die gut geplante Organisation und Logistik über den künftigen Erfolg des Marsches. Unterwegs gilt es dann immer wieder, Führungsstärke zu beweisen: für all diejenigen, die ein großes Sicherheitsbedürfnis haben – und auch für jene, die die Risiken unterschätzen und Gefahr laufen, auf der Strecke zu bleiben. Wertschätzendes und ehrliches Feedback hilft den Wandernden, ihre Kräfte gut einzuteilen, sich mal zu schonen, mal mit erhöhtem Tempo aufzuholen, immer klar vor Augen, dass der Weg machbar und das Ziel erreichbar ist. So geht ein/eine BergführerIn im direkten wie im übertragenen Sinne voran, bietet mit der eigenen Motivation und Expertise das Vorbild einer Persönlichkeit, die den geplanten Weg bereits erfolgreich gemeistert hat und sich idealerweise noch gut an Fehltritte, Irrwege und unzuverlässige Seilschaften erinnert.

Schließlich ist der Gipfel erreicht – (fast) alle haben es geschafft, sind stolz, erleichtert und mit der einen oder anderen Lektion für die nächsten Wanderungen versehen.

So weit, so gut und bildlich greifbar – doch auch die schönste Metapher hat ihre Grenzen der Übertragbarkeit, und gerade an diesen Grenzen zeichnen sich die Dilemmata der Lehre an Hochschulen sehr klar ab: Wie die BergführerInnen tragen Lehrende Verantwortung für den Lernerfolg vieler junger Menschen –

doch im Gegensatz zu BergführerInnen erhalten Lehrende keine einschlägige Ausbildung in der Lehre; das System Hochschule folgert aus fachlicher Expertise immer auch die didaktisch-pädagogische Befähigung, das Expertenwissen weiterzugeben. Damit setzt man auf reines Erfahrungslernen (was durchaus zielführend sein kann) genau in dem Bereich der Hochschule, der die begabten NachwuchswissenschaftlerInnen fördern und fordern soll – d.h. man nimmt einen Qualitätsverlust oder eine «Qualitätsverzögerung» bei der Gestaltung der eigenen Zukunft in Kauf. In unserer Bergführer-Metapher entspräche dies der Strategie, billigend hinzunehmen, dass die ersten Gruppen einer jungen Bergführerin/eines jungen Bergführers nur mit Verlusten den Gipfel erreichen – wenn überhaupt. Zudem fordert man von den «BergführerInnen der Lehre», dass sie parallel auch in der Forschung Höchstleistungen vollbringen – und misst das Ausmaß ihrer Professionalität fast ausschließlich an den Erfolgen in der Forschung. Welchen BergführerInnen möchte man es da vorhalten, dass sie ihren Fokus vor allem auf die karrierewirksame Forschung legen? Schließlich erfüllen sie damit die Erwartungen des Systems.

Es wäre nun ein Leichtes, mit erhobenem Zeigefinger und untermauert von so manchen Studien die Fehler und Unzulänglichkeiten des akademischen Lehrbetriebes aufzulisten und zu diskutieren – doch welchen Wert hätte dies für eben jenen Lehrbetrieb? Keine Dozentin, kein Dozent und kein Präsidium oder Rektorat einer Hochschule setzt sich vorsätzlich für schlechte Lehre ein; kein Gremium der Hochschulentwicklung erlaubt es sich, den Lernerfolg der Studierenden aus dem Blick zu verlieren. Die meisten EntscheidungsträgerInnen und GestalterInnen der Lehre an Hochschulen arbeiten an und in tradierten Strukturen, agieren aus ihrer höchst individuellen Perspektive, sind täglich mit kompetenten IndividualistInnen konfrontiert – und müssen alle in einem hochkompetitiven, internationalen akademischen Umfeld bestehen.

Wie also kann man die zum Teil wohlbegründete Veränderungsträgheit von Hochschulen berücksichtigen und trotzdem wirksam zu konstruktiven Veränderungen beitragen? Mit anderen Worten: Wie kann man Bergbegeisterte darin unterstützen, trotz schwerem Terrain und unsicherem Wetter verlässliche und kompetente BergführerInnen zu werden?

Das vorliegende Buch bietet eine Vielzahl pragmatischer Antworten auf diese Fragen: Das Tätigkeitsfeld von DozentInnen und freien bzw. externen Lehrbeauftragten wird in großer Breite dargestellt und Erfolgsfaktoren guter Lehre und vertieften Lernens identifiziert. Grundlegende didaktische Konzepte liefern den Hintergrund für Anleitungen, Übungen und Handreichungen und fokussieren so auf die Umsetzung in der Lehr- und Lernpraxis. Damit zielt das Buch mit realistisch-pragmatischem Blick auf die für das studentische Lernen so elementare Ressource: auf die *Lernfähigkeit* und die *Bereitschaft zur professionellen Weiterentwicklung* der Lehrbeauftragten und der HochschuldozentInnen – für alle künftigen BergführerInnen der guten Lehre!

Annette Spiekermann
München, im Mai 2019

Dank

Andrea Klein

Alle Tipps und Anregungen, die ich in diesem Buch vorschlage, basieren entweder auf eigener Erfahrung (die ich später in der Literatur bestätigt gefunden habe) oder aber auf Vorgehensweisen aus der einschlägigen Literatur (die ich dann in der Lehre ausprobiert und für gut befunden habe). Daher gilt mein Dank zum einen den Teilnehmenden an hochschuldidaktischen Workshops, die mit ihren Fragen immer wieder Anlass bieten, die eigene Lehre zu reflektieren. Zum anderen danke ich den Kolleginnen und Kollegen, die durch ihre Veröffentlichungen Wissen weitergeben und neue Ideen anstoßen. Nur einige wenige konnte ich in den Literaturhinweisen nennen. All jene, die nicht erwähnt wurden, haben jedoch ebenso viel Positives bewirkt.

Natascha Miljković, meiner Co-Autorin, danke ich für die gleichermaßen inspirierende wie verlässliche Zusammenarbeit. Ich bin sehr dankbar, dass in unserem Miteinander sowohl die konzeptionelle Phase als auch die konkrete Umsetzung so gut funktionieren. Das Brainstorming gerät zwar mitunter recht ausführlich, aber immer folgt darauf eine Phase hoher Konzentration, in der wir die wichtigsten unserer Ideen auch tatsächlich umsetzen.

Meine Familie und mein Freundeskreis kennen mich mittlerweile fast nur noch schreibend. Ihnen danke ich erneut für ihre Geduld und ihr Verständnis. Ein wenig gehen mir dafür schon die Worte aus – an meiner Dankbarkeit ändert das nichts.

Natascha Miljković

Ich danke meiner Familie und zahlreichen lieben Freuden, ganz besonders Anna, Dominik, Feri, Helga, Mario, Rosa und Sarah sowie Beate, Edith, Gerlinde, Katya, Lena und Martina. Zum einen für ihr Verständnis, dass ich so viele Abende und Wochenenden nicht bei ihnen war, sondern an meinen Büchern gewerkelt habe. Mehr noch, sie haben mich dabei gar noch angefeuert und freuen sich über jeden Erfolg mit mir. Das haben sie jetzt davon!

Die Hauptperson, der ich viel Inspiration und Bestärkung für meine Ideen verdanke, ist Andrea Klein, meine Co-Autorin. Ihre ruhige, analytische Art hat mir sofort sehr zugesagt, bündelt dies doch meine gelegentliche Überdrehtheit und meine Ideenanfälle in sinnvolle Kanäle. Danke für deine Freundschaft und deinen unerschütterlichen Glauben an unsere Projekte, ganz zu schweigen von deinem Verhandlungsgeschick.

Eine prägende Person für mich privat, aber auch beruflich, war meine Englischprofessorin am Gymnasium, Frau Professor Helene Adrigan, die auch in feindlichem Klima menschlich blieb, für mich Leistungsdruck zu Entdeckerinnenneugier wandelte und ein durch und durch inspirierendes Beispiel ist. Ihr Vorbild hat mein Leben und meine Lehre nachhaltig beeinflusst.

Die Autorinnen danken

Gemeinsam sprechen wir unseren «geheimen» HelferInnen dieses Buches – zahlreichen namenlosen Lehrenden aus dem deutschsprachigen Raum, die uns so überaus wertvolle Rückmeldungen beim Beantworten unserer Umfrage gegeben haben – tausend Dank für ihr Engagement aus. Dieses Buch ist ihnen und ihrer Lehr- und Betreuungstätigkeit gewidmet. Wir ziehen den Hut vor ihrer Hoffnung, mehr über die Hochschullehre zu erfahren, noch besser zu unterrichten und ihren Studierenden dadurch einen großartigen Wissensvorsprung zu ermöglichen. Des Weiteren danken wir:

- Gerlinde, Edith, Daniel und Marco für ihr Feedback zum Pretest unserer Umfrage,
- Dr.[in] Annette Spiekermann für ihr Geleitwort und
- Dr. Martin Lind und Iris Alder vom Haupt Verlag für ihr Interesse und die sehr professionelle Betreuung.

Vorwort

Ein Liebesbeweis an die Lehre liegt vor Ihnen. Das Buch soll Sie mit unserer Begeisterung, die wir uns allen Umständen zum Trotz erhalten konnten, anstecken. Wir bieten Ihnen viele Informationen und Tipps sowie konkrete Übungen und Reflexionsfragen. Besonders wenn Sie «Erstlehrende» sind, also Neuling in der Lehre, werden Ihnen diese nützlich sein.

Motivation zu diesem Buch

Viele Hochschulen ermöglichen ihren Lehrenden zwar hochschuldidaktische Fortbildungen, doch häufig kommen diese zu spät. Es mögen nur die ersten paar Monate sein, aber in dieser Zeit sind Erstlehrende meist auf sich gestellt. Sie sollen ohne Anleitung und strukturierte Hilfestellung den schwierigen Übergang von der Forschungs- zur Lehrtätigkeit meistern, inklusive der Betreuung von Studierenden. Da findet viel «learning by doing» statt, oder mit viel Glück eine halbwegs gelungene Imitation zuvor selbst erfahrener guter Lehre. Eine unschöne Situation, die allen Beteiligten mehr schadet als nützt: den Erstlehrenden, weil sie sich aufreiben oder gleich resignieren, und den Studierenden, weil ihre Hoffnungen auf gute Lehre und zielführende Betreuung ihrer schriftlichen Arbeiten enttäuscht werden.

Die Lehre ist wie nur wenige andere Tätigkeiten auf konstante große Flexibilität und Nachjustierungen angewiesen, die allein gelassen schwer zu bewältigen sind. Hilfe zur Selbsthilfe ist dabei möglich, wenn es gelingt, die grundsätzlichen Prinzipien der Selbstführung auf die neuen Aufgaben anzuwenden. Auf diese Weise können Sie, die ohnehin unter großem Zeitdruck stehen, die Zeit bis zu einer intensiveren didaktischen Ausbildung überbrücken.

Auch wenn Sie nach ein paar Semestern schon etwas Erfahrung gesammelt haben, sind Sie vermutlich noch für hochschuldidaktische Veranstaltungen dankbar. Aber wie steht es eigentlich mit der anschließenden Umsetzung der Inhalte im Alltag? Erst durch die selbstgesteuerte, individuell angepasste Gestaltung Ihrer zahlreichen Verpflichtungen in und neben der Hochschullehre erzielen Sie Wirkungen, die weit über gute Lehrevaluationen hinausreichen: Sie gewinnen mehr Klarheit, werden zufriedener und arbeiten insgesamt effizienter.

An wen richtet sich das Buch?

Speziell wenn Sie Erstlehrende an einer Hochschule sind, dürfen Sie sich von diesem Buch angesprochen fühlen. Als fachlich hervorragend ausgebildete/r SpezialistIn werden Sie vielleicht schon zu Beginn Ihres Doktorats- oder

PhD-Studiums in der Hochschullehre eingesetzt. Andere lehren als Post-Docs oder Associate bzw. Assistant Professor zum ersten Mal eigenverantwortlich. Aber auch ohne Promotion steht Ihnen der Weg in die Hochschullehre offen – manche Erstlehrende sind PraktikerInnen, die mit ihrem Wissen und ihrer Erfahrung aus dem Job die Lernziele an Hochschulen ideal anreichern können. Manche von ihnen machen es gar zu ihrem neuen Beruf, als Externe an Hochschulen zu lehren.

Sie zeichnen sich durch hohe Motivation, Zielstrebigkeit, dem Wunsch zur Weiterentwicklung und durch hohen Vermittlungswillen aus. Abgesehen von einigen Vorträgen bei wissenschaftlichen Konferenzen hatten Sie jedoch bisher wenig Notwendigkeit (und Gelegenheit), Inhalte für ein Auditorium aufzubereiten. Sie weisen wenig oder keine Erfahrung mit Lehraufträgen über ein ganzes Semester auf und wissen wenig über didaktisch sinnvolle Herangehensweisen. Auch mit den Aufgaben und Verantwortlichkeiten der Rolle der Betreuerin/des Betreuers von Abschlussarbeiten sind Sie noch nicht in Berührung gekommen. Wahrscheinlich sehen Sie sich vorrangig in Ihrem Fach verortet, nicht aber als DidaktikerIn. Keine Angst, das alles lässt sich lernen, schon ein paar gezielte Hinweise werden Ihnen spürbar mehr Sicherheit geben.

Aufbau des Buches

Wir haben die Inhalte in vier Teile gegliedert:

- **Teil I: Mein Start als Lehrperson** leitet Sie durch die Rahmenbedingungen für gelingende Lehre und bereitet Ihnen einen leichten Einstieg in Ihre neuen Aufgaben: die Lehrplanung und die Umsetzung von Inhalten in konkrete Lehrveranstaltungen. Sie erfahren zudem, wie Sie Unterstützung finden und Feedback einholen können.
- **Teil II: Studierende optimal anleiten** widmet sich mit dem wissenschaftlichen Arbeiten einem Kerngebiet der Tätigkeit an Hochschulen. Wie leiten Sie wissenschaftliches Arbeiten ideal an? Was brauchen Ihre Studierenden von Ihnen, um gute Arbeiten zu schreiben?
- In **Teil III: Wissenschaftliche Abschlussarbeiten betreuen** geht es noch weiter in die Tiefe der akademischen Ausbildung. Sie reflektieren Ihre Rolle im Betreuungsprozess und lernen, diesen Prozess zu gestalten. Möglichkeiten zur Vermeidung akademischer Unredlichkeit werden intensiv thematisiert.
- In **Teil IV: Positionierung zwischen Lehre und Forschung** beschäftigen Sie sich mit dem meist nur insgeheim durchlebten Rollenkonflikt zwischen Lehre und Forschung. Wie verlieren Sie trotz hohem Arbeitspensum die

eigene Karriereentwicklung nicht aus den Augen? Wie gelingt es, Ihr Wissen und Können attraktiv zu präsentieren, online und offline?

Zur besseren Orientierung sind alle Teile gleich aufgebaut: Nach einer kurzen Einleitung folgen die Kapitel mit den jeweiligen Anleitungen und Tipps. Sie sind herzlich eingeladen, die Reflexionsfragen intensiv zu bearbeiten, um sich tiefer mit den jeweiligen Inhalten auseinanderzusetzen. Zum Abschluss eines jeden Teils finden Sie dann weiterführende Literaturempfehlungen.

Immer wieder werden Sie auch Zitate von Teilnehmenden einer Umfrage lesen, die wir im Jahr 2017 im deutschsprachigen Raum durchgeführt haben. Mehrere Hundert Personen haben sich für die Umfrage interessiert, davon haben 220 alle Fragen beantwortet, zahlreiche andere beantworteten einzelne Fragen. In diesen lebensnahen Einblicken in die Chancen und Herausforderungen der Hochschullehre werden Sie sich vermutlich mehr als einmal wiedererkennen. Denn eines ist gewiss: Sie stehen nicht allein da mit Ihren Überlegungen beim Start in die Lehre; anderen geht es ähnlich, es spricht nur kaum jemand darüber.

Dieses Buch soll eine Hilfe in der spannenden, aber auch angespannten Zeit der Erstlehre sein. Wir wünschen Ihnen viel Freude beim Ausprobieren und alles Gute für Ihre Lehre!

Andrea Klein & Natascha Miljković
Heidelberg und Wien, im Mai 2019

Teil I

Mein Start als Lehrperson

«Lernen kann man stets nur von jenem,
der seine Sache liebt, nicht von dem, der sie ablehnt.»
(Max Brod)

Inhalt

Wissen weiterzugeben, in hochgeistige Diskussionen mit FachkollegInnen involviert zu sein, kluge Fragen der interessierten Studierenden gestellt zu bekommen, wortgewandt zu argumentieren: Der Beginn der Hochschullehre – in diesem Buch wird diese Phase **Erstlehre** genannt – ist von vielen Hoffnungen und Wünschen begleitet, aber auch von vielen Herausforderungen geprägt. So kommen manche Lehrende eher zufällig oder gar durch eine **Lehrverpflichtung** zur Lehre, Kenntnisse über unterschiedliche **Lehrtechniken** fehlen häufig, und zu allem Überfluss verhalten sich Vorgesetzte und Studierende weit weniger inspirierend als gewünscht. Wie Ihre konkreten Bedingungen in der Lehre auch sein mögen: Sie alle tragen ab sofort viel Verantwortung.

Wäre es daher nicht großartig, diese anspruchsvolle Zeit so effektiv wie möglich und zugleich auch so angenehm und anregend wie möglich zu gestalten? Im ersten Teil dieses Buches finden Sie in den Kapiteln 1 und 2 einen Überblick über das «System Hochschule» sowie Tipps, wie Sie sich darin zurechtfinden können. Dafür ist es nützlich, sich mit dem eigenen Rollenverständnis als Lehrkraft und den damit verbundenen eigenen Erwartungen auseinanderzusetzen, anstatt nur die Anforderungen und Ansprüche anderer im Blick zu haben. Als Erstlehrende werden Sie voraussichtlich so einiges formell wie auch informell dazulernen müssen.

Eine der wichtigsten neuen Fähigkeiten wird die Umsetzung von **Lehrplänen** betreffen sowie das Finden geeigneter Lehrformen, die für die Mehrheit Ihrer Studierenden Nutzen bringt. Stärkung für diese Aufgaben bekommen Lehrkräfte in unterschiedlicher Form: In Kapitel 3 und 4 erkunden Sie die diversen Angebote und lernen Techniken, u. a. darüber, wie Sie **Feedback** kurz und knackig erheben und welchen Nutzen Sie aus Evaluierungsergebnissen ziehen können.

1 SystemversteherIn werden

Natascha Miljković

«The potential for both rewards and pressures is great during the initial years of academe. In the first years of an academic appointment, new faculty members must unravel the organizational structures and values, the expectations for performance and advancement, and the history and traditions of their new campus setting.»
(Sorcinelli 1988:121)

In diesem Kapitel finden Sie ...

... Informationen zur ersten Orientierung an einer neuen Hochschule und zur Vorbereitung als Erstlehrende. In dieser Phase steht die komplexe Arbeit am Curriculum für die erste eigene Veranstaltung bevor: Wie setze ich den Lernstoff konkret um? Welche Lehrform ist angebracht? Welche Lernziele sollen die Studierenden erreichen? Zudem gilt es in dieser Zeit auch KollegInnen kennenzulernen und neue Funktionen und Rollen zu besetzen. Viele Hochschulen stellen Wissenswertes dazu in einem Handbuch für Lehrende («Dozierenden-Paket») zusammen.

Umfrage unter Hochschullehrenden

Der Einstieg in die **Hochschullehre** gestaltet sich für alle Lehrenden etwas unterschiedlich – entscheidend sind Hochschultyp (Universität, Fachhochschule, Pädagogische Hochschule, Kunstakademie, Technische Universität usw.), Anstellungsart (Vertragslehrende, externe Lehrende) und Art der Veranstaltung (Seminar, Übung, Vorlesung), die vorbereitet wird.

Was sich in allen Fällen während dieser Zeit als besonders hilfreich erwies, zeigt sich in den folgenden Aussagen:

- Etwa 27 % hatten vor Beginn ihrer Lehrtätigkeit eine kurze Besprechung mit ihren Vorgesetzten, die ihnen erläuterten, was die Vorlesungs- bzw. Seminarziele waren. Manche konnten auch erfahrenere KollegInnen fragen, wenn sie etwas benötigten.
- 25 % besuchten einen Workshop oder eine **Weiterbildung** zu Didaktik (z. B. für das «Zertifikat Hochschullehre»), für wenige war diese vor Stellenantritt

sogar verpflichtend zu absolvieren. Einige Personen berichteten, zur Vorbereitung lediglich eine kurze Einführungsveranstaltung besucht oder nur weiterführende Literatur genannt bekommen zu haben.
- 12 % konnten Erfahrungen nutzen, die sie als TutorInnen, VorlesungsassistentInnen oder in anderen ähnlichen Tätigkeiten (z. B. BeraterInnen) sammeln konnten.

Als oft zu Hilfe genommene Unterlagen wurden von den Befragten Handbücher für neue Mitarbeitende, Lehrende, Fachbereichsleitende usw. genannt. Weitere hilfreiche Dokumente können aber auch Qualitätsstandards, Richtlinien, Leitfäden sowie verschiedene Erlasse und Gesetze sein.

1.1 Ihr Antritt als Lehrperson

Anders als in vielen anderen Berufen, die großen Wert auf Orientierung und Einschulung der Neulinge und BerufseinsteigerInnen legen, wird an Hochschulen der **Antritt** als Lehrperson selten zelebriert oder vorbereitet. Das trifft die sogenannte **Erstlehre** besonders hart (s. o.), da es insbesondere für die neuen Lehrenden (Erstlehrende) schwierig ist, in den geänderten Rollen und neuen Funktionen Fuß zu fassen: Während man als Studierende gewöhnt war, Informationen zu konsumieren, diese bei Prüfungen wiederzugeben und in Projekten zur Anwendung zu bringen, muss nun bei der Vorbereitung zur Vorlesung oder zum Seminar nicht nur die Richtung des Informationsflusses bedacht, sondern auch noch didaktisch zweckmäßig vorgegangen werden. Das sind durchaus hohe Anforderungen an neue Lehrende, besonders wenn diese die Lehre von ihrer Ausbildungs- und Studienzeit kennen, selbst aber nur wenig praktische oder didaktische Erfahrung mitbringen, die sie in dieser ersten Phase einsetzen könnten.

Reflexionsfragen

Reflektieren Sie zum Antritt Ihrer neuen Tätigkeit mit zahlreichen neuen Rollen und Funktionen Ihre persönlichen und beruflichen Einstellungen zu Studium, Studierenden, zur Lehre und zum Lernen:

- Welche Fähigkeiten habe ich in meinem Studium gelernt, die mir heute noch nützlich sind? Welches Wissen neben dem Fachwissen erwarb ich damals?
- Was lief in meinem Studium nicht so gut? Worauf führe ich das zurück?
- Welche Lehrenden haben mich in meiner Studienzeit beeindruckt? Welche positiven Verhaltensweisen haben diese gezeigt? Wie sind diese den Studierenden begegnet?
- Was taten meine Lehrenden, wenn ihnen ein Fehler bzw. etwas Unvorhergesehenes passiert ist?
- Wie forderten meine Lehrenden uns Studierende zum Nachdenken heraus?
- Was möchte ich in diesem neuen Semester erreichen? Habe ich ein konkretes Ziel, das ich für meine Lehre erreichen möchte?
- Was möchte ich am Ende des Semesters oder Studienjahres als Lehrende besser wissen oder können als am Anfang?
- Für wen unterrichte ich? Wer sind die NutznießerInnen meiner Lehre? Welche Hintergründe und Lebensbedingungen könnten diese haben? Welche Themen könnten ihnen aktuell gerade wichtig sein?
- Wie möchte ich meinen Lernenden begegnen?

Eine nützliche Anregung zur eigenen Rollendefinition als Lehrende stammt von Co-Autorin Andrea Klein, die ihre Überlegungen in ihrer persönlichen **Lehrphilosophie** zu Papier gebracht hat (Klein 2017, http://www.wissenschaftliches-arbeiten-lehren.de/meine-lehrphilosophie/) und den Studierenden zur Verfügung stellt. Sie definiert u. a., welche Grundhaltung sie der Lehre und den Studierenden gegenüber aufbringt und welche Werte sie in der Lehre vertritt.

Bevor Sie als Erstlehrende jedoch auch nur einen Studierenden zu Gesicht bekommen, steht zunächst die intensive Vorbereitung auf den eigentlichen Unterricht an. Das kann auf mehreren Ebenen geschehen, je nachdem, wieviel Zeit Ihnen dafür zur Verfügung steht (idealerweise haben Sie in den Semester- bzw. Sommerferien davor Zeit dafür): Sehen Sie Unterlagen von VorgängerInnen durch, setzen Sie Besprechungen mit den Vorgesetzten (s. u.) an, um die Erwartungen an Sie und Ihre Lehre zu diskutieren, oder besuchen Sie eine formale Ausbildung, z. B. einen Didaktik-Lehrgang oder -Workshop (s. Kap. 3.3).

Ein großer Vorteil der Lehre ist, dass Sie durch Ihre Ausbildung(en) und Studien über die Inhalte Ihrer Veranstaltung schon gut im Bilde sind. Sie ahnen vielleicht auch schon, welche Vermittlungsformen funktionieren und bei den Studierenden gut ankommen – und welche nicht so gut klappen. Es noch nicht ganz genau zu wissen, ist völlig in Ordnung, denn Lehrende lernen durch und beim Unterrichten auch jedes Mal selbst dazu. Dieser Effekt der Lehre, genannt **Lehrlehre**, basiert darauf, dass die Lehre jedes Semester in neuen Gruppenzusammenstellungen stattfindet und man als Lehrende mit immer neuen Studierenden (und KollegInnen) zusammenarbeitet, wodurch man auch als Lehrende immer wieder neu dazulernt.

Übung

Bereiten Sie sich auf das erste Gespräch für die **Curriculumsplanung** mit den Vorgesetzten über die folgenden planerischen und administrativen Fragen gründlich vor:

Planerische Fragen:

- In welchem größeren Zusammenhang kann man meine Lehrveranstaltung verorten?
- Wie viele Stunden, verteilt auf wie viele Einheiten, sind für mein Pensum vorgesehen?
- Was lief an dieser **Position** bislang weniger gut und muss aufgearbeitet werden?
- Was stellt für meine Vorgesetzten und mich einen deutlichen **Erfolg** dar? (Je klarer Erwartungen, Wünsche und Ziele offengelegt und besprochen werden, umso eher wird Ihr Semester auch erfolgreich werden.)
- Liegt den Vorgesetzten ein **Lernziel** der Studierenden besonders am Herzen?
- Mit wie vielen Studierenden ist in meiner Veranstaltung zu rechnen? Findet die Veranstaltung zum ersten Mal statt: Wie viele Studierende sind in den Lehrgang/für dieses Studium eingeschrieben?
- Wer hat die inhaltliche Entscheidungsgewalt? Muss ich mich mit anderen Lehrenden abstimmen, z. B. weil sie einführende oder weiterführende Veranstaltungen abhalten, die einen engen Bezug zu meiner Veranstaltung haben?
- Unterrichte ich alleine oder im Team? Habe ich die Möglichkeit, eine **Studienassistenz** oder einen/eine **TutorIn** anzufordern (besonders wichtig für Übungen und Großseminare, die mehr persönliche Betreuung der Lehrenden erforderlich machen)?
- Muss ich ausführliche Handreichungen erstellen? Kann ich dafür Materialien von VorgängerInnen weiterverwenden (s. u.)?
- In welcher Form soll ich Online-Medien wie **Lernplattformen** oder **Lernportfolios** einsetzen? Benötige ich spezielle Zugangsdaten für diese Online-Services und wer stellt sie mir zur Verfügung?

Administrative Fragen:

- Bekomme ich Schlüssel für die zugeteilten Lehrräume ausgehändigt? Muss ich sie mir bei den PortierInnen aushändigen lassen oder kommt die Saalbetreuung zur Unterstützung zu mir?
- Bekomme ich meine Lehrmittel oder eine spezielle Saalausrüstung ausgehändigt oder muss ich diese selbst besorgen? Wenn Rechnungen anfallen sollten, muss ich diese zuvor genehmigen lassen oder reiche ich sie im Nachhinein ein?
- Gibt es ein Kontingent für Kopien am Institut, falls ich etwas für meine Veranstaltung ausdrucken muss?

Ähnliche Fragen gelten auch für Sie, wenn Sie nebenberuflich und/oder selbstständig lehrend tätig sind (s. Kap. 14), wobei dann zusätzlich zu den Fragen zu Anforderungen der Hochschullehre im Allgemeinen bzw. der Erstlehre im Speziellen auch unternehmerische Aspekte Beachtung finden müssen: Akquise und Bewerbung durchzuführen, zu versuchen Empfehlungen zu bekommen, immer wieder neue Vortragsthemen oder Erweiterungen zu bestehenden Themen anzubieten usw.

1.2 Wie der Hase läuft

Kommt man als neue Lehrkraft an eine Hochschule, steht neben der Arbeit an den Inhalten der Veranstaltung auch das Vertrautmachen mit der neuen Umgebung an. Das betrifft bei der Vertragsunterzeichnung zunächst die Klärung von Pflichten wie Präsenzzeiten und Vertretungsmöglichkeiten, aber auch Informationen zum Standort des Büros, zu Weisungsbefugnissen, wichtigen Terminen usw.

Tipp

Suchen Sie alle für Sie relevanten Informationen in den Online-Portalen Ihrer Hochschule und speichern Sie sie lokal ab (z. B. für den Fall, dass das mobile Internet einmal nicht verfügbar sein sollte, man die Zugangsdaten zum Online-Hochschulsystem noch nicht bezogen hat usw.). Lesen Sie alle Informationen gründlich durch und machen Sie sich ggf. Notizen zu **Ansprechpersonen** und Anforderungen, die Sie betreffen: Wo bekomme ich Kopien her? Wie stelle ich den Lernenden meine Vortragsfolien zur Verfügung? Wen kann ich ansprechen, wenn die Technik im Vortragsraum streikt?

Bedingt durch Ihre unterschiedlichen Funktionen und Rollen als Lehrende haben Sie auch unterschiedliche Vertretungen und Gremien, die für Sie zuständig sind. Machen Sie sich zu Beginn Ihrer Tätigkeit auch mit den unterschiedlichen Verwaltungseinheiten Ihrer Einrichtung vertraut und verorten Sie sich anschließend genauer in den diversen administrativen und **hierarchischen Ebenen** Ihrer Hochschule.

Reflexionsfragen

- Wie viele Hierarchieebenen gibt es an meiner Hochschule?
- Wo ist meine Position zu verorten? Welche Konsequenzen hat das für mich?
- Wer sind die Vorgesetzten meiner Vorgesetzten?
- Welche KollegInnen arbeiten in welcher Verwaltungseinheit?
- In welchen Gremien habe ich ein Mitspracherecht?

Spannende Einblicke ins Funktionieren Ihrer Hochschule bietet auch das **Leitbild** (Mission Statement) auf der Hochschul-Website. Hier werden die wichtigsten Werte der Hochschule und ihrer Menschen präsentiert: Wie ist die Hochschule entstanden? Welche Schwerpunkte hat sie, welche Traditionen pflegt sie? Leider werden nicht immer alle im Leitbild erwähnten Werte auch tatsächlich gelebt. Aber woran lässt sich dies erkennen? Angenommen, eine Hochschule beschreibt sich als familienfreundlich, so sollte ihre Website entsprechende Anhaltspunkte zeigen, z. B. hinsichtlich der Karenz für Frauen und Männer oder bezüglich Pflegefreistellung, an vielen Hochschulen gibt es auch einen eigenen Hort oder Kindergarten usw. Weitere gute Einblicke in Ihre neue Institution bietet auch der offizielle Kalender der Hochschule. Finden Sie heraus, welche Veranstaltungen von und für die KollegInnenschaft angeboten werden: Trifft man sich nach der Arbeit? Gibt es außercurriculare Angebote im Bereich Sport oder Kultur? Findet ein Betriebsausflug statt? Fragen Sie Ihre neuen KollegInnen, welche Veranstaltungen sich zu besuchen lohnen und welche eher nicht. Nutzen Sie anfangs Ihre Mittags- und Kaffeepausen dafür, Ihre KollegInnen persönlich kennenzulernen.

Wenn Sie ganz neu in den Beruf eintreten, bereiten Sie sich zunächst auch emotional auf diese erste, meist stressige Phase vor: Sie werden anfangs wohl öfter, als Ihnen lieb ist, ins kalte Wasser springen müssen, Dinge nicht wissen oder nicht finden können und öfters als sonst Unterstützung brauchen. Das ist völlig in Ordnung, verlassen Sie sich auf Ihre vielen Erfahrungen und Ihr Können, bald schon können alle «Trainingsräder» abmontiert werden. Um nicht noch weiteren Stress durch schlecht sitzende Krägen, zwickende Nähte und ausgerissene Knöpfe hinzuzufügen, schafft es vielen gute Gefühle, wenn sie gut angezogen zur Arbeit erscheinen: Gehen Sie an Ihren Kleiderschrank und untersuchen Sie Ihre Garderobe. Kaufen Sie ggf. nach, was nötig ist, damit Sie sich in Ihrer Kleidung so wohl wie möglich fühlen und sich voll auf die Lehre konzentrieren können.

Übung

Die ersten Tage und Wochen sind wohl die spannendsten im neuen Job bzw. in der neuen Rolle. Jetzt stellen sich auch einige Weichen für Ihre Zukunft. Mit nachfolgenden Tipps gestalten Sie diese aktiv:

Speziell für BerufseinsteigerInnen:

- Kommen Sie ohne große Erwartungen oder vorgefertigte Meinungen in der neuen Position an. Erst einmal gilt es, die neue Umgebung zu beobachten und wertungsfrei auf sich wirken zu lassen. Diese Einstellung schützt vor Enttäuschungen und allzu raschen Vorurteilen.

- Setzen Sie eine passende **Organisationsstruktur** an Ihrem Arbeitsplatz – Ihrem Schreibtisch, aber auch in Ihrem Computer – auf. Sammeln Sie alles, was Sie für den Unterricht benötigen wenn möglich an einem Ort. Bringen Sie auch kleine gesunde Snacks als Reserve für stressige Tage mit ins Büro.
- Beobachten Sie die Menschen in Ihrer Umgebung genau. Können Sie **Gruppendynamiken** wahrnehmen? Lernen Sie damit umzugehen und Ihren Platz in der neuen Zusammensetzung nach Ihren Wünschen zu definieren. Überprüfen Sie, was die erfolgreichsten KollegInnen konkret machen, um Erfolg zu haben und übernehmen Sie passende Strategien für sich.
- Womöglich etwas kontraintuitiv, doch fragen Sie schon bald, wie und wann **Urlaube** festgelegt werden. So können alle Beteiligten zeitgerecht planen und ggf. Vertretungen bestimmt werden.

Für alle Erstlehrenden:

- Beziehen Sie so rasch wie möglich den für Ihre Veranstaltung relevanten **Modulkatalog**, ein richtungsweisendes Dokument, das u. a. folgende Aspekte anführt: Alle Lernziele des Studiengangs/Moduls, die die Studierenden nach Besuch Ihrer Veranstaltung erreicht haben müssen, der zu erwartende Aufwand der Studierenden für das Erreichen der Lerninhalte und -ziele, Informationen zum Aufbau der einzelnen Veranstaltungen des gesamten Studiengangs/Moduls bis hin zu Informationen über geeignete Prüfungsformen.
- Mit «Verbündeten» arbeitet man leichter und schneller. Unterstützen Sie Ihr Team/Ihren KollegInnenkreis wann immer Sie können – gute Netzwerke leben vom Geben und Nehmen. Finden Sie heraus, was in Ihrem KollegInnenkreis geschätzt wird, welche Traditionen es gibt (z. B. vor Arbeitsbeginn, in Pausen, nach Arbeitsende), wie sich der allgemeine Umgang miteinander gestaltet usw.
- Fragen Sie nach Ihrer Telefonnummer und E-Mail-Adresse an der neuen Position und tragen Sie diese im Online-System ein, damit Ihre Studierenden Sie bei Bedarf leicht erreichen können.
- Legen Sie die Zeiten Ihrer Sprechstunden fest und geben Sie auch diese im Online-System Ihrer Einrichtung sowie per Aushang an Ihrer Bürotüre bekannt.
- Erarbeiten Sie gute **Routinen** (s. Kap. 11.1), die Sie beim raschen Abarbeiten anfallender Tätigkeiten unterstützen. Besonders am Morgen und am Nachmittag/Abend werden Weichen für die Effizienz des Tages bzw. des nächsten Tages gesetzt. Was können Sie zu Hause bzw. im Büro unternehmen, um den Tag möglichst erfolgreich zu starten und ihn gelungen abzuschließen?
- Erstellen Sie eine Packliste mit Materialien und Tools, die Sie in Ihren Vorlesungen häufig benötigen werden (z. B. Plakat- und Whiteboardstifte, Ladekabel für den Laptop, Wasserflasche usw.).
- Setzen Sie Ihre Vorgesetzten regelmäßig über den Status Ihrer Arbeit/Projekte in Kenntnis. Erarbeiten Sie dann gemeinsam, wie Änderungen bei Bedarf vorgenommen werden sollen.
- Stellen Sie einen persönlichen **Entwicklungsplan** (s. Kap. 3) zusammen und definieren Sie benötigte Zeit und benötigtes Geld sowie die Ziele neuer Ausbildungen genau: Wollen Sie sich in den nächsten zwei bis drei Jahren habilitieren? Müssen Sie ein bestimmtes Computerprogramm bedienen können? Sollten Sie Ihre beruflichen Englischkenntnisse aufbessern?

Speziell für externe Lehrende:

- Erweitern Sie Ihr berufliches Netzwerk, indem Sie neue KollegInnen und Kontakte nach der ersten Begegnung auf **LinkedIn** oder **Xing** kontaktieren. Halten Sie auch mit früheren KollegInnen gelegentlich Kontakt. Das alles kann sich in weiterer Folge für Anstellungen oder für die Akquise neuer Lehraufträge als sehr nützlich erweisen.
- Überprüfen Sie mehrere Anreisemöglichkeiten zum jeweiligen Arbeitsplatz, damit Sie auch bei Terminverlegungen nicht zu spät kommen.
- Als externe Lehrende haben Sie sehr wahrscheinlich keinen fixen Arbeitsplatz an einer Hochschule oder arbeiten vielleicht sogar an mehreren Einrichtungen. Für Sie ist es besonders wichtig, an Ihrem jeweiligen Arbeitsplatz (z. B. im Arbeitszimmer zu Hause) auf Ordnung zu achten. Reservieren Sie jeden Freitagnachmittag einige Minuten Zeit, um im E-Mail-Programm, in den Ordnern am Computer und in Ihrer Ablage Ordnung zu schaffen.
- Legen Sie in Abständen von drei Monaten ein «Date zur **Selbstreflexion**» (alleine oder zusammen mit Vertrauten) fest und halten Sie Rückschau: Was verlief gut, was sollte ich verbessern und wie?

1.3 Fremdbild versus Selbstansprüche

Kennen Sie Lehrercartoons oder Witze über Lehrende? Sie basieren meist – wie für Cartoons oder Witze typisch – auf überhöhten Klischees und Vorurteilen, weshalb Lehrende darin meist nicht besonders gut wegkommen. Lehrenden-Klischees sind in den deutschsprachigen Bildungssystemen stark verbreitet: **Klischees** von besserwisserischen Lehrenden, von sehr strengen Lehrenden, die viel schimpfen und bestrafen, von zu gutherzigen Lehrenden, denen die Studierenden auf der Nase herumtanzen, von Lehrenden, die um keinen Preis **Fehler** zugeben würden usw. Diese Klischees können natürlich einen wahren Kern enthalten, doch sind sie stark überzeichnet – und treffen eben noch längst nicht auf alle Lehrenden zu. Ganz generell zeigt sich zudem, dass Lehrende sich und ihre Aufgaben oft anders wahrnehmen als Außenstehende.

Neue Lehrende sollten keine Energie auf eine Korrektur oder Richtigstellung dieser in der Öffentlichkeit verbreiteten **Fremdbilder** verschwenden, sondern sich v. a. mit folgenden zwei Fragen beschäftigen: Was erwarten sich die Hochschulen von Ihnen als Lehrkraft? Und: Wie ist es um Ihre Selbstansprüche bestellt, was erwarten Sie selbst von sich als Lehrkraft? Die grundlegenden Dinge sind klar: Offiziell müssen Sie eine gewisse Anzahl an Stunden zu einem gewissen Lehrstoff an Studierende vermitteln. Mit etwas Glück finden Sie weitere Details zu inhaltlichen Fragen im **Lehrplan (Curriculum)** verankert und können sich daran orientieren, um Ihre **Vorlesungspläne** zu entwickeln (s. Kap. 1.4). Beachten Sie vor allem auch, welche **Vorerfahrungen** die Studierenden in Ihr Seminar/Ihre Vorlesung mitbringen werden bzw. welches Wissen sie aus Ihrer Veranstaltung für die weiteren Studien benötigen.

Einige Befragte in unserer Umfrage unter Hochschullehrenden gaben unumwunden zu, sich selbst die heftigsten KritikerInnen zu sein (2,5 %) und müssen sich bemühen, auch die gut gelungenen Dinge zu sehen.

> *«Die Auseinandersetzung mit der eigenen Rolle als Lehrende scheint mir tatsächlich zentral zu sein: wie sehe ich meine Rolle, wie sehen andere meine Rolle, gibt es* ***Rollenkonflikte****?»*
> (Teilnehmende an Lehrenden-Umfrage, Klein & Miljković 2017)

Ihre **Rolle** als Lehrende kann durchaus individuell angelegt werden. Auch wenn nicht viele Lehrende diese Chance bewusst wahrnehmen, kann eine klare Rollenzuweisung als Lehrende z. B. bei der Kommunikation mit Studierenden im Lehrsaal, per E-Mail, im «virtual classroom» der Lernplattformen und in den Sprechstunden sehr relevant werden.

Reflexionsfragen

- Welches Selbstverständnis habe ich von meinem Beruf und von meiner Rolle als Lehrende?
- In welche Rolle trete ich als Lehrperson hauptsächlich? Als Förderin/Förderer, WissensvermittlerIn, AdvokatIn des Teufels, wohlwollende Kollegin/wohlwollender Kollege, Kummerkasten, StoffpaukerIn?
- Wie beeinflusst mein Selbstverständnis den Umgang mit anderen? Hat es Einfluss darauf, wie nahbar ich gegenüber Studierenden bin? Möchte ich lieber geduzt oder gesiezt werden?
- Wie oft und wann habe ich außerhalb des Lehrsaals Kontakt zu Studierenden? Ist diese Frequenz zu viel, zu wenig oder stimmig für mich?
- Gibt es regelmäßige **Sprechstunden** oder mache ich von Fall zu Fall individuelle Besprechungen?
- Sollen sich die Studierenden zur Sprechstunde anmelden oder können sie einfach vorbeikommen?

Vieles ergibt sich von ganz alleine und braucht keine weitere Planung, andere Aspekte haben Sie selbst in der Hand und können sie so einrichten, wie Sie es bevorzugen. Mit der Zeit sollte sich ein klarer Stil, ein «Lehrenden-Profil», ergeben, das Sie für Studierende als Lehrkraft und als Person leichter greifbar macht. Ihr Profil ermöglicht es, einen **Rapport** – eine je nach Person mehr oder minder starke Verbundenheit mit den Studierenden – aufzubauen und eine Vertrauensbasis zu schaffen, die das gemeinsame Lehren und Lernen erleichtert.

Wie es eine Lehrperson in unserer Umfrage ausdrückt, kann der Aufbau einer tragfähigen Beziehung zu den Studierenden sogar darüber entscheiden, ob ein Lehren und Lernen überhaupt möglich ist. Gelingt es nicht, eine gute Basis zu schaffen, kann es langfristig zu **Demotivation** kommen oder kleine Rebellionen unter den Studierenden hervorrufen, da Ihre Position in den Gruppendynamiken geschwächt wird.

In der Umfrage wurde beschrieben, welche Ziele Lehrende an ihre Lehre legen, aus denen sie immer wieder viel Motivation und auch Inspiration ziehen. Erkennen Sie sich darin wieder? TeilnehmerInnen unserer Umfrage unter Hochschullehrenden gaben u. a. folgende Auskünfte darüber, wie sie ihre Rolle wahrnehmen und/oder was sie erreichen möchten:

> *«Die Studierenden in der Auseinandersetzung mit ihrem zukünftigen Berufsfeld unterstützen; den Studierenden vermitteln, dass ‹Theorie› etwas ist, das sie auch außerhalb der Uni gebrauchen können; Interesse am Fach wecken»*
>
> *«Irritieren, den Studierenden etwas mitgeben, sie dazu animieren, Fragen zu stellen»*
>
> *«Interesse für Forschungsfragen wecken, Mut machen, eigenen Fragen systematisch nachzugehen, unkonventionelle Quellen erschließen»*
>
> *«Mit Studierenden Theorien und ihre Konsequenzen durchdenken, Irritationen mit dem Alltagsverständnis auslösen und bearbeiten»*
> (Teilnehmende an Lehrenden-Umfrage, Klein & Miljković 2017)

Übung

Ihre Rückschauen (s. o.) gelingen meist besser, wenn Sie in einem **Reflexionsjournal** regelmäßig sammeln, was Ihnen fachlich wie formell in Bezug zu Ihrer Lehrveranstaltung aufgefallen ist. Kriegen Sie bestimmte Fragen immer wieder gestellt (z. B. weil Sie zu schnell vorgehen)? In welchen Momenten ärgern oder freuen Sie sich besonders? Haben Sie an mancher Stelle andere Reaktionen Ihrer Studierenden erwartet? Wie wurden die Übungen und Hausaufgaben umgesetzt? Schreiben Sie diese Beobachtungen und Überlegungen am besten nach jeder Ihrer Veranstaltungen oder zumindest einmal wöchentlich in ein Notizbuch bzw. verwenden Sie elektronische Notizbücher oder ePortfolios dazu. Nutzen Sie auch die Auswertungen und spezifischen Rückmeldungen von Evaluierungen (s. Kap. 4) am Ende der Veranstaltung/des Semesters für Ihre Selbstreflexion.

1.4 Lehrpläne erarbeiten

Bevor Sie sich an die Erstellung Ihres Lehrplans machen, müssen Sie sich Gedanken über den für Ihr Thema nützlichsten didaktischen Zugang machen. Eine sehr bekannte didaktische Theorie ist das **Constructive Alignment** (im deutschsprachigen Raum «Passung» oder «Didaktischer Dreisprung/Triade» genannt; Biggs & Tang 1999) (Abb. 1), die besagt, dass für das Erreichen von Lernzielen drei Komponenten im Wechselspiel stehen müssen: Die Lernziele (learning outcomes) oder Lernergebnisse einer Lehrveranstaltung können nur durch passende und möglichst diverse Lehrmethoden erreicht werden, deren Wirksamkeit wiederum durch geeignete **Prüfungsmodalitäten** kontrolliert werden.

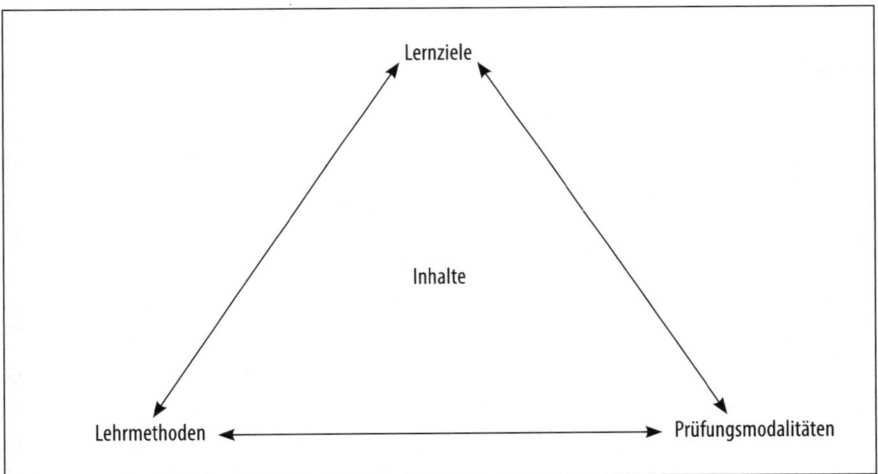

Abb. 1: Schema des Constructive Alignment

Weitere Didaktiktheorien stellen eher den Prozess des Lernens in den Vordergrund. Der **experimentelle Lernkreis nach Kolb** (Abb. 2) erklärt den Ablauf des Lernens wie folgt: (1) Lernende experimentieren aktiv, klären anschließend die Gefühle, die sie während des Experiments erleben (2), reflektieren diese Eigenbeobachtungen (3) und erweitern ihre Kompetenzen über die abschließende Abstrahierung (4).

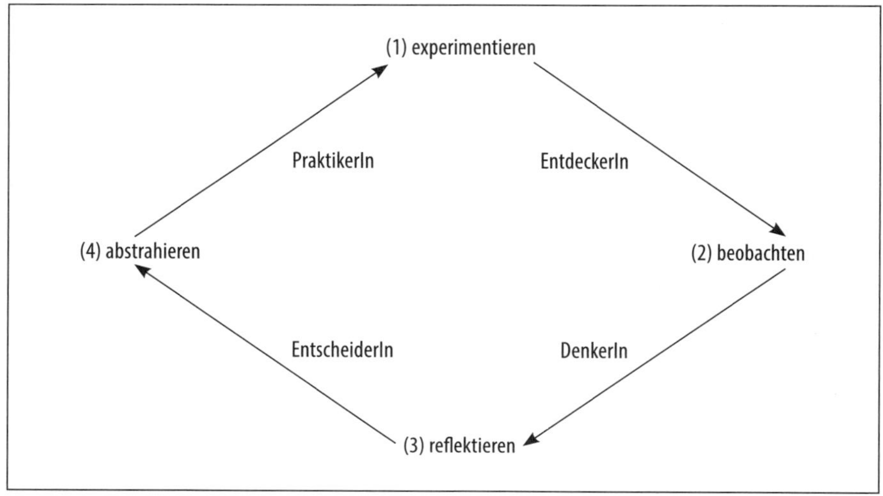

Abb. 2: Lernkreis nach Kolb

Gut angenommen werden die Lernkreis(läuf)e bei Lehrenden wie Lernenden besonders dadurch, dass sie mehrere Phasen des Lernens (z. B. Wissenserwerb, Skills trainieren, Entscheidungsfindung lernen, Simulation im Team und Training «on the job») mit kognitiven und motorischen Fähigkeiten verknüpfen.

Grundsätzlich kann man Lernziele in drei große Kategorien einteilen (**Lernzieltaxonomie**): 1) kognitive (K) (Denken, Wissen, Probleme lösen), 2) affektive (A) (Gefühle, Einstellungen und Werte) und 3) psychomotorische (P) (motorische, sensorische oder technische Fertigkeiten) Lernziele. Für das nachhaltige Gelingen des Unterrichts ist auf ein ausgewogenes Verhältnis von K, A und P zu achten (die sogenannte **KAP-Formel**). Darüber hinaus sind auch **überfachliche Lernziele**, sogenannte **Soft Skills** wie Selbstlernkompetenzen, Teamkompetenzen oder Medienkompetenzen, im Unterricht zu vermitteln (Bachmann 2011:34f.). Die Planung der Lehre ist also nicht nur nach den zu vermittelnden Inhalten im Curriculum auszurichten, sondern hauptsächlich kompetenzorientiert zu gestalten.

Ein **Lernziel** beschreibt immer einen in der Zukunft liegenden, angestrebten Soll-Zustand, den die Lernenden ausgehend vom aktuellen Ist-Zustand mit Unterstützung durch den Unterricht und andere Hilfestellungen der Lehrenden erreichen sollen. Die Kluft zwischen Ist und Soll darf nicht zu klein, aber auch nicht zu groß sein, um bestmögliche Motivation und Leistungsfähigkeit der Lernenden zu gewährleisten (andernfalls droht Unter- bzw. Überforderung).

Die offizielle Definition lautet: «*Learning outcomes are sets of competencies, expressing what a student will know, unterstand or be able to do after completion of a process of learning, wheater long or short.*» (ECTS Users' Guide 2004:4).

Achten Sie darauf, dass alle geplanten Lernziele im Rahmen des vorgesehenen Workload der Veranstaltung erreichbar sind. Der jeweilige **Arbeitsaufwand (workload)** einer Veranstaltung wird in den Curricula durch die Menge an **ECTS** (European Credit Transfer System)-Punkten (auch: Credit Points, Leistungspunkte) vorgegeben, wobei ein ECTS-Punkt 25–30 Arbeitsstunden für die Studierenden bedeutet (Bachmann 2011:30). Je mehr ECTS-Punkte eine Veranstaltung hat, umso mehr Lernziele können und sollen erreicht werden.

Übung

Wie formuliert man die Lernziele der eigenen Lehrveranstaltung korrekt? Beantworten Sie zum Einstieg der Lehrplanung folgende Fragen für Ihre Veranstaltung: Welches sind die wichtigsten Kompetenzen, zu der Studierende nach meiner Veranstaltung befähigt sein sollen? Wie können sich die Studierenden diese Kompetenzen am besten aneignen? Mit welchen Prüfungen messe ich, ob Studierende diese Kompetenzen nach der Veranstaltung tatsächlich besitzen? Bei der Formulierung Ihre Lernziele beginnen Sie am besten mit Satzanfängen wie «Nach dem Besuch meiner Veranstaltung können die Studierenden …».
Bedenken Sie für die weitere Ausarbeitung der Lernziele:

- Das Ergebnis (Kompetenzenerweiterung) einer Veranstaltung muss im Vordergrund stehen, nicht Inhalte.
- Die Lernziele sollten aktiv formuliert sein und Verneinungen vermieden werden.
- Pro Lernziel sollte nur ein aktives Verb verwendet werden.
- Unspezifische Verben (wissen, lernen, verstehen) sollten vermieden bzw. durch spezifischere ersetzt werden.
- Die verschiedene Dimensionen der Lernzieltaxonomie (s. o.) sollten berücksichtigt sein.
- Die Lernziele sollten immer beobachtbar und messbar sein (Bachmann 2011:32-36).

Um bessere Verbindlichkeit mit den von Ihnen definierten Lernzielen zu erreichen und eine Orientierung der Studierenden zu ermöglichen, nehmen Sie während Ihrer Veranstaltung am besten gelegentlich direkten Bezug darauf, an welchem Lernziel gerade gearbeitet wird (Bachmann 2011:36). Behalten Sie im Gedächtnis, dass Lernziele nur eine Orientierung geben sollen, sie aber nie unumstößlich sein dürfen, sondern an die Lernenden angepasst werden müssen.

2 Was kann man den Studierenden zumuten?

Andrea Klein

«Die entscheidende Vorbereitungsfrage lautet nicht: Was werde ich der Reihe nach machen? Sondern: Was muss ich vorkehren, damit ich Gelegenheit habe, Lernprozesse zu beobachten? Und: Was brauche ich, damit ich aus dem Moment heraus darauf reagieren kann?»
(Arn 2016:9f.)

In diesem Kapitel …
… sind Sie eingeladen, gleich zwei Perspektivwechsel zu vollziehen: einerseits vom traditionellen Fokus auf die Inhalte einer Lehrveranstaltung hin zum Fokus auf Lernziele und andererseits von Ihrer Sicht als Lehrende hin zur Sicht der Lernenden auf die gemeinsame Lehrveranstaltung.

Umfrage unter Hochschullehrenden
Die Befragten wurden gebeten, über jene Fragen Auskunft zu geben, die sie sich vor ihrer allerersten Lehrveranstaltung gestellt haben. Wahrscheinlich stehen Sie gerade vor ähnlichen Fragen:

«Wie kann ich den Studierenden das Thema verständlich, interessant und innovativ näherbringen? Wie erziele ich den größtmöglichen Lerneffekt?»

«Mute ich den Studierenden zu viel oder zu wenig zu? Was für ein Vorwissen haben die Studierenden?»

«Schaffe ich das Geplante in der Zeit?»

«Wie viel Offenheit kann ich in der Lehrveranstaltung lassen?»

«Welche Inhalte sollen behandelt werden? In welchem Umfang und in welcher Tiefe? Was ist eine günstige Abfolge?»

«Wie zum Teufel soll ich das hinkriegen?»
(Teilnehmende an Lehrenden-Umfrage, Klein & Miljković 2017)

2.1 Aufbereitung von Lernstoff

Bei der erstmaligen Vorbereitung einer **Lehrveranstaltung** machen Sie sich natürlich verschiedene Gedanken: Wie werden meine Zuhörer sein, wie werden sie mich wahrnehmen, was will ich ihnen überhaupt vermitteln und mitgeben? Wie bei jeder Rede sind diese Überlegungen auch im Vorfeld einer Lehrveranstaltung sehr wichtig. Denn schließlich möchten Sie ja nicht an Ihren Zuhörern «vorbeilehren», sondern sie erreichen. Zu gut haben Sie wahrscheinlich noch Vorlesungen und Seminare in Erinnerung, die sie selbst besucht haben, und in denen Sie nicht mitkamen, nur Teile verstanden haben und überhaupt nicht wussten, worauf das alles hinauslaufen soll. Das möchten Sie nun besser machen.

Hilfreich ist es dabei, den **Denkprozess** umzukehren: Denken Sie nicht von den Inhalten her, sondern von den Zielen. Die Gefahr bei einer inhaltsorientierten Herangehensweise besteht im Verzetteln. Sie kennen Ihr Gebiet und finden es hochinteressant. Alles scheint es plötzlich wert, in der Lehrveranstaltung thematisiert zu werden, weil es so spannend und diskussionswürdig ist. Da fällt es naturgemäß schwer, den Stoff einzugrenzen und sich nicht von der Fülle der interessanten Unterthemen und Einzelaspekte verführen zu lassen. Wenn Sie hingegen von den Zielen her denken, werden Sie merken, dass weniger (Stoff) mehr (Lernerfolg) ist. Überfrachten Sie also Ihre Lehrveranstaltung nicht. Sie tun damit niemandem einen Gefallen.

Zur sogenannten **didaktischen Reduktion** ist Martin Lehners Buch mit dem gleichnamigen Titel empfehlenswert: Lehner M. (2012): Didaktische Reduktion. Bern: Haupt/UTB.

Um ein Ziel zu erreichen, ist es gut zu wissen, von welchem Punkt aus man startet. Im Fall der Lehre ist das Vorwissen der Studierenden gemeint. Was die Studierenden schon wissen *müssten*, entnehmen Sie dem **Modulkatalog.** Denn aus diesem Dokument ersehen Sie nicht nur die Abfolge der Module (und können so erkennen, wo Ihre Studierenden gerade stehen bzw. stehen müssten), sondern Sie können aus den Modulbeschreibungen auch herauslesen, welche Inhalte vermittelt werden und welche Kompetenzen die Studierenden aufbauen sollen. Prüfen Sie also nicht nur die Modulbeschreibung Ihres Moduls, sondern auch verwandte Lehrveranstaltungen im Gesamtstudiengang. So schließen Sie auch aus, dass Sie den Stoff einer verwandten Lehrveranstaltung wiederholen oder vorwegnehmen. Gegen ein wenig Redundanz spricht natürlich nichts, weil so die Inhalte gefestigt werden. Das sollte dann jedoch eher geplant als zufällig stattfinden.

Was die Studierenden *tatsächlich können*, stimmt mit den Beschreibungen im Modulkatalog nicht unbedingt überein. Zunächst einmal ist es ein großer Unterschied zwischen einem Studierenden, der ein Modul mit einer 1,0 abgeschlossen hat, und einem Studierenden, der gerade so eine 4,0 erreicht hat. Das Wissen und die Kompetenzen sind also durchaus unterschiedlich verteilt. Zudem werden viele Studierende bei Themen, die ihnen zumindest vom Namen her bekannt vorkommen, behaupten, dass sie diese schon beherrschen: «Das kennen wir schon, das haben wir schon tausendmal gehört!» Kontaktieren Sie, wenn möglich, auch andere Lehrende an der Hochschule, die Erfahrungen mit genau der Veranstaltung haben, die Sie gerade vorbereiten. Oder mit solchen, die die vorgelagerten Kurse gelehrt haben. Bei neu eingeführten Studiengängen oder Modulen wenden Sie sich am besten an die Leitung des Studiengangs, um mehr über die Hintergründe und Ziele herauszubekommen.

In einem bestimmten Fall reicht der Blick in den Modulkatalog nicht aus: Bei Studienanfängern gilt es zu bedenken, welches Wissen und welche Fähigkeiten diese aus der Schule mitbringen (oder aber auch nicht). Dies variiert stark und betrifft natürlich vor allem grundlegende und eher allgemeinere Fächer. Dieses potenzielle Vorwissen können Sie unmöglich recherchieren. Sie können jedoch zu Beginn Ihrer Veranstaltung die Studierenden danach fragen, und sollten das auch tun. Mit einer kleinen Übung oder einem Quiz lässt sich leicht in Erfahrung bringen, welches Wissen und Können bereits vorhanden ist. Nehmen Sie möglichst schon vorab Kontakt zu den Studierenden auf, z. B. über die jeweilige Lernplattform der Hochschule. So ermöglichen Sie es den Studierenden, sich auf die Lehrveranstaltung einzustellen. Auch wenn Sie vielleicht keine oder nur wenige direkte Antworten erhalten: Sie werden mit aufmerksameren und aktiveren Studierenden belohnt.

Ein solches Anschreiben an eine Ihnen noch unbekannte Gruppe könnte wie folgt aussehen:

Liebe Studierende,

in der kommenden Woche beginnt unsere erste gemeinsame Lehrveranstaltung «Wissenschaftliches Arbeiten». Ich freue mich sehr darauf, Sie kennenzulernen und mit Ihnen an diesem wichtigen Thema zu arbeiten.

Bitte überlegen Sie schon einmal, welche Fragen Sie im Kurs klären möchten, insbesondere zu unserem ersten Unterthema, das Sie dem angehängten Seminarplan entnehmen. Gern können Sie mir diese Fragen vorab zusenden.

Schöne Grüße
Andrea Klein

Abb. 3: Mögliches Anschreiben vor Kursbeginn

Wenn es gar nicht anders geht, müssen Sie die erste Veranstaltung «im Blindflug» absolvieren und danach die restlichen Termine anpassen. Um das passende Niveau zu treffen und auch **Best-Practice-Beispiele** anderer Lehrender zu finden, können Sie YouTube-Videos, TedEd-Videos oder MOOCs recherchieren (z. B. auf Udemy, einer Plattform mit deutschsprachigen, kostenpflichtigen Online-Videokursen, zu finden unter https://www.udemy.com/ oder Future Learn, die kostenlose, englischsprachige Kurse anbietet: https://www.futurelearn.com/). In diesen Videos sehen Sie, wie andere Lehrende ihre Veranstaltung aufbauen, welche Inhalte sie hineinnehmen, welche Themen sie auf welche Art und Weise behandeln und wieviel Bedeutung sie welchen Aspekten beimessen. Zudem finden Sie auf diese Weise vielleicht auch neue Aufgaben oder aktuelle Praxisbeispiele.

Sobald das grobe Gerüst steht, geht es an die konkrete Vorbereitung der einzelnen Termine. Es hat sich bewährt, einen Kern an Inhalten zusammenzustellen («Must»-Inhalte) und darüber hinaus für besondere Situationen eine Art Back-Up bereitzuhalten («Nice to have»-Inhalte). Das erweist sich als nützlich und nervenschonend, wenn Sie die vorgesehenen Inhalte viel zu schnell abgehandelt haben. Es ist aber auch dann hilfreich, wenn Sie das Level zu hoch angesetzt haben und vermutlich niemand etwas versteht. In diesem Fall sind Sie dankbar, wenn Sie auf eine reduzierte Variante des Stoffs oder einen anderen Zugang, etwa über ein **Fallbeispiel,** zurückgreifen können. Auch kleinere Übungen können bei nicht realistisch geplanten Einheiten als Ausgleich dienen. Diese haben den Vorteil, dass Sie sich noch einmal sammeln können, während der Kurs arbeitet. Halten Sie kurz inne und überdenken Sie Ihr weiteres Vorgehen für die verbleibende Zeit.

Um sich diese Flexibilität zu bewahren, sollten Sie weder zu Beginn des Semesters noch zu Beginn einer einzelnen Vorlesung allzu detailliert den weiteren Verlauf ankündigen. Lassen Sie sich ein wenig Spielraum und nennen Sie nur eine grobe Leitlinie, an der sich die Studierenden orientieren können. So haben Sie genügend Freiheit, um noch das eine oder andere zu ergänzen oder ggf. auch wegzulassen, ohne Ihre Zuhörer zu irritieren.

Reflexionsfragen

- Woran sollen sich die Studierenden auf jeden Fall erinnern, wenn die Veranstaltung beendet ist und alle aus dem Hörsaal oder Seminarraum strömen?
- Was müssen die Studierenden auf jeden Fall wissen, wenn ich sie nachts um drei Uhr wecken würde?
- Welche Inhalte könnten die Muss-Inhalte unerwünschterweise verdrängen, weil sie «attraktiver» (witziger, einprägsamer usw.) sind? Was tue ich dagegen?

Im weiteren Verlauf des Semesters werden Sie ziemlich sicher Anpassungen an Ihrem Plan vornehmen. Seien Sie skeptisch, wenn Kollegen versuchen Ihnen weiszumachen, dass sie ihre Veranstaltung vor Semesterbeginn einmal planen und in der Folge diesen Plan 1:1 umsetzen. Dann haben Sie entweder jemanden mit sehr viel Erfahrung vor sich oder ein Naturtalent. Oder jemanden, der keine gute Lehre macht. Es ist ganz normal, sich auch im laufenden Semester immer wieder neu zu orientieren und den Inhalt oder die **Vermittlungsform** anzupassen.

2.2 Die besondere Situation von Studienanfängern

Sie dürfen sich freuen, wenn Sie bei Studienanfängern lehren. Diese sind oft sehr wissbegierig und aufmerksam. Es liegt an Ihnen als Lehrperson, diese Haltung bei den Studierenden zu verfestigen. Allerdings benötigen gerade Studienanfänger oft auch mehr Führung und Anleitung – entweder um die Lehrveranstaltung «in geordnete akademische Bahnen» zu lenken oder aber, um bei den vielleicht noch etwas schüchternen Erstsemestern das Eis zu brechen und sie zur Interaktion zu bewegen. Planen Sie daher ein paar Minuten mehr ein, um die Arbeitsfähigkeit der Studierenden herzustellen oder zu verbessern.

Bedenken Sie: Erstsemester sind nicht nur fachlich neu. Sie müssen auch eine neue Art des Lernens lernen und ein neues Selbstverständnis als Lernende aufbauen. Ein Hochschulstudium fordert bekanntermaßen andere Herangehensweisen als schulisches Lernen. Auch wenn seit der **Bologna-Reform** oft die Verschulung des Studiums beklagt wird, existieren doch erhebliche Unterschiede, was den Grad der Selbstständigkeit angeht.

Und es geht noch weiter: Erstsemester sind auch komplett neu in der Hochschulwelt mit all ihren institutionellen Besonderheiten. Insbesondere Studierende, die sich als Erste aus ihrer Familie an die Hochschule «trauen», kämpfen mit Schwierigkeiten, die Menschen aus Akademikerfamilien oft nicht erahnen. Studierende, die für das Studium den Wohnort gewechselt haben, müssen sich darüber hinaus nicht nur an der Hochschule, sondern auch in der neuen Stadt orientieren. Es fehlt ihnen ein funktionierendes Netzwerk, sie sind auf der Suche nach Freunden und müssen auch so banale Dinge wie die Suche nach einem neuen Hausarzt regeln. Zudem gilt es den neuen Alltag zu meistern. Viele wohnen erstmals allein oder haben ein Zimmer im Wohnheim oder müssen sich auf das WG-Leben einstellen. Die Verlockungen der neuen Freiheit sind natürlich groß und oftmals stehen da die Erfordernisse des Studiums hinten an. Studierende, die in der Heimat bleiben, müssen andere Herausforderungen bewältigen, etwa das Einnehmen einer neuen Rolle im gewohnten Umfeld. Denn plötzlich sind sie eben Studierende, und keine Schülerinnen und Schüler mehr.

Das haben Sie damals auch alles (irgendwie) geschafft? Prima. Dann können Sie sich ja gut in die Situation der ersten Wochen und Monate hineinversetzen und etwas Milde walten lassen. Generell werden Sie den Studierenden ihre Lebensumstände oft nicht ansehen, und vielleicht werden Sie auch nicht mit ihnen darüber sprechen. Dennoch ist es Ihr Job als Lehrperson, Lernen zu ermöglichen und Inhalte so gut wie möglich zugänglich zu machen.

Reflexionsfragen

- Was unterscheidet das Lernverhalten von Jugendlichen und Erwachsenen?
- Verhalten sich die Studierenden, bei denen ich lehre, in dieser Hinsicht eher wie Jugendliche oder wie Erwachsene?

Was bedeutet das für Sie als Lehrperson? Vielleicht möchten Sie ein bisschen «gnädig» sein, und nicht nur Druck ausüben. Vielleicht ist es Ihnen auch möglich, für die Erstsemester in bestimmten Momenten eine Art **Metaebene** in die Veranstaltung zu integrieren und über Kompetenzaufbau und allgemein sinnvolles Studienverhalten zu sprechen. Ermuntern Sie Erstsemesterstudierende, Orientierungsangebote zu nutzen, wie sie etwa die **Fachschaft** veranstaltet, oder auch Workshops vom Zentrum für Schlüsselqualifikationen zu besuchen.

Laden Sie, wenn es Ihnen passend erscheint, auch Studierende aus höheren Semestern ein oder etablieren Sie ein Paten-Modell. Tipps und Tricks aus dem Mund von Mitstudierenden entfalten oft mehr Wirkung, als wenn Sie selbst das Gleiche sagen würden.

Um möglichst viel von den neuen Studierenden zu erfahren, bietet sich die Schriftform an. In sogenannten **One Minute Papers** können sich die Studierenden schriftlich äußern und müssen nicht vor dem versammelten Kurs sprechen. Diese Methode hat den Vorteil, dass Sie ein ausgewogenes Bild aller Ansichten bekommen. Bei einer mündlichen Abfrage hören Sie – wenn überhaupt – eher nur die Antworten der Mutigen: Kritische Stimmen bleiben mitunter aus Angst vor Nachteilen aus.

Übung

Geben Sie für ein One Minute Paper den Studierenden eine oder mehrere schnell zu beantwortende Fragen und lassen Sie sie ihre Antworten innerhalb weniger Minuten zu Papier bringen. Diese Zettel sammeln Sie ein und lesen sie im Anschluss an die Veranstaltung. Zu Beginn des nächsten Termins geben Sie den Studierenden Rückmeldung und gehen Sie auf mehrfach genannte oder besonders auffällige Antworten ein.

Zu guter Letzt: Versuchen Sie, es am besten nicht persönlich zu nehmen, wenn der Fokus der Studierenden nicht immer zu 100 % bei Ihnen und «Ihren» Inhalten liegt. Konzentrieren Sie sich denn in jeder Besprechung immer voll und ganz? Hat Ihr Gegenüber im beruflichen Kontext immer Ihre komplette Aufmerksamkeit? Auch das ist etwas, was viele Menschen – und gerade auch Erstsemester – noch lernen dürfen.

2.3 Die passende Lehrform wählen

Zur grundsätzlichen Herangehensweise an eine neue Lehrveranstaltung haben Sie in den Kapiteln 1.4 und 2.1 bereits einiges gelesen, etwa über den **Workload** und die Formulierung von Lernzielen sowie die Aufbereitung der Inhalte. In diesem Abschnitt soll es nun um die Gestaltungsmöglichkeiten Ihrer Lehre gehen, zunächst auf der Ebene der Planung eines ganzen Semesters. Wie finden Sie die passende Lehrform zwischen **Präsenzlehre**, **Blended Learning** und Online-Lehre? Oft existieren diesbezüglich mehr Freiheiten, als man vermuten könnte. Die Modulkataloge legen oft nicht zu 100 % fest, wie die Lehre stattfinden soll. Vieles wurde bisher vielleicht auch einfach nicht gemacht und wartet darauf, von Ihnen erprobt zu werden.

Viele Menschen denken zunächst einmal an die klassische Präsenzveranstaltung, wenn sie an Lehre denken: Die Lehrperson und die Studierenden finden sich zu einem festgelegten Zeitpunkt in einem festgelegten Raum ein und führen die Veranstaltung gemeinsam durch. Daneben gibt es natürlich auch noch die Möglichkeit, **Online-Veranstaltungen** abzuhalten. Diese haben den Vorteil, dass eben nicht alle Personen zur gleichen Zeit am selben Ort sein müssen. Wenn Sie mit Aufzeichnungen arbeiten, können die Inhalte zeitversetzt bearbeitet werden. Die Unabhängigkeit aller Beteiligten wächst. Gleichzeitig ist allerdings auch ein hohes Maß an Selbststeuerung beim Erarbeiten der Inhalte nötig. Die Möglichkeit für direkte und vor allem ausführlichere Rückfragen an die Lehrperson entfällt.

Reflexionsfragen

Es ist natürlich auch Blended Learning, eine Mischform von Online- und Offline-Lehre, denkbar. Überlegen Sie vorab:

- Mit welchen Lehrformen habe ich Erfahrung, vielleicht aus früheren beruflichen Tätigkeiten?
- Welche technischen Voraussetzungen liegen vor – bei mir selbst, an der Hochschule und bei den Studierenden?
- Welche Lehrform passt zum Thema und zu den Zielen der Lehrveranstaltung?
- Welche Lehrform ist an dieser Hochschule umsetzbar?

Die Umsetzbarkeit meint nicht nur die technische und organisatorische Umsetzbarkeit, sondern auch die institutionelle. Sind Sie, gerade kurz nach Ihrem Einstieg, bereit, hier etwaige Kämpfe auszutragen, weil Sie neue Wege beschreiten? Ihre Argumentation sollte sehr ausgereift sein, wenn Sie etwas Neues durchsetzen möchten. Im Optimalfall greifen Sie auf Erfahrungen aus anderen Kontexten zurück und können diese an Ihrer neuen Wirkungsstätte einbringen. Starten Sie ein Pilotprojekt!

Ein interessantes Konzept, das schon früher angewandt wurde und seit einigen Jahren wieder Aufwind erfährt, ist der sogenannte **Inverted Classroom** oder **Flipped Classroom**. Dabei bereiten sich die Studierenden auf die Lehrveranstaltung anhand von Texten, Videos oder auch Übungen vor. In der Lehrveranstaltung selbst werden dann nicht die eigentlichen Inhalte im Sinne einer Wissensvermittlung behandelt, sondern vertiefende Aspekte herausgegriffen und zusätzliche Übungen direkt nach Bedarf durchgeführt. Das erlaubt es, tiefer in die Materie einzusteigen und den Studierenden mehr Verantwortung für ihren Lernprozess zu übertragen. Aber Achtung: Machen Sie keinesfalls den Fehler, als Lehrperson die Verantwortung zu übernehmen, wenn Studierende unvorbereitet erscheinen. Denn damit vermitteln Sie, dass eine Vorbereitung für das Funktionieren der Veranstaltung nicht zwingend nötig ist. Das Format des Inverted Classroom können Sie dann in dieser Gruppe vergessen. Stattdessen sollten Sie entweder eine eher zähe Sitzung aushalten oder aber die Studierenden nach Lösungen fragen, wie sie ihr (nicht: Ihr!) Problem nun lösen wollen.

Wenn Sie komplett neu in die Lehre einsteigen, kennen Sie die Vorlieben Ihrer Studierendengruppe noch nicht. Umso wichtiger ist es, dass Sie selbst voll und ganz hinter der gewählten Lehrform stehen (was nicht ausschließen soll, dass Sie für berechtigte Kritik offen sind). Während manche Studierende gern bereit sind, Neues auszuprobieren, gibt es in jeder Gruppe auch Studierende, die gern im altbewährten System «berieselt» werden möchten. Stellen Sie sich also darauf ein, dass Sie es nicht allen recht machen werden.

Tipp

Notieren Sie sich nach jeder Lehrveranstaltung, was unter welchen Rahmenbedingungen wie gut funktioniert hat. Ein solches Tagebuch oder «Lehrejournal» ist ein hervorragendes Mittel zur Reflexion. Ziehen Sie aus diesen Notizen Ihre Schlüsse für den nächsten Durchgang der Veranstaltung im folgenden Semester. Nehmen Sie jedoch nicht voreilig Änderungen vor, denn oft liegt es auch einfach an dem Geschmack einer Kohorte, dass Sie mit einer Lehrform keine Pluspunkte sammeln konnten. Im nächsten Jahrgang sieht die Evaluation eventuell schon wieder ganz anders aus, obwohl die gleiche Person die gleichen Inhalte mit den gleichen Methoden lehrt (s. Kap. 4).

Auf der Ebene der Planung für einzelne Lehrveranstaltungen sollten Sie sich natürlich Gedanken machen, wie Sie eine ansprechende Mischung unterschiedlicher Methoden erreichen. Sie erleichtern den Studierenden das Lernen, wenn Sie aktive und passive Phasen abwechseln. Nach einer Sequenz mit Input von Ihnen sollten Sie die Studierenden aktivieren und sie wieder etwas tun lassen. Hierfür existiert eine Vielfalt an Methoden wie Gruppenarbeiten, Diskussionen, **Schreibübungen** (s. Kap. 6.2.) usw., die den Rahmen dieser Einführung sprengen würden. Sie finden in der einschlägigen Literatur oder auch im Internet entsprechende **Methodensammlungen**.

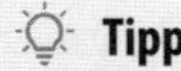

Tipp

Die «Hochschuldidaktik-Schatzkiste» von Ulrike Hanke mit ihren Inhalten und Verlinkungen eignet sich hervorragend als Einstieg (https://hochschuldidaktik-online.de/hochschuldidaktik-schatzkiste/).

Bei der Wahl der Methoden ist auch die Anzahl der Studierenden ausschlaggebend. Mit wie vielen Studierenden Sie ungefähr rechnen dürfen, können Sie z. B. über Ihre **Ansprechperson** an der Hochschule erfahren.

2.4 Schritt für Schritt zum Lernerfolg

Mittlerweile wissen Sie, dass Sie als Lehrperson einen **Lehr-Lern-Prozess** aufsetzen, der die Studierenden im besten Fall Schritt für Schritt zum Lernerfolg führt. Eine solche Unterstützung durch Orientierung, Anleitung und Hilfestellung wird als **Scaffolding** (vom englischen Wort für «Gerüst») bezeichnet. Wie bei handwerklichen Tätigkeiten kann das Gerüst entfernt werden, sobald es seinen Zweck erfüllt hat. Sobald die Studierenden also die gesteckten Ziele erreicht und die erwünschten Kompetenzen aufgebaut haben, benötigen sie diesen von Ihnen zur Verfügung gestellten Rahmen nicht mehr.

Eine wichtige Zutat für den Lernerfolg der Studierenden liegt in Ihrer Haltung als Lehrperson. Mit welchen Grundannahmen gehen Sie an das Aufsetzen des Lehr-Lern-Prozesses heran? Was trauen Sie den Studierenden zu? Die Überschrift dieses Kapitels fragt, was man den Studierenden zumuten kann. Mit dem Wort «zumuten» ist nicht nur gemeint, welche Stoffmenge oder Prüfungen Sie den Studierenden zumuten dürfen. Es geht auch darum, wie Sie in positiver Sicht eine Zumutung für die Studierenden werden können. Als Zumutung werden die Studierenden es empfinden, wenn Sie in der Lehre (absichtlich) **Irritation** auslösen oder die Studierenden dazu bringen, über ihre Grenzen zu gehen und Dinge zu leisten, die sie sich selbst nicht zugetraut hätten. Das Zutrauen, das die Studierenden in ihre eigenen Fähigkeiten nicht haben, dürfen Sie ihnen schenken. Geben Sie den Studierenden ein paar Vorschusslorbeeren, trauen Sie ihnen etwas zu und beobachten Sie, wie diese selbsterfüllende Prophezeiung wirkt.

Carol Dweck hat dafür den Begriff «**growth mindset**» geprägt (Dweck 2008). Indem wir als Lehrende an Entwicklung und Wachsen glauben, lösen wir bei den Lernenden positive Effekte aus. Sie erleben, dass Anstrengung etwas bewirken kann, und dass Erfolg und **Misserfolg** weitgehend unabhängig von **Talent** sind. Selbstverständlich bringen nicht alle Studierenden die gleichen Voraussetzungen mit. Alle können sich jedoch durch Üben und Lernen immer (!) weiterentwickeln und überholen dabei vermutlich auch die eine oder andere talentierte Person, die sich nicht anstrengt.

In der Lehre geht es also letztlich darum, dass Lehrende und Lernende auf konstruktive Weise gemeinsam Ziele erreichen. Wie Sie Lernziele formulieren, haben Sie im vorangegangenen Kapitel erfahren (Kapitel 1.1). Doch wie schaffen Sie es, dass die Studierenden mitziehen? Nur weil Sie etwas als Ziel ausgeben, muss das für die Studierenden noch lange nicht erstrebenswert sein. Ein (noch etwas unüblicher) Weg ist das gemeinsame Formulieren der Lernziele mit den Studierenden. Diese Vorgehensweise eignet sich vor allem für kleinere Gruppen, in denen sich alle gut austauschen können. Unter der Prämisse, dass selbst formulierte Ziele attraktiver sind als vorgegebene Ziele und mehr **Engagement** wecken, können Sie mit einer solchen Vorgehensweise auf eine höhere Motivation und größere Kooperation der Studierenden hoffen.

Als Lehrperson vertreten Sie sowohl das Fach als auch die Vorgaben der Hochschule. Sie geben demnach in dem **Zielvereinbarungsgespräch** die Richtung vor und zeigen die Grenzen des Machbaren auf, falls die Wünsche der Studierenden sich nicht mit dem Modulkatalog vereinbaren lassen. Auch wenn einzelne Wünsche sich nicht mit den Bedürfnissen der Gruppe decken, ist Ihr Moderationsgeschick gefragt. Damit dieses Vorgehen der gemeinsamen Zielformulierung im Semesterverlauf seine Wirkung entfaltet, müssen Sie es allerdings ernst meinen und die gemeinsam formulierten Ziele müssen für alle Seiten verbindlich gelten. Denn wenn Sie «heimlich» Ihre eigenen, vermeintlich besseren Ziele verfolgen, werden Sie merken, dass die Veranstaltung auf dieser Basis nicht funktioniert.

Das Transparentmachen der Zielerreichung ist eine Ihrer wichtigsten Aufgaben als Lehrperson. Dies gilt auch, wenn Sie den Schritt mit der gemeinsamen Zielformulierung überspringen. Teilen Sie den Studierenden von Zeit zu Zeit mit, was sie schon erreicht haben und machen Sie so deren Leistung sichtbar. Dabei sollten Sie immer denselben Vergleichsmaßstab anlegen, also das Erreichte immer mit dem **Einstiegslevel** vergleichen. Es wäre ja frustrierend, wenn die Ziele schleichend nach oben verschoben würden. Manchmal passiert das sogar den Studierenden, vor allem wenn das Lernen (dank Ihrer Vorbereitung und Anleitung!) leichtfällt. Dann erliegen diese mitunter einem Trugschluss: «Das hätte ich mir selbst genauso gut beibringen können!» oder vielleicht sogar: «Das hätte ich mir allein schneller beigebracht!» Sollte sich abzeichnen, dass Ziele früher oder später als geplant erreicht werden, passen Sie Ihre Lehre entsprechend an.

Um kleine Erfolgserlebnisse für die Studierenden zu schaffen, ist es hilfreich, die zu erlernenden Kompetenzen in Teilkompetenzen oder die Lernziele in Teilziele herunterzubrechen. So können Sie Schritt für Schritt mit den Studierenden dem Ziel näherkommen und dies auch zu gegebener Zeit immer wieder kommunizieren. Die Studierenden erleben, wie nicht möglich geglaubte Fortschritte zu erreichen sind, und erfahren Bestätigung («Ich kann das.», «Ich weiß, wie das geht.»).

Reflexionsfragen

- Wer ist für das Erreichen der Lernziele verantwortlich?
- Wann bin ich rückblickend mit meiner Lehre zufrieden? Nur dann, wenn alle Studierenden alle Ziele erreicht haben?

3 Unterstützung als Lehrperson finden

Natascha Miljković

«Sometimes fixated on the need to improve, beginners must be reminded of their strengths.»
(Stansbury & Zimmerman 2000:8)

In diesem Kapitel finden Sie …

… Anregungen, welche Formen der Unterstützung für Ihre (Erst-)Lehre verfügbar sind und mit welchen Methoden Sie Ihre Lehrfähigkeiten weiterentwickeln können. Neben praktischen Tipps, worauf bei der Übernahme von Lehrmaterialien geachtet werden sollte und wie Mentoring förderlich gestaltet werden kann, werden auch neue Trends in der Lehre, Weiterbildungsangebote und Plattformen zum Austausch unter Lehrenden besprochen.

Umfrage unter Hochschullehrenden

In unserer Umfrage (Klein & Miljković 2017) wird deutlich, wie wichtig Erstlehrenden Hilfestellungen durch andere Lehrende sind. Allerdings gaben nur 27 % der von uns Befragten an, dass sie Unterlagen von VorgängerInnen für ihre Lehre übernehmen konnten, und so auch eine klarere Vorstellung bekamen, was von ihnen erwartet würde. Nur rund 12 % lernten durch **Hospitation** bei erfahrenen KollegInnen oder durch Vorbilder, z. B. durch Vorgesetzte oder ihre Doktormütter/-väter, wie man lehrt.

Manchmal sind es auch die kleinen Gesten, die viel Gutes bewirken können, wie folgende Aussage aus unserer Umfrage deutlich macht:

> *«An meinem zweiten Tag an der Hochschule meinte der dienstälteste Dozent bei einer Begegnung am Kopierer: ‹Erst in meinem dritten oder vierten Verlauf meiner Vorlesungen zum gleichen Thema hab ich verstanden, was ich selber sagen wollte.› Das hat mir viel Druck genommen und mich sehr ermutigt.»*

3.1 Materialien übernehmen

Ungeachtet der jeweiligen Anstellungsform wird von Lehrenden erwartet, vor Semesterbeginn alle nötigen Unterrichtsmaterialien selbstständig zu erstellen. Das ist besonders für NeueinsteigerInnen, die ihren Unterricht zum ersten Mal planen, sehr zeitraubend. Die wenigsten müssen dabei jedoch von Null beginnen: Unterstützung finden Sie durch unmittelbare KollegInnen und oft auch durch Verwenden bereits vorhandener Materialien wie Sammlungen von Fall- und Praxisbeispielen, PowerPoint-Folien und Handouts zu Vorlesungen und Seminaren, Konzepten für Online-Kurse, Modellen und anderen Anschauungsobjekten.

Um diese fremden Unterlagen korrekt in Ihre eigenen Unterlagen einbinden zu können, sollten Sie folgende drei Aspekte unbedingt beachten:

1. Holen Sie eine (wenn möglich schriftliche) Erlaubnis der ursprünglichen UrheberInnen ein, dass Sie deren Unterlagen für die Lehre weiterverwenden dürfen. Meist genügt es, eine E-Mail zu senden und formlos anzufragen.
2. Nennen Sie die UrheberInnen auf allen Unterlagen (z. B. am unteren Ende von Präsentationsfolien, in der Fußzeile von Texten, unter Abbildungen), um der Zitatpflicht (s. u.) Genüge zu tun.
3. Überprüfen Sie bei aus Büchern oder dem Internet kopierten Texten und Abbildungen stets sorgfältig, ob sie den rechtlichen Ansprüchen Dritter entsprechen und die übernommenen Inhalte zitiert sind.

Das in den meisten europäischen Ländern geltende Urheberrecht besagt, dass man zu Lehr- und Ausbildungszwecken sowie für eine überschaubare Menge an Lernenden Materialien wie Abbildungen, Tabellen und Texte anderer bei aufrechtem **Zitatrecht** zeigen und ggf. auch kopieren und verbreiten darf (darum ist die Angabe der UrheberInnen auch so entscheidend). Das gilt auch für die Bereitstellung von Materialien auf Lernplattformen wie Moodle oder Blackboard. Eine wichtige Ausnahme vom Zitatrecht sind Inhalte aus Schulbüchern, die gesonderten Schutz genießen und nicht ohne Erlaubnis vom Verlag weiterverwendet werden dürfen. Vermeiden Sie daher die Verwendung von Auszügen aus Schulbüchern strikt.

 **Tipp**

Um Probleme mit dem Urheberrecht für die Lehre gänzlich zu vermeiden, nutzen Sie die stetig wachsenden Pools an **offenen Bildungsressourcen** (Open Educational Resources (OER)). Diese Ressourcen wurden ausdrücklich für den relativ uneingeschränkten Gebrauch unter **Creative-Commons-Lizenzen** freigegeben. Diese Lizenzen (abgekürzt CC) markieren Inhalte, die von den UrheberInnen **gemeinfrei** gestellt wurden und die daher bei Befolgen der jeweiligen Bestimmungen kostenlos für Sie sind. Meist ist nur die Namensnennung der UrheberIn Pflicht.

Weitere Informationen zu OER finden Sie z. B. hier:

- Informationen über OER (https://www.e-teaching.org/didaktik/recherche/oer)
- Verzeichnisse und Services zu OER-Materialien (https://open-educational-resources.de/materialien/oer-verzeichnisse-und-services/)
- OER-Datenbanken (https://www.e-teaching.org/didaktik/recherche/datenbank/oer-datenbanken/index_html)
- Einführung zu OER in der Hochschullehre (https://open-educational-resources.de/dossierseite/?praxis=allgemein&bereich=hochschule)
- Leitfaden zu OER für Dozierende (https://open-educational-resources.de/oer_materialien/oer-creative-commons-und-tutory-leitfaden-fuer-dozierende-an-hochschulen/)

Informationen zu Creative-Commons-Lizenzen finden Sie unter:

- Informationen zu Creative Commons (https://creativecommons.org/)
- CC-Metasuchmaschine (https://search.creativecommons.org/)

Abgesehen davon, dass Sie bei korrekter **Nennung** Probleme mit UrheberInnen vermeiden, lernen Studierende besonders eindrücklich an Ihrem guten **Vorbild**. Lehrende, die selbst Abbildungen wüst herumkopieren und nur spärlich Zitate setzen, können sich vor Studierenden kaum glaubwürdig als strenge Zitat-WächterInnen und PlagiatsjägerInnen geben. Auch beim regelmäßigen Aktualisieren Ihrer Unterlagen ersparen Sie sich in den Folgejahren viel Zeit, wenn Sie von Anfang an korrekt belegen, woher Sie Quellen bezogen haben. Viele Lehrende wollen (oder sollen) basierend auf ihren Unterlagen mittelfristig ein gedrucktes Skriptum oder gar ein Buch vorlegen (s. Kap. 13). Damit ein Verlag das Werk annehmen kann, müssen alle Urheber- und Verwertungsrechte Dritter zuvor ausdrücklich geklärt sein, wofür der/die AutorIn selbst zuständig ist. Arbeiten Sie schon bei der Unterrichtsplanung rechtlich korrekt, ersparen Sie sich in weiterer Folge viel Zeit und Energie für die Suche nach den UrheberInnen der Inhalte.

Tipp

Auch wenn Ihnen Hilfestellungen zur Verfügung stehen, ist die Erstellung von Unterrichtsmaterialien aufwendig. In manchen Anstellungsformen für Lehrende wird der Abgeltung der Vor- und Nachbereitungszeiten allerdings nur spärlich Rechnung getragen. Achten Sie schon bei den Vertragsverhandlungen darauf, ausreichend Kompensation oder Hilfskräfte für Ihre Lehre zu bekommen bzw. einfachere Aufgaben delegieren zu können, um Ihre **Arbeitszeit** nicht zu überfrachten. Externe und selbstständige Lehrende müssen alle Aufwände der Vor- und Nachbereitung in ihr Honorar einfließen lassen.

3.2 Unterstützung für Lehre und Karriere

Die gute Planung der Lernziele (s. Kap. 1) und die smarte Nutzung aller verfügbaren Ressourcen sind wichtige Schritte zu effizientem und effektivem Lehren. Für Fachbereiche mit vielen praktischen Lehreinheiten wie Übungen ist die Unterstützung durch studentische Hilfskräfte («HiWi»), etwa durch **TutorInnen oder Lehr-AssistentInnen**, eine weitere Möglichkeit, Ihre Lehre zu entlasten. Während Sie sich auf die Lehrinhalte konzentrieren, übernehmen Ihre Hilfskräfte administrative Tätigkeiten wie Vorbereitung von Kopien, Saalvorbereitung, Betreuung der Studierenden, Zusammenstellen von Angaben für Hausübungen und Tests usw. Suchen Sie bei Ihren Vorgesetzten und/oder der übergeordneten Verwaltungseinheit um die Zuweisung von Hilfskräften an.

Eine sehr individuelle Form der Unterstützung für Lehrende sind institutionell organisierte Entwicklungsprogramme wie **Mentoring**. Darunter werden Besprechungen mit **Peers** verstanden, die zwar in einem offiziellen Rahmen angebahnt, jedoch sehr individuell und informell abgehalten werden. Eine erfahrene Mentorin/ein erfahrener **Mentor** stellt sich ehrenamtlich und unentgeltlich für unerfahrene KollegInnen (Mentees) als Ansprechperson für Reflexionen zur Verfügung. Die Beratung kann die fachliche, berufliche und/oder persönliche Entwicklung der Mentees im Fokus haben. Je nach Programmsetting kommt es im Laufe eines Studienjahres zu mehreren Treffen der beiden Personen, die ausschließlich selbstorganisiert werden, um für beide Gesprächspartner größtmögliche Flexibilität zu gewährleisten.

Die **Mentees** können persönliche Schwerpunkte wie Lehre, Forschung oder Karriere definieren und für ihre Selbstreflexion Unterstützung durch den/die MentorIn finden. Auch wenn der Input häufig nur unidirektional – also von MentorIn zu Mentee – verläuft, entstehen auf beiden Seiten Zugewinne an Wissen und Fähigkeiten.

Mentees profitieren beim Mentoring durch:
- «Starthilfe» im Job durch **Wissenstransfer** von den Erfahrenen
- Aufdecken von Stärken und Schwächen durch Reflexion und Selbstreflexion
- Intensive Verfolgung eigener Weiterentwicklungsziele
- Entwicklung kommunikativer und sozialer Fähigkeiten
- Stärkung analytischer und reflektiver Fähigkeiten
- Erweiterung des eigenen **Kontaktnetzwerks**

MentorInnen profitieren bei Mentoring durch:
- Entwicklung kommunikativer und sozialer Fähigkeiten wie die Weiterentwicklung der Fähigkeit des aktiven Zuhörens
- **Reflexion** des eigenen Berufsfeldes durch «frischen» Blick der Mentees
- Stärkung der analytischen Fähigkeiten und emotionalen Intelligenz
- Nachweis der beratenden Tätigkeit nach Absolvieren des Programms, was z. B. auch bei späteren Jobbewerbungen positiv auffällt

Um in ein Mentoring-Programm aufgenommen zu werden, müssen sowohl Mentees als auch MentorInnen ihr Interesse an der koordinierenden Einheit ihrer Hochschule bekunden und ihre Intentionen und Ziele für die Teilnahme erläutern. Bei sogenannten «Matching Days» (Veranstaltungen, bei der alle zugelassenen Mentees die MentorInnen persönlich kennenlernen können), werden die Mitwirkenden einander vorgestellt und bei Sympathie Zweierteams gebildet. Die wichtigsten Bedingungen für gelungenes Mentoring sind sowohl für MentorInnen als auch für Mentees: Offenheit, Vertrauen, Vertraulichkeit, Gesprächsbereitschaft auf Augenhöhe, Freiwilligkeit, Verbindlichkeit und Regelmäßigkeit (MentorinnenNetzwerk o. J.).

Reflexionsfragen

Damit es nicht nur beim netten Plaudern bleibt, empfiehlt sich für beide Beteiligten eine gründliche Vorbereitung. Da beim Mentoring sehr schnell an sehr persönlichen Fragestellungen gearbeitet wird, müssen sich Mentees zuvor selbst klarer werden, was ihnen am wichtigsten ist:
- Worauf will ich meinen Fokus legen – Lehre, Karriere, konkrete Schwächen?
- Woran möchte ich ein Jahr lang hauptsächlich arbeiten?
- Welche Themen/Aspekte schließe ich aus?
- Für welches Anliegen könnte ich jemanden brauchen, der zuhört, Tipps gibt, mir beisteht?
- Woran erkenne ich nach Abschluss des Mentoring-Programms, dass ich Nutzen daraus ziehen konnte?

Auch wenn die Fördermethode des Mentoring große inhaltliche wie auch organisatorische Freiheiten ermöglicht, sind den MentorInnen auch gewisse Grenzen gesetzt:

- MentorInnen beraten, die «Arbeit» müssen jedoch Sie als Mentee machen. Wenn MentorInnen ad hoc eine konkrete Abteilung, ein Netzwerk oder einen Kontakt nicht benennen können, sind Sie zur **Eigeninitiative** aufgerufen – recherchieren Sie selbst nach, überstrapazieren Sie Ihre MentorInnen nicht.
- MentorInnen bauen durch ihre Unterstützung auf, doch sie sind kein Kummerkasten – als Mentee müssen Sie an sich selbst arbeiten, damit sich etwas ändern kann.
- MentorInnen sind nicht für die **Planung** zuständig – als Mentee müssen Sie Treffen vorschlagen, einen Folgetermin ausmachen und ggf. Örtlichkeiten reservieren.
- MentorInnen können keine Entscheidungen für Mentees treffen – Sie definieren Ihre Pläne und Ziele selbst, das Entscheiden liegt in Ihrer Hand.
- MentorInnen werden Ihnen keinen Job verschaffen oder Wege zu Kontakten ebnen – sie/er kann das, wenn sie/er das möchte, doch es gehört keinesfalls zur eigentlichen Aufgabe einer Mentorin/eines Mentors.

Wer Zeit in Treffen mit seinen MentorInnen investiert und die eigene Entwicklung ernst nimmt, kann Mentoring für große persönliche Entwicklungssprünge nutzen, die manchmal sogar als Sprungbrett zu weiteren **Karrierestufen** dienen können.

3.3 Weiterbildung für Lehrende und Karriereentwicklungsprogramme

In unserer Umfrage (Klein & Miljković 2017) gab eine große Mehrheit der Befragten an, bereits an didaktischen Weiterbildungen teilgenommen und wertvolle Unterstützung für ihre Lehre daraus gezogen zu haben. Besonders didaktische und/oder pädagogische **Zertifikatskurse** werden als sehr empfehlenswert angesehen. Viele Befragte kritisieren allerdings auch, dass sie entweder spät in ihrer Tätigkeit daran teilnehmen konnten oder Weiterbildungen sogar aus eigener Tasche bezahlen mussten. Recherchen ergaben, dass an einigen Hochschulen Lehrende leider erst nach mindestens einem Jahr praktischer **Lehrerfahrung** an diesen Weiterbildungen teilnehmen dürfen. Kritisch wurde von den Befragten auch angemerkt, dass Hochschullehrende generell zu wenig pädagogische Vorbildung haben und diese für eine Anstellung als Hochschullehrende in den allermeisten Fällen auch keine Voraussetzung ist.

> *«Die Angebote der Hochschuldidaktik waren teilweise hilfreich, jedoch erst im Laufe der Jahre zu belegen.»*
>
> *«Ich war schockiert, dass es keinerlei verpflichtende Einführung (Seminar/Workshop) zum Thema Didaktik gibt. Bei Interesse kann man auf eigene Kosten Workshops besuchen.»*
> (Teilnehmende an Lehrenden-Umfrage, Klein & Miljković 2017)

Studien belegen, dass 14 % der Lehrenden nicht wissen, ob es an ihren Hochschulen Angebote zur Verbesserung der Lehrkompetenz gibt, weil sie nicht ausreichend darüber informiert wurden oder sie kein Interesse daran haben. Für 6 % stehen an ihren Einrichtungen keinerlei adäquate Weiterbildungsangebote zur Verfügung: *«Hier besteht offensichtlich großer Spielraum an den Hochschulen, die Möglichkeit zum Erwerb von Zertifikaten bekannt zu machen bzw. eine Einführung solcher Zertifikate zu erwägen.»* (Schomburg, Flöther & Wolf 2012).

Weiterbildung ist nicht nur für Erstlehrende, sondern generell für alle Lehrenden wichtig, da durch immer neue Anforderungen, z. B. neu entwickelte Lehrmethoden, neue Medien und neu entstandene Berufe, auch Curricula und Lehrsettings immer wieder abgeändert werden. Ein Lehrenden-Webportal erhob 2018 die 30 aktuellen Trends im Bildungsbereich (TeachThought 2018). Informationen über die zehn höchst gereihten Themen finden Sie in Tabelle 1 beschrieben.

Innerhalb von Hochschulen können neben zahlreichen Angeboten der Abteilung für Personalentwicklung auch Mentoring-Programme (s. o.), Arbeitscoachings (s. u.), Angebote des Betriebsrats, der Career Center, Alumniverbände und Graduiertenakademien Weiterbildung für Lehrende ermöglichen. Spezielle Veranstaltungen zur Fachdidaktik (z. B. «DiMa – Didaktik am Montagabend» der Universität Innsbruck (www.uibk.ac.at/ifd/dima.html)) ermöglichen es, auch Kenntnisse zum State of the Art im eigenen Wissensgebiet zu aktualisieren und zu erweitern. Außerdem gibt es diverse Spezialthemen, die Lehrende je nach Setting im Unterricht gebrauchen können (z. B. Weiterbildungen zur Unterstützung und Förderung von Hochbegabten an Hochschulen durch das Österreichische Zentrum für Begabtenförderung und Begabungsforschung (https://www.oezbf.at/forschen-entwickeln/entwickeln/hochschule/ und https://www.oezbf.at/foerdern-fortbilden/fortbilden-vernetzen/hochschullehrende/)).

Tab. 1: Die zehn aktuellen Trendthemen im Bildungsbereich 2018 (TeachThought 2018)

(1) **Growth mindset:** Die wachstumsorientierte Weltanschauung nach Carol Dweck (s. Kap. 2) geht von beliebig erweiterbaren Fähigkeiten aus. Durch Lernen und neue Erfahrungen kann jeder Mensch Erfolg haben.	(6) **Project-based learning:** Durch die oftmals von den Lernenden selbst angetriebenen Lösungsversuche tatsächlicher Problemstellungen erfahren sie ein tieferes Verständnis des Lernstoffs.
(2) **Maker learning:** Form von kollaborativem problem- und projektorientiertem Lernen nach Dale Dougherty.	(7) **Selbstgesteuertes Lernen im Team:** Aktivierende Lerntechniken mit hoher Eigenverantwortung ermöglichen Lernenden starkes persönliches Wachstum.
(3) **Blooms Lernziel-Taxonomie:** hierarchische Anordnung kognitiver Fähigkeiten von einfach zu komplex (wissen, verstehen, anwenden, analysieren, neu zusammenstellen und evaluieren können).	(8) **Blended learning:** Lernformen, die die Überschneidung von Präsenzunterricht mit Online-Lernphasen ermöglichen, wobei beide Unterrichtsarten gleichberechtigt sind und sich gegenseitig ergänzen und befördern.
(4) **Digital literacy:** fasst alle Kompetenzen zusammen, die für den Umgang mit digitalen Medien benötigt werden (Medien-, Bedien-, Kommunikations-, Informationskompetenzen usw.).	(9) **Genius hour:** offene Lerneinheit, die von Lernenden völlig individuell gestaltet werden darf. Diese gehen ihren Interessen autonom nach und bestimmen neben dem Lernthema auch die Lernform u. a.
(5) **Personalised learning:** Konzepte, die Lerngeschwindigkeit und -zugang für jeden einzelnen Lernenden optimal zu ermöglichen versuchen. Dementsprechend variieren Lernziele, Lehrmethoden und -inhalte (NETP 2017).	(10) **Empathie lehren:** Wer Empathie (die Fähigkeit, Emotionen zu erkennen und sich in Mitmenschen hineinzuversetzen) lehren möchte, braucht eine vorurteilsfreie Einstellung zu Lernenden. Die Empathie-Lehre zielt auf Werte- und Wissensvermittlung ab.

3.3.1 Außeruniversitäre und informelle Wege nutzen

Die Weiterbildung von Lehrpersonal ist nicht auf Kurse und Seminare beschränkt. Auch Förderungen diverser Art, Möglichkeiten zum Netzwerken mit KollegInnen und Orientierungsprogramme wurden in Erhebungen von neuen Lehrkräften für die (Weiter-)Entwicklung ihrer Fähigkeiten als nützlich betrachtet (Sorcinelli 1994 in Puri et al. 2012).

Für den Bezug von Informationen und Austausch mit anderen Lehrenden lohnt oftmals auch der Blick aus den Hochschulen hinaus, denn diverse hochschulnahe Gesellschaften, akademische Verbände und andere Interessensgemeinschaften bieten Weiterbildungs- und Vernetzungsangebote:

- Lehrendenverbände und -zusammenschlüsse (u. a. Deutscher Verband der Hochschullehrer für Betriebswirtschaft e. V. (VHB) oder Österreichische Interessensgemeinschaft externer LektorInnen)
- Diverse Stipendiatennetzwerke

- Fachliche und/oder lokale Netzwerke (u. a. Deutsche Gesellschaft für Hochschulforschung (GfHf), Deutsche Gesellschaft für Evaluation (DeGEval))
- Gruppierungen in lokalen Lernplattformen der Hochschulen
- Diverse berufsbezogene Meetups und Stammtische

Auch Online-Angebote auf Websites und Portalen, in Foren, Blogs, Newslettern usw. können für Lehrende förderlich sein:
Facebook-Gruppen für Lehrende, die auf Didaktikfragen ausgerichtet sind:
- ProLehre Hochschuldidaktik (https://www.facebook.com/prolehre/)
- Hochschuldidaktik – Die Gruppe für alle Lehrenden an Unis und Hochschulen (https://www.facebook.com/groups/Hochschuldidaktik/)

Didaktik-Einrichtungen bieten vor Ort, online und/oder über Newsletter Unterstützung:
- PHZH Zentrum für Hochschuldidaktik und -entwicklung (https://phzh.ch/de/Weiterbildung/Hochschuldidaktik-und-entwicklung/)
- Deutsche Gesellschaft für Hochschuldidaktik (https://www.dghd.de/)

Websites und -portale mit vielen allgemeinen und/oder regionalen Informationen zu Weiterbildung in allgemeiner Didaktik, aber auch Spezialgebieten, Veranstaltungen u. v. m.:
- academics.de (https://www.academics.de/ratgeber/uebersicht)
- e-teaching.org (https://www.e-teaching.org/)
- LehreHochN – Das Bündnis für Hochschullehre (https://lehrehochn.de/)
- academia.edu (https://medium.com/@academia)
- Netzwerk Erzählcafé (https://www.netzwerk-erzaehlcafé.ch/de/)

Reflexionsfragen

Unterstützungsnetzwerke und Initiativen profitieren von allen Beteiligten – je mehr und je diverser, umso besser:

- Wo könnte ich mich und meine Fähigkeiten einbringen?
- Was weiß oder kann ich, das anderen womöglich nützlich sein könnte?
- Für welche Herausforderungen hätte ich Unterstützung brauchen können, aber damals leider keine finden können?
- Kann ich lokales oder internationales Wissen einbringen?
- Wie viel Zeit kann und will ich für die Vernetzung mit KollegInnen pro Woche/Monat investieren?

3.3.2 Qualifizierungsvereinbarungen

Ähnlich wie die Ziel- und Leistungsvereinbarungen zwischen Staat und Hochschulen sollen Qualifizierungsvereinbarungen zwischen der einzelnen Hochschule und den MitarbeiterInnen die individuelle Entwicklung strategisch lenken. Besonders jüngere AkademikerInnen bekommen durch diese Vereinbarungen die Chance, sich in weiterer Folge zu ausgeprägten, eigenständigen Führungskräften, WissenschaftlerInnen und Lehrenden zu entwickeln und möglicherweise sogar auf die nächsthöhere **Karrierestufe** zu gelangen (z. B. assoziierte ProfessorIn, unbefristete AssistenzprofessorIn).

Dafür ist es nötig, dass sich die Kandidatin/der Kandidat innerhalb von zumeist vier oder sechs Jahren auf ihrer/seiner neuen Stelle beweist, eine ausreichende Zahl von wissenschaftlichen Artikeln in möglichst namhaften Journalen publiziert, **Forschungsgelder** (Drittmittel) einwirbt, lehrt und studentische **Abschlussarbeiten** betreut. Darüber hinaus kann und soll sie/er sich weiterbilden, um die jeweiligen vereinbarten Ziele erfolgreich erreichen zu können. Die Hochschule verpflichtet sich im Gegenzug dazu, so viele Ressourcen wie nötig zur Verfügung zu stellen und die KandidatInnen bestmöglich zu fördern. Nach Ende der vereinbarten Frist werden alle Leistungen der KandidatInnen evaluiert. Ziel der gesetzten Vereinbarung ist, zumindest im deutschen und österreichischen System, meist die **Habilitation** und eine feste Anstellung gemäß des Entwicklungs- und Stellenplans der Hochschule zu erreichen.

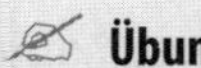

Übung

Sollten Sie aktuell keine Qualifizierungsvereinbarungen treffen wollen bzw. Ihnen diese Möglichkeit an Ihrer Institution nicht zur Verfügung stehen, erstellen Sie sich einen «persönlichen **Entwicklungsplan**». Evaluieren Sie zunächst Ihre aktuellen **Ressourcen** und Fähigkeiten gründlich: Gibt es Bereiche, die Sie gerne verbessern möchten, etwas, dass Sie immer schon können wollten? Sehen Sie diese Bereiche von nun an als Ihre zukünftigen «**Stärkefelder**» an, da Ihr Wunsch, diese zu verbessern aus einem Status der Stärke und Zielgerichtetheit kommt. Wählen Sie die drei für Sie wichtigsten Bereiche aus und planen Sie, welche Fähigkeiten Sie für diese Bereiche in einem, in fünf und/oder in zehn Jahren erwerben und anwenden möchten. Halten Sie ein konkretes Jahresziel fest und definieren Sie, wie Sie Ihren «Projektfortschritt» und «Erfolg» messen: Woran erkennen Sie, ob Sie eine Fähigkeit tatsächlich verbessern konnten? Wann ist eine Fähigkeit «gut genug» erworben worden? Führen Sie während dieses «Entwicklungsjahres» mindestens einmal pro Quartal eine Kurzerhebung durch und bewerten Sie, inwieweit Sie Ihren Zielen näher kommen konnten. Ist der Fortschritt für Sie zu langsam vonstattengegangen, teilen Sie kleinere Zeitabstände ein und setzen Sie sich mehrere, leichter zu erreichende Monats- oder Wochenziele.

3.3.3 Arbeitscoaching

Wer seine Karriere mit Profis planen möchte, sollte die Dienste eines **Coaches** zuziehen. Ähnlich wie beim Mentoring oder bei Peer-Beratungen (s. u.) ist auch ein Coach eine Wegbegleiterin/ein Wegbegleiter. Sie/er arbeitet dabei allerdings nicht direkt an den Lösungen mit, sondern unterstützt Sie dabei, sich die richtigen Fragen zu stellen, um zu den für Sie passenden Lösungsansätzen zu kommen.

Reflexionsfragen

- Auf welche Karrierestufe möchte ich gelangen? Was muss ich dafür leisten? Bin ich bereit, diese Leistungen zu erbringen?
- Was würde es bedeuten, meinen jetzigen Status aufzugeben? Was bedeutet mir der neue Status?
- Was wäre der erste Schritt in diese Richtung? Welche Befürchtungen habe ich, diesen Schritt zu wagen?
- Welche Dinge muss ich für diese Entwicklung hin zur neuen Karrierestufe vielleicht aufgeben? Was bedeutet das für mich?
- Was würde ich machen, wenn dieser Weg nicht klappen sollte? Habe ich einen Plan B?

In den meisten Ländern gibt es keine Reglementierung der Berufsbezeichnungen Coach oder BeraterIn. Um dennoch eine hohe Qualität der Coaching-Angebote zu wahren, achten diverse Coaching-Verbände (z. B. der Deutsche Coaching Verband (https://coachingverband.org/coach-suche/), der Deutsche Bundesverband Coaching e. V. (https://www.dbvc.de/home.html), der Österreichische Dachverband für Coaching (https://coachingdachverband.at/iso-zertifizierung/iso-im-ueberblick/), die International Coach Federation in Österreich (https://www.coachfederation.at/icf-zertifizierung.html) oder der Schweizer Berufsverband für Coaching, Supervision und Organisationsberatung (https://www.bso.ch/)) auf die Angebote. Informieren Sie sich vor Beauftragung gründlich über den beruflichen Hintergrund und die Referenzen einer möglichen Kandidatin/eines möglichen Kandidaten.

4 Feedback bekommen und annehmen

Natascha Miljković

«Feedback an Lehrer hilft, Lernen sichtbar zu machen.»
(Hattie 2009:173)

In diesem Kapitel finden Sie ...

... Informationen zu Kommunikation im Unterricht und in anderen Arbeitsbereichen. Auch wenn es sich im Arbeitskontext zuträgt, wird vieles an Feedback sehr persönlich statt sachlich-konstruktiv wahrgenommen. Sie lernen, wie Sie Sachkritik von persönlich motivierten Angriffen trennen, zudem lernen Sie einfache Bewertungsmethoden im Unterricht kennen sowie zwei Formen von Feedback in Hochschul-Settings: die Peer-to-Peer-Beratung und die Hospitation. Nutzen Sie Evaluierungen und **MitarbeiterInnengespräche** für sich und kommunizieren Sie gewaltfrei.

Umfrage unter Hochschullehrenden

Neben den weit verbreiteten Vorgehen bei Erhalt eines Feedbacks, nämlich zu reflektieren, was nicht so gut lief (40 % der Befragten) und wie man das verbessern könnte (50 %), kamen in unserer Lehrenden-Umfrage (Klein & Miljković 2017) mit 205 Rückmeldungen (offene Antworten mit Mehrfachnennungen) auch einige andere Aspekte auf:

- Für 23 % zählen die engere KollegInnenschaft, Doktoranden und TutorInnen sowie ehemalige KollegInnen als wertvollste FeebackgeberInnen. Mehrere Personen empfehlen, auch mit anderen KollegInnen in Weiterbildungsveranstaltungen zu sprechen und von ihnen Rat einzuholen. Viele reflektieren zusammen mit ihren PartnerInnen bzw. der Familie über Rückmeldungen, die sie bekommen haben, und überlegen gemeinsam Verbesserungsmöglichkeiten.
- 10 % der Befragten bemerken beim Erhalt von negativem Feedback **Emotionen** wie Ärger, Traurigkeit und Enttäuschung und müssen diese erst (z. B. durch Gespräche) aufarbeiten, bevor sie zu reflektieren beginnen können.
- 9 % rufen sich in Erinnerung, dass es in Ordnung ist, auch einmal einen schlechten Tag zu haben, und dass alle Menschen einmal einen Fehler machen können.

- 8 % sehen Feedback grundsätzlich nicht als negativ an oder haben noch kein negatives Feedback bekommen. Für sie steht das «Daraus-Lernen-Können» immer im Vordergrund.
- Rund 7 % konzentrieren sich nicht nur auf das negative Feedback, sondern nehmen auch die guten Rückmeldungen dankbar wahr, und geben, wo möglich, selbst auch Feedback.
- Etwa 6 % nehmen das Feedback nicht immer an, da ihnen bewusst ist, dass zum guten Gelingen einer Lehrveranstaltung immer mehrere Faktoren zusammenspielen.
- 6 % der Befragten versuchen schon während ihrer Veranstaltung, Rückmeldungen der Studierenden einzuholen (entsprechende Techniken s. u.), um ggf. gegensteuern zu können, sollte etwas nicht passen. Manche arbeiten die Änderungen auch gemeinsam aus.

An der Vielzahl der Rückmeldungen zum Thema «Feedback in der Lehre» wird deutlich, wie ernst viele Lehrende die (Selbst-)Reflexion ihrer Tätigkeit nehmen:

> *«Oft denke ich beim Nachhausefahren darüber nach, was gut oder weniger gut gelaufen ist und wie ich es hätte anders machen können. Im aktuellen Semester habe ich beispielsweise viele ausländische StudentInnen, von denen es vielen nicht leicht fällt, auf Deutsch alles mitzubekommen. Ich überlege daher oft, wie ich es einfacher erklären könnte.»*
>
> *«Ich bemühe mich, das mit* ***Vertrauenspersonen*** [Herv. d. Verf.] *aus meinem Umfeld, die auch in der Lehre tätig sind, zu besprechen.»*
> (Teilnehmende an Lehrenden-Umfrage, Klein & Miljković 2017)

4.1 Bewertungen während und nach dem Unterricht

Wie einige KollegInnen in der Umfrage angemerkt haben, ist die partizipative Einbindung der Teilnehmenden einer Bildungsveranstaltung während des laufenden Semesters eine gute Möglichkeit, die Zufriedenheit aller zu stärken. Die Lehrenden werden durch das Feedback zwischendurch darauf aufmerksam gemacht, dass etwas an den gesetzten Lernzielen vorbeizulaufen droht und können ggf. gegensteuern. Sie können z. B. den Lernenden zu einzelnen Punkten mehr Informationen geben, wenn etwas unklar geblieben ist oder andere

Aspekte, die schon aus anderen Vorlesungen bekannt oder ausreichend erklärt sind, überspringen, wenn das Feedback der Lernenden entsprechend ist.

Diese Form des Unterrichts bedarf neben einer genauen Planung immer wieder auch zusätzlicher Vor- und **Nachbereitung** – zunächst sind sie also ein Mehraufwand für die Lehrenden. Auch klare **Kommunikationsregeln** und die letztendliche Entscheidungsgewalt durch die Lehrperson sollten vorab festgehalten sein, bevor man diese Lehrform umsetzen kann. Lehrende müssen zudem ein hohes Maß an **Empathie** und **Kritikfähigkeit** kultivieren, um sich auf partizipative Methoden einlassen zu können, da es möglicherweise einiges an Anlaufzeit braucht, bis sich Studierende von der konsumierenden zur mitgestaltenden Rolle überwinden können.

Lohnt sich das denn? Wie einige KollegInnen in der Umfrage betont haben, liegt die **Verantwortung** für das gute Gelingen einer Veranstaltung nicht nur bei den Lehrenden. Durch die engere Einbindung in die Lehrveranstaltung fühlen sich Studierende ernst genommen und auf Augenhöhe gesehen. Viele sind dadurch motivierter, können zu tieferen Einsichten gelangen und nachhaltiger lernen. Womöglich lohnt es sich nicht für jedes Fach, doch entsprechend der überfachlichen Lernziele **(Soft Skills)**, die Studierende während einer Lehrveranstaltung oder während ihres Studiums auch lernen sollen, können mit diesen **Feedback-Methoden** auch größere individuelle Fortschritte erzielt werden. Nachfolgend werden einige dieser **Bewertungsmethoden** im Schnelldurchlauf präsentiert, weitere Beispiele finden Sie u. a. auf der Website der Universität Köln (http://www.uni-koeln.de/hf/konstrukt/didaktik/feedback/frameset_feedback.html) oder auf der Website «Methodenundmehr» (https://methodenundmehr.de/category/feedback-reflexion/).

Daumengericht – Alle Teilnehmenden sind angehalten, auf Fragen der Lehrperson mit einer von drei möglichen Gesten einer Hand stumm zu reagieren: Daumen hinauf strecken bedeutet Zustimmung, den Daumen horizontal halten bedeutet, jemand ist noch unschlüssig bzw. hat sich noch keine Meinung gebildet, den Daumen nach unten strecken bedeutet Ablehnung (s. Abb. 4). Manchmal wird auch mit der Ampel als Symbol gearbeitet. Angelehnt an antike Spiele kann man mit dieser Methode im Unterricht einen schnellen Überblick über die Meinungen der Teilnehmenden bekommen. Es bedarf keiner Vorbereitung und benötigt kaum Zeit. Lassen Sie sich ggf. zu manchen der negativen, aber auch positiven Rückmeldungen zusätzlichen Input geben: Warum empfindet man so? Welche Änderungen wünschen sich die Lernenden?

Daumen hoch	**Daumen horizontal**	**Daumen runter**
„Es hat mir gefallen!" „Das war super!" „Hab richtig viel gelernt."	„Naja, es ging so." „Hatte mir mehr erwartet." „Das kann ich noch nicht beurteilen."	„Ich bin nicht mitgekommen." „Das gefiel mir überhaupt nicht." „Mir fehlte der Bezug."

Abb. 4: Daumengericht für rasches Feedback

 **Tipp**

Achten Sie besonders auf Personen, die sich mündlich nicht oft zu Wort melden. Versuchen Sie vor oder nach dem Unterricht oder in einer Pause ins Gespräch zu kommen und herauszufinden: Haben sie das nötige Wissen wirklich oder trauen sie sich vielleicht nicht zu fragen? Können sie dem Stoff gut folgen? Sind sie abgelenkt oder desinteressiert? Sehen Sie als Lehrperson diese Person vielleicht nicht gut im Raum?

Blitzlicht – Alle Teilnehmenden äußern in einem Satz in maximal einer Minute, was sie aus der Stunde mitnehmen werden, was ihnen gefallen hat, worüber sie gerne mehr wissen möchten oder was ihnen nicht gefallen hat. Diese Methode ist rasch und ohne Vorbereitung jederzeit zwischendurch durchführbar (Zwischenblitzlicht), durch die vielfältigen Ansätze der **Fragestellung** bleibt sie dennoch aufschlussreich. Zu beachten ist, dass die Teilnehmenden eine konkrete und persönliche Äußerung machen müssen, damit nicht «Das sehe ich auch so.» wiederholt wird, nachdem einige aus der Gruppe bereits gefeedbackt haben. Neben der Abfrage des Zwischenstands kann das Blitzlicht auch zur **Erwartungsabfrage** (Anfangsblitzlicht) oder zum Abschluss einer Stunde, einer Veranstaltung eingeführt werden. Eventuell lohnt sich auch die Kombination mit einem kurzen schriftlichen Statement pro Studierendem (One Minute Paper) als Vor- oder Nachbereitung zu dieser Übung, um Details herauszuarbeiten.

Fünf-Finger-Feedback (auch: Feedback-Hand) – Die Lehrperson gibt einen kopierten Handumriss auf einem Arbeitsblatt aus. Jeder Finger steht für eine andere Feedbackfrage: der Daumen, was für die Lernenden in der Stunde oder am Thema neu und spannend war, der Zeigefinger, was geändert werden könnte, der Mittelfinger, was die Lernenden überflüssig fanden, der Ringfinger, was beibehalten werden soll und der kleine Finger für alles, was die Lernenden lustig fanden (Sander o. J.). Diese Methode ist durch die fünf distinkten Fragestellungen deutlich differenzierter und gibt Lehrpersonen bei minimalem Aufwand mehr Rückschlüsse (s. Abb. 5). Sie bedarf etwas mehr Zeit, doch kann man diese Übung abgewandelt durch einen Fokus der fünf Aspekte auf rein Thematisches auch als schriftliche Hausübung aufgeben bzw. in Peer-Arbeiten ausführlicher argumentieren lassen.

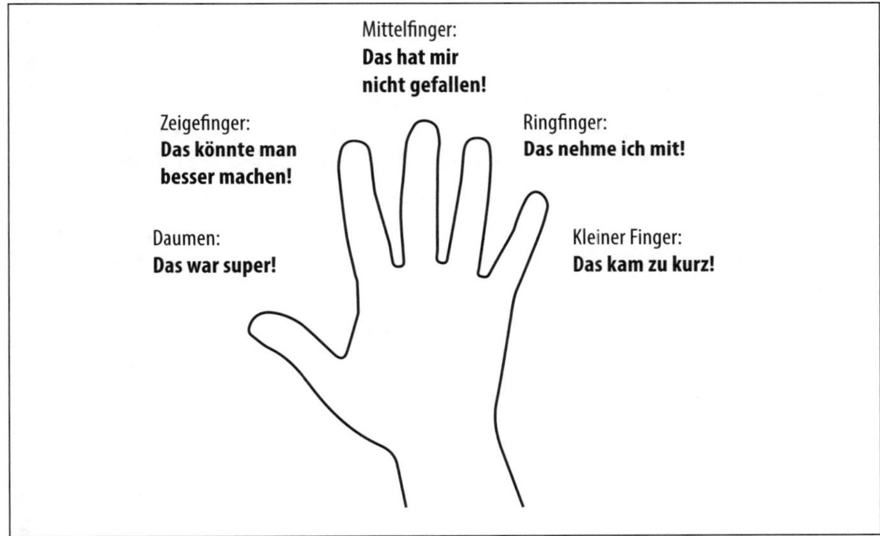

Abb. 5: Feedback-Hand für differenziertes Feedback

Zweiseitige Karteikarte – Oft nehmen Menschen negative Aspekte deutlich stärker wahr als positive (s. u.). Da die positiven Aspekte leicht in der Fülle an schlechten Aspekten untergehen können, sollten sie in einem gelungenen Feedback jeweils betont werden, um ein ausgewogenes, kritisches Feedback zu erhalten. Pro Lernende wird eine leere Karteikarte ausgeteilt, die lediglich auf einer Seite mit einem Plus- und auf der anderen mit einem Minuszeichen beschriftet ist. Um den individuellen Lernprozess bewerten zu lassen, sollen die Lernenden auf der Kartenvorderseite festhalten, was ihnen am Thema/an der letzten Unterrichtseinheit besonders gut gefallen hat und sie sich unbedingt merken möchten. Auf die Rückseite notieren sie, was sie schon gewusst haben oder was nicht verstanden wurde.

Feedback-Briefe – Je nach Zielen und Funktionen des Feedbacks (s. u.) können sich auch die Lernenden gegenseitig unterstützen. Alle schreiben nur ihren eigenen Namen auf ein leeres Blatt Papier, der Lehrende sammelt alle

Zettel ein und durchmischt sie gründlich. Anschließend zieht jeder Lernende einen Zettel und schreibt der Kollegin/dem Kollegen, deren/dessen Name auf dem Zettel steht, ein Feedback. Die Lehrperson muss in diesem Fall nichts vorbereiten, sollte zu Beginn der Übung aber die Kommunikationsregeln für konstruktives Feedback (s. u.) ins Gedächtnis rufen, positive und konstruktive negative Kommentare fordern und das Ziel der Übung – Anregungen für die Weiterentwicklung der Lernenden zu geben – vorab klar kommunizieren.

> *«Ich versuche vielseitiges Feedback abzufragen, nicht nur die negative Seite. Bei negativem Feedback versuche ich den Inhalt von meinem schlechten Gefühl abzukoppeln und überlege mir, wie ich das in Zukunft besser gestalten kann.»*
> (Teilnehmende an Lehrenden-Umfrage, Klein & Miljković 2017)

Punktabfrage (auch: Evaluierungszielscheibe) – Auf einem Plakat wird eine Dartscheibe mit fünf konzentrischen Kreisen aufgezeichnet und in drei bis sechs Abschnitte aufgeteilt. Die Abschnitte bekommen jeweils einen anderen Fokus zugeschrieben, z. B. Methoden, Inhalt, Arbeitsaufwand, Vorbereitung, Schwierigkeitsgrad usw. Die Studierenden erhalten mehrere Klebepunkte (meist ein Punkt pro Kategorie pro Person) und sollen diese in diejenigen Kategorien kleben, die ihrer Meinung nach in Ihrer Lehrveranstaltung am besten gelungen sind. Sie dürfen natürlich auch alle Punkte in eine Kategorie kleben. Nachdem alle Punkte aufgeklebt sind, können Sie anhand der Verteilung der Klebepunkte die genaue Evaluation ablesen. Bitten Sie ggf. um Rückmeldungen, wenn bestimmte Bereiche bzw. Kategorien ganz oder mehrheitlich frei blieben (was ja bedeutet, dass etwas nicht gefallen hat oder es Verständnisschwierigkeiten gab). Abgewandelt können Sie diese Technik auch zwischendurch verwenden, um zu erkennen, bei welchen Themen noch mehr Beispiele oder Erläuterungen benötigt werden. In diesem Fall nennen Sie anstatt Kategorien verschiedene Themen(-schwerpunkte) Ihrer Veranstaltung.

(Online)-Quiz – Wer Feedback der Studierenden anonymisiert einholen und gleichzeitig eine Auflockerung einbauen möchte, kann die Möglichkeiten digitaler Umfragen oder Quizze (z. B. mit **Kahoot** (https://kahoot.com/)) nutzen. Da das Quiz über den Lehrenden-Computer läuft, müssen als weitere technische Ausrüstung eine Internetverbindung und ein Beamer vorhanden sein. Sowohl Vorbereitung als auch Anwendung im Unterricht sind sehr einfach, die Vorbereitung nimmt allerdings etwas Zeit in Anspruch. Die Lehrperson überlegt **Testfragen** mit dazugehörigen Multiple-Choice-Antwortmöglichkeiten, auf die die Studierenden mit ihren Mobiltelefonen oder Laptops über einen gemeinsamen Link zugreifen und auswählen können. So bekommen alle Beteiligten eine sofortige **Lernstandsauswertung**: Lehrende und Lernende wissen, was bereits verstanden wurde und wo noch Nachholbedarf besteht.

Clicker – Mit **Classroom Response Systems** (CRS), sogenannten **Clickern**, lassen sich ebenfalls Live-Umfragen bzw. kurze **Lernstandsabfragen** durchführen. Wie bei der Quiz-Methode müssen auch hierfür zahlreiche Multiple-Choice-Antwortmöglichkeiten vorbereitet werden. Zudem muss im Lehrsaal die entsprechende technische Ausrüstung (je ein Clicker pro Lernendem und ein Receiver für den Lehrenden-Computer vorhanden und einsatzbereit sein. Um technische Probleme zu vermeiden, testen Sie diese Methode zuvor aus und halten Sie die Multiple-Choice-Fragen auch ausgedruckt bereit.

Neben der Auswahl der Art des Feedbacks setzt auch der Zeitpunkt des Feedbacks einige Weichen für das gelungene Erreichen der Lernziele: Feedback zu früh einzuholen wäre ungünstig, weil es einige Zeit braucht, bis die Studierenden sich orientieren und die Anforderungen an sie einschätzen können; es zu spät einzuholen ist auch nicht ideal, da Sie als Lehrende dann Problemstellungen womöglich nicht mehr rechtzeitig vor Semesterende aufarbeiten können. Nach dem von Hattie und Timperley (2007) entwickelten dreistufigen Feedback-Modell wird nach einigen erledigten Arbeitsschritten zunächst von den Studierenden ihr «feed back» zu den Fortschritten der Lerninhalte gegeben. Dafür können Sie die oben erwähnten Methoden anwenden. Anschließend wird das «**feed forward**» formuliert, das klären soll, welche und wie die nächsten Lernschritte antizipiert werden: Fühlen sich die Studierenden in der Lage, die nächsten Anforderungen alleine zu meistern? Haben sie bereits alle Techniken verstanden, die sie zur Bewältigung der Anforderungen benötigen oder brauchen sie noch mehr Input dazu? Sobald Sie das Feedback eingesammelt haben, sollen die Studierenden selbst einbringen dürfen, was Sie in nächster Zukunft machen werden, um die Lernziele besser zu erreichen. Das kann in einer Gruppendiskussion stattfinden oder es notiert sich jede/jeder das «feed forward» für sich und reicht es anschließend bei Ihnen ein. Zum Abschluss erfolgt ein «**feed up**», das die gesetzten (Lern-)Ziele nochmals beleuchtet (Hattie & Timperley 2007 zitiert in Sander o. J.). Am Ende des Semesters besprechen Lehrende und Studierende zusammen auch noch auf der Metaebene, wie die Lernziele für den jeweiligen Kurs gesetzt waren, wie sie methodisch und inhaltlich aufbereitet und abgearbeitet wurden und was bei einem neuerlichen Durchgang womöglich anders gestaltet werden könnte.

4.2 Mit Kritik umgehen können

Eine Kritik zu hören, ist oft unangenehm, besonders dann, wenn sie negativ ist und womöglich auch noch allzu direkt und harsch ausgedrückt wird. Das kann treffen und sehr lange an einem nagen. Hilfreich und durchaus tröstlich ist die Einsicht, dass Kritik immer «nur» die Meinung eines anderen Menschen darstellt – nicht mehr. Diese Meinung kommt durch unterschiedliche und uns häufig unbekannte Umstände zustande und betrifft uns meist gar nicht persönlich.

Wenn Sie Feedback einholen, ist es wichtig, die gewünschten Funktionen des Feedbacks für sich als Lehrperson vorab klar zu definieren (Fengler zitiert in Reich 2008:6). Feedback unterstützt z. B. bei

- der genaueren Einschätzung der eigenen Leistung
- der gemeinsamen Suche nach Fehlern
- der Gestaltung persönlicher Lernprozesse
- der Steigerung von Motivation
- der Beziehungspflege von Feedbackgebenden und -nehmenden
- der Planung beruflicher Weiterentwicklung

Oftmals kommt Feedback völlig unerwartet in Form von negativer Kritik. Was tun? Hören Sie sich die Kritik immer an, ohne zu unterbrechen, und bedanken Sie sich für die Beobachtungen. Schließlich waren Sie und Ihre Arbeit jemand anderem wert genug, sich darüber Gedanken zu machen und mit Ihnen darüber zu sprechen bzw. Ihnen zu schreiben. Geben Sie recht, wo man mit der Kritik auch Ihrer Meinung nach richtig liegt, bitten Sie um Details, wo Sie mehr wissen möchten, und lehnen Sie alles andere höflich, aber nachdrücklich und ohne Entschuldigung ab («Danke, aber da bin ich anderer Meinung.»). Zum souveränen persönlichen **Kritikmanagement** gehören auch einige Dont's: z. B. einen eigenen Gegenangriff starten, selbst auch persönlich werden, gekränkt reagieren, wortlos schmollen oder sich verunsichern lassen und «mea culpa» stammeln.

> *«Manchmal komme ich auch zum Schluss, dass ich in Bezug auf bestimmte Kritikpunkte nichts verändern will oder kann, z. B. weil das Problem eine Folge der spezifischen Konstellation war (Thema, Klassenzusammensetzung etc.).»*
> (Teilnehmende an Lehrenden-Umfrage, Klein & Miljković 2017)

4.2.1 Kritikfähigkeit trainieren

Wenn negative Gefühle als Reaktion auf eine Kritik aufkommen, dürfen diese durchaus sein. Geben Sie sich wenn möglich ein paar Minuten Zeit, bis diese ersten, ganz normalen Reaktionen abgeebbt sind. Wenn Sie mit etwas Abstand auf die Situation und die Kritik zurückblicken können, überlegen Sie genau, was konkret an der Kritik Sie so reagieren hat lassen und warum, und was Sie aus dieser Situation lernen können.

Ein Beispiel: Jemand hat Ihnen völlig unerwartet vorgeworfen, dass Sie schlampig gearbeitet hätten, obwohl Sie sich stundenlang vorbereitet hatten. Fragen Sie sich in dieser Situation: Kann es sein, dass Sie die Erwartungen an sich nicht genau genug kannten? Oder haben Sie nicht ausreichend vermittelt, was Sie vorbereitet und wie viel Sie schon geleistet haben? Wurden Ihnen alle wichtigen Informationen und/oder Änderungswünsche weitergeleitet? Konnten Sie sich auf die Zuarbeit von KollegInnen verlassen? Wenn Sie der Ansicht sind, dass Sie alles richtig gemacht haben, bitten Sie die KritikspenderInnen noch während des Gesprächs oder am nächsten Tag um mehr Details, was sie sich erwartet hätten. Verlangen Sie bei einer weiteren ähnlichen Situation schon im Vorfeld mehr Instruktionen.

Die Vorteile einer gestärkten Kritikfähigkeit sind enorm: Mit der Zeit kochen negative Reaktionen auf Kritik nicht so schnell hoch, Ihr gezieltes Fragen nach Verbesserungsvorschlägen wirkt professionell und Sie lernen effizienter zu arbeiten, wenn Sie gute Vorschläge annehmen können.

> «[Kritik] *als solche akzeptieren und einen Weg finden, es das nächste Mal besser zu machen. KollegInnen fragen, wie sie mit dieser Erfahrung umgegangen sind; bessere Vorbereitung für das nächste Mal; die schlechte Erfahrung als Möglichkeit, selbst daraus zu lernen, Kritik annehmen*»
> (Teilnehmende an Lehrenden-Umfrage, Klein & Miljković 2017)

Negative Gefühle auf Kritik können unterschiedliche Gründe haben, oftmals ist es z. B. Scham, etwas nicht gut gemacht und andere enttäuscht zu haben, oder auch Enttäuschung, unfair behandelt zu werden, weil man sich sehr bemüht hat und die Leistung von anderen dennoch nicht honoriert wird. Wie der Name schon sagt, ist Enttäuschung (oder eben: Ent-Täuschung) eine Befreiung von einer Täuschung oder Falschannahme, der Sie aufgesessen sind. Lernen Sie aus der Situation und starten Sie das nächste Mal mit mehr – und durch die gemachten Erfahrungen auch besserem – Vorwissen.

4.2.2 Sich selbst eine gute Freundin, ein guter Freund sein

Die oft starken Reaktionen auf Kritik haben ihren Ursprung wahrscheinlich in der Frühgeschichte. Die menschliche Wahrnehmung ist stark auf Negatives ausgerichtet, da es entwicklungsbiologisch einmal lebenswichtig war, potenziell Feindliches oder Gefährliches rasch richtig einschätzen zu können. Bei Bedarf musste man entweder kämpfen oder fliehen. Obwohl sich die äußeren Umstände für die meisten stark gewandelt haben, ist das menschliche Gehirn dabei geblieben: Menschen beachten negative Dinge deutlich mehr als positive (**Negativitätseffekt**, engl.: negativity bias) (Skowronski & Carlston 1989).

Übung

Selbststärkung gegen raue Winde kann man trainieren. Wenn Menschen von Kritik hart getroffen werden, hängt dies oftmals mit einem wenig ausgeprägten Selbstmitgefühl oder auch **Selbstwertgefühl** zusammen. Bauen Sie sich auf, schauen Sie auf sich! Stellen Sie als **Selbststärkung** einige Mantras auf. Die Autorin Gretchen Rubin sagt sich z. B.: *«Be Gretchen!»* (etwa: «Sei Du selbst!») und weitere charmante Dinge vor (Rubin 2011), die in emotionaleren Momenten als Notfallmaßnahme gegen Überreagieren helfen. Anstatt sich das nächste Mal selbst auch noch harsch zu kritisieren, wenn etwas nicht geklappt hat, versuchen Sie es mit freundlichen Aussagen wie «Allen kann ich es sowieso nicht recht machen.», «Wenn ICH mit meiner Arbeit zufrieden bin, ist es gut genug.», «Fehler gehören dazu, nächstes Mal mache ich es besser.», «Kritik ist nur eine Meinung unter vielen.», «Diese Kritik ändert nichts daran, dass ich ein guter Mensch bin und ein wunderbares Leben führe.»

Der Negativitätseffekt macht es umso wichtiger, die eigene Wahrnehmung auf Positives zu fokussieren. Das klappt z. B., indem man ein **Dankbarkeitsjournal** oder Tagebuch führt. Notieren Sie darin einmal pro Woche, welche neuen Dinge Sie ausprobiert haben (neue Sportart ausprobiert, ein neues Lokal getestet, eine Stadt besucht, in der man noch nie war). Diese Erlebnisse erweitern Ihre Komfortzone und stärken Ihren Selbstwert nach und nach – Sie trauen sich mehr zu und gehen mit Unerwartetem proaktiver um.

Reflexionsfragen

- Welche Situationen lassen mich unruhig werden? Erinnern sie mich an bestimmte Erlebnisse aus vergangenen Zeiten?
- Gibt es bestimmte Formulierungen (Trigger), die mir den letzten Nerv rauben, wenn sie mir entgegengeworfen werden?

- Was könnte ich machen, um eine unangenehme Gesprächssituation sofort zu mildern oder zu entschärfen?

Auch **Selbstanerkennung** und das Feiern von Erfolgen helfen, sich aufzubauen und sich selbst den Rücken zu stärken. Viele Menschen denken und sprechen oft eher schlecht von sich, reden ihre Erfolge klein und finden auch bei den besten Sachen ein Haar in der Suppe («Ach, da ist doch nix dabei.», «Naja, das ging praktisch von alleine, ich musste nicht viel machen.», «Hm, hat schon gut geklappt, aber Detail xy war so misslungen, ich ärgere mich wirklich, es war alles umsonst.», «Naja, aber ...»). Seien Sie sich eine gute Freundin, ein guter Freund und feiern Sie sich gebührlich. Geben Sie sich selbst Anerkennung, anstatt nur auf Lob von Vorgesetzten zu warten.

4.2.3 Gewaltfreie Kommunikation für besseres Arbeitsklima

Viele Missverständnisse entstehen durch falsche und falsch verstandene Kommunikation. Selbst mit bestem Gewissen ausgedrückte positive Äußerungen können manchmal völlig unverhofft zu Verletzungen, Verwirrung, Verständnislosigkeit oder gar Streit führen. Dies hat vielerlei Ursachen, hauptsächlich jedoch persönliche wie etwa keine oder schlechte Vorerfahrungen, Assoziation mit unpassenden Beispielen, schlechte Laune u. v. m. Vermeidbar sind solche «Missverständnisse» durch eine Methode aus der angewandten Psychologie namens **Gewaltfreie Kommunikation (GFK)** nach Marshall Rosenberg.

Bei GFK wird Kommunikation in vier essentielle Schritte zerlegt: zuerst wird eine Beobachtung geschildert, dann werden davon getrennt die Gefühle zur Beobachtung dargelegt. Damit es bei der GFK konstruktiv zugeht, wird anschließend ein Bedürfnis im Zusammenhang mit Beobachtung und Gefühlen ausgedrückt und zugleich eine Lösung des Problems in Form einer Bitte oder Hilfestellung für eine Herausforderung mitgeliefert. Ein Beispiel: Eine Kollegin, ein Kollege klopft vor dem Eintreten in Ihr Büro nicht an. Sie erschrecken jedes Mal sehr und sind durch die unvermittelte Störung für längere Zeit irritiert. Leider ist diese Situation in den letzten Wochen schon mehrmals passiert. Da Ihnen die Anliegen Ihrer KollegInnen wichtig sind und Sie sich gerne genug Zeit dafür nehmen möchten, bitten Sie alle ganz im Sinne von Rosenbergs Prinzipien um ein schnelles E-Mail oder einen kurzen Anruf, bevor sie/er zu Ihnen kommt, damit Sie sich genügend Zeit für ein Gespräch nehmen können. So könnten Sie in dieser Situation gewaltfrei kommunizieren: «Hallo Kurt! Du, ich beobachtete in den letzten Wochen schon mehrmals, dass du nicht anklopfst, bevor du in mein Büro kommst. Weißt du, ich erschrecke mich dabei sehr, weil ich niemanden erwartet hatte und gerade mit voller Konzentration an meinen Unterlagen arbeite. Nach dieser Unterbrechung bin ich so unkonzentriert, dass ich dich auch nicht so gut unterstützen kann, wie ich gerne möchte. Könntest du mich nächstes Mal bitte kurz anrufen, bevor du zu mir kommst, damit ich auch sicher Zeit für deine Anliegen habe?»

4.3 Evaluierung

Sollte an Ihrer Einrichtung keine regelmäßige Evaluation gemacht werden, erstellen Sie sich Ihren eigenen Feedback-Fragebogen für Ihre Veranstaltungen. Als Anregung: Evaluierungsbögen Ihrer bzw. anderer Hochschulen lassen sich leicht im Internet finden und für Ihre Bedürfnisse anpassen. Erinnern Sie sich dafür nochmals an die zu erfüllenden Lernziele sowie Ihre persönlichen Erwartungen (s. Kap. 1.4). Stellen Sie Aussagen über die Organisation der Veranstaltung, Bedeutung der Inhalte für das Studium/für den Beruf, Art der Vermittlung der Inhalte und Erreichen der Lernziele zusammen. Ergänzen Sie diese auch um den Eindruck der Studierenden von Ihnen als Lehrkraft. Geben Sie immer auch freie Antwortmöglichkeiten vor. Einige Beispiele sind:

- Die Organisation der Lehrveranstaltung hat mir sehr gut gefallen.
- Die Bedeutung der Lernziele für mein Studium ist deutlich geworden.
- Die Inhalte wurden ansprechend und abwechslungsreich vermittelt.
- Für die Erfüllung der Aufgaben wurde ausreichend Zeit zur Verfügung gestellt.
- Die Lehrkraft hat sich viel Zeit für die Beantwortung von Fragen genommen.

Überlegen Sie noch, bevor Sie die Auswertungen von Evaluierungen bekommen, in einer Selbstreflexion (s. u.), mit welchem **Durchschnitt** Sie selbst sehr erfreut, zufrieden, weniger zufrieden oder gar nicht glücklich wären. Nutzen Sie die Erkenntnisse aus den Studierendenantworten, um Ihre Ziele und die **Methodik** zu überarbeiten oder sich neue Ziele zu setzen.

> *«Deutliche Worte gegenüber den Studenten führen ggf. auch zu einer schlechteren Bewertung.»*
> (Teilnehmende an Lehrenden-Umfrage, Klein & Miljković 2017)

Tipp

Manche Lehrende fühlen sich von positiven Bewertungen regelrecht abhängig. Sie fürchten eine Rüge oder ausbleibende Aufträge, wenn die Studierenden ihre Seminare schlechter bewerten. **Fairness** wirkt auch hier: Bleiben Sie sich und Ihrer Linie treu, machen Sie den Studierenden von Anfang an klar, welche **Bewertungskriterien** herrschen und machen Sie alles transparent. Im Fall des Falles einer unfair schlechteren Bewertung haben Sie immerhin alle Unterlagen zu Ihrer Absicherung und ggf. Verteidigung zur Hand.

4.3.1 Nachbereitung durch Selbstreflexion

Mindestens genauso wichtig wie die Evaluierung (s. o.) und andere Formen von Feedback (s. Kap. 4.1) während oder nach einer Veranstaltung, ist die eigene Nachbereitung. Bei dieser intensiven, kritischen, aber immer wohlwollenden Beschäftigung mit sich, den eigenen Gedanken, Gefühlen und Handlungen, entsteht großes Potenzial für Ihre Weiterentwicklung. Halten Sie zunächst alle positiven Aspekte der eben abgeschlossenen Lehreinheit fest. Gehen Sie anschließend Ihre Planung und Notizen nochmals durch und reflektieren Sie alle Details, vor allem die Auswahl an Methoden und Ihr Verhalten bei Störungen oder falschen Rückmeldungen usw. Erarbeiten Sie bei negativen Punkten, welche Alternativen es gäbe.

Reflexionsfragen

- Wie fand ich meine Unterrichtseinheit? War meine Planung gut umzusetzen?
- Warum musste ich Änderungen am Ablauf vornehmen?
- Hatte ich alle nötigen Materialien zur Hand?
- Waren meine Methoden gut vorbereitet? Gab es Unklarheiten bei der Ausführung von Übungen?
- Gab es zwischendurch Momente, wo ich die Studierenden aufrütteln oder vielleicht sogar begeistern konnte? Oder wo ich das Gefühl hatte, jetzt können sie mir nicht gut folgen?
- Waren alle Übungen und Materialien der Erreichung der Lernziele wirklich dienlich oder hätte ich das auch anders bewerkstelligen können?
- Kam es zu Störungen? Haben die Studierenden übermäßig viel/wenig nachgefragt? Wie habe ich darauf reagiert?
- Warum habe ich die Stunde früher/später abgeschlossen als geplant?

Halten Sie Ihre Erkenntnisse aus der Selbstreflexion sofort in kleinen Zielen fest (z. B.: «Im nächsten Seminar werde ich mehr Zeit für Fragen lassen.», «Nächste Stunde werde ich die Stunde mit Methode xy etwas interaktiver gestalten.») und fragen Sie sich zum Abschluss auch, *«[. . .] ob Sie die Stunde wieder so halten würden.»* (von Plüskow o. J.).

4.3.2 MitarbeiterInnengespräche als große Chance

Eine andere Form von Reflexion Ihres Unterrichts und sonstiger Aufgaben ist auch durch das **MitarbeiterInnengespräch** gegeben. Leider wird es häufig zu Unrecht als Belastung, unnötige Verpflichtung oder Zeitfresser angesehen. Richtig gestaltet kann dieses Führungsinstrument die MitarbeiterInnen allerdings regelrecht beflügeln, ihr Potenzial noch besser auszuschöpfen. In diesem zumeist einmal jährlich durchgeführten Feedback-Gespräch wird gemeinsam Rückschau auf die individuell erbrachten Leistungen, Erfahrungen und Weiterentwicklung getätigt. Anschließend bespricht man die Möglichkeiten zu Verbesserung oder Veränderung einzelner Bereiche, z. B. durch Weiterbildung (s. Kap. 3).

> *«Austausch mit Kollegen und Freunden über Schwierigkeiten. Ansonsten bleibt wenig Zeit im Büroalltag für eine umfangreiche Reflexion der Lehrveranstaltung. Von der Abteilungsleitung besteht wenig Interesse an der Lehre, die die Mitarbeitenden geben. Zumindest werden Inhalte oder Schwierigkeiten kaum besprochen. Erst wenn es größere oder administrative Probleme gibt, wird die Leitung einbezogen…»*
> (Teilnehmende an Lehrenden-Umfrage, Klein & Miljković 2017)

MitarbeiterInnengespräche können auch anlassbezogen geführt werden, z. B. bei Konflikten, neuen Herausforderungen oder Wunsch nach Versetzung. Ziel ist eine konstruktive Auseinandersetzung mit den Herausforderungen und die Setzung konkreter nächster Schritte und realistischer Ziele.

4.4 Peer-to-Peer- und kollegiale Beratung

Die Peer-to-Peer-Beratung (auch: Peer Counseling) findet im Bildungsbereich meist zwischen zwei Menschen statt, die sich in einer ähnlichen beruflichen Situation befinden. Bei diesen **Beratungsansätzen** wird auf gegenseitige Stärkung («der/dem anderen geht es ganz ähnlich») und Unterstützung («mit dieser Lösung hatte ich einmal gute Erfahrungen gemacht») gesetzt. Anders als beim Mentoring (s. Kap. 3.2) sind die Partner gleichrangig und begegnen sich auf Augenhöhe: Beide Beteiligte haben einen ähnlichen beruflichen Background und stehen vor ähnlichen Herausforderungen. Die individuellen Unterschiede und Erfahrungen geben jedoch den Ausschlag für den Erfolg dieser **Beratungsform**. Ganz ähnlich wie beim Mentoring wird durch Methoden des aktiven Zuhörens und Fragetechniken die Problemlösefähigkeit aktiviert und/oder gestärkt (Peer Counseling o. J.). Voraussetzung sind eine gute Portion Vertrauen und Offenheit beider GesprächspartnerInnen.

Peer Counseling kann auch in Kleingruppen durchgeführt werden: Bei der **kollegialen Beratung** stellt jeweils einer der beteiligten Peers eine aktuelle Herausforderung vor. Im Team wird dann konstruktiv an Verbesserungs- und Lösungsansätzen gearbeitet. Häufig bilden sich diese Teams informell, die Beratung ist allerdings eher strukturiert.

4.5 Hospitation

Bei **Hospitationen** für die Lehre besuchen Sie den Unterricht einer Kollegin, eines Kollegen bzw. wird Ihr Unterricht von KollegInnen begleitet. Durch den «Blick über die Schulter» und das fokussierte Feedback der KollegInnen zu Ihren realen Lehrsituationen können Ihre didaktischen und Führungsstärken sichtbar gemacht, die **Selbstreflexionsfähigkeit** gestärkt, Schwächen analysiert und neue Strategien erarbeitet werden. Auch in der Forschung und in anderen Bereichen kann Hospitation stattfinden, z. B. durch gegenseitigen Besuch in den jeweiligen Abteilungen.

Wie kann man eine Hospitation anbahnen? An manchen Institutionen gibt es etablierte **Hospitationsgruppen** der Organisationseinheiten, es kann aber auch selbstständig im KollegInnenkreis angefragt werden. Ideal ist es, wenn sich Personen aus demselben oder einem nahen Fachbereich zusammenfinden.

Reflexionsfragen

Nach einer Besprechung, was sich beide Beteiligten von einer Hospitation erwarten und was Sie unbedingt vermeiden möchten, setzen Sie fest:

- Für welche meiner Veranstaltungen könnte ich einen «kritischen Blick von außen» gebrauchen?
- Warum möchte ich dazu Feedback bekommen? Gibt es eine wiederkehrende Herausforderung?
- Komme ich mit Schwachstellen in meiner Unterrichtsplanung auf keinen grünen Zweig, egal, wie oft ich die Methodik schon geändert habe?
- Wie oft möchte ich hospitieren lassen? Je ein Seminar von drei Stunden Dauer zu Semesterbeginn und noch einmal ein «Update»-Termin zu Semesterende? Oder lieber regelmäßiger und in engeren zeitlichen Abständen?

- Welche Verhaltensregeln sollen für den Gast während meines Unterrichts gelten?
- In welcher Form soll das Feedback idealerweise ausfallen (Fragebogen, Besprechung, schriftliche Analyse)?
- Worin würde ich einen Fortschritt im Vergleich zum Semesterbeginn/zur ersten Hospitation erkennen können?
- Möchte ich nach mehreren gegenseitigen Hospitationen eine Abschlussbesprechung ansetzen?

Hospitationen werden an deutschsprachigen Hochschulen immer beliebter, da sie für Lehrende niederschwellig sind und sie höchst individuell fördern. Zudem bedarf es außer etwas Zeit für die Vor- und Nachbesprechung, die Selbstreflexion und die Hospitation an sich keine weiteren Ressourcen. Trotzdem ist diese Möglichkeit noch nicht weit verbreitet. Sollte es an Ihrer Hochschule keine Hospitationsprogramme geben, organisieren Sie diese Möglichkeit ganz einfach selbst: Laden Sie eine Kollegin/einen Kollegen, die/der auch erst zu unterrichten begonnen hat, oder eine gute Freundin, einen guten Freund als Gast in eine Ihrer Unterrichtsstunden ein. Sie können sich sicher sein, dass diese Menschen Ihre Situation nachvollziehen können und Ihr Agieren mit Wohlwollen betrachten werden. Die UnterstützerInnen beobachten Sie während Ihrer Lehreinheit genau und geben Ihnen anschließend ihre persönlichen Eindrücke von Ihnen als Lehrperson wieder, wie sie Ihren Umgang mit den Studierenden empfunden haben usw. Gemeinsam mit ihnen oder alleine überlegen Sie Taktiken, wie Sie mit möglichen Schwachpunkten konstruktiver umgehen könnten.

Literaturempfehlungen zu Teil I

Absolventa (2018): So verbesserst Du Deine Kritikfähigkeit. Zuletzt abgerufen am 26.12.2018 unter https://www.absolventa.de/karriereguide/persoenlichkeit/kritikfaehigkeit.

Arn C. (2016): Agile Hochschuldidaktik. Weinheim: Beltz Juventa.

Bachmann H. (2011): Formulieren von Lernergebnissen – learning outcomes. In: *Kompetenzorientierte Hochschullehre. Die Notwendigkeit von Kohärenz zwischen Lernzielen, Prüfungsformen und Lehr-Lern-Methoden*, Bachmann H. & ZHE (Zentrum für Hochschuldidaktik und Erwachsenenbildung), PH Zürich (Hrsg.). Serie Forum Hochschuldidaktik und Erwachsenenbildung, 1. Aufl., Band 1, Bern: hep der bildungsverlag.

Biggs J. & Tang C. (2011): *Teaching for Quality Learning at University*. 4. Ausg. Maidenhead/ Berks: The Society for Research into Higher Education and Open University Press, McGraw Hill Education.

Brendel S., Hanke U. & Macke G. (2018): Kompetenzorientiert lehren an Hochschulen. Opladen: Verlag Barbara Budrich.

Dweck C. S. (2008): Mindset. The new psychology of success. New York: Ballantine Books.

ECTS Users' Guide (2004). ECTS Users' Guide. European Credit Transfer and Accumulation System and the diploma supplement. Brussels: EU Directorate-General for Education and Culture.

Hattie J. (2009): Visible Learning. A synthesis of over 800 meta-analyses relating to achievement. 1. Ausg., London: Routledge.

Hattie J. & Timperley H. (2007): The Power of Feedback. *Review of Educational Research* 77:1.

Klein A. (2016): Manifest für Lehrende. *Wissenschaftlich Arbeiten lehren* (Blog). Zuletzt abgerufen am 18.1.2019 unter http://www.wissenschaftliches-arbeiten-lehren.de/manifest-fuer-lehrende/.

Lehner M. (2012): Didaktische Reduktion. Bern: Haupt/UTB.

Magnuson S., Shaw H., Tubin B. & Norem K. (2004): Assistant Professors of Counselor Education: First and Second Year Experiences. *Journal of Professional Counseling: Practice, Theory & Research* 32(1):3–18. DOI: 10.1080/15566382.2004.12033797.

MentorinnenNetzwerk (o. J.): Tipps für Mentees und Mentorinnen zur erfolgreichen Gestaltung einer Mentoring-Kooperation. Frankfurt am Main: Goethe-Universität. Zuletzt abgerufen am 19.1.2019 unter https://www.hs-fulda.de/fileadmin/user_upload/FB_Angewandte_Informatik/Frauen_und_Informatik/Mentorinnen/tipps.pdf.

NETP (2017): Reimagining the role of Technology in Education. *2017 National Education Technology Plan Update*. U. S. Department of Education, Office of Educational Technology. Zuletzt abgerufen am 13.3.2019 unter https://tech.ed.gov/files/2017/01/NETP17.pdf.

Peer Counseling (o. J.): Definitionen für Peer Counseling. Zuletzt abgerufen am 26.2.2019 unter http://www.peer-counseling.org/index.php/peer-counseling-online-bibliothek/definitionen-fuer-peer-counseling.

Puri A., Graves D., Lowenstein A. & Hsu L. (2012): New Faculty's Perception of Faculty Development Initiatives at Small Teaching Institutions. *ISRN Education* article ID 726270:9 pages. DOI: 10.5402/2012/726270.

Reich K. (Hrsg.) (2008): Methodenpool. Zuletzt abgerufen am 18.1.2019 unter http://methodenpool.uni-koeln.de/download/feedback.pdf.

Reuter J., Berli O. & Tischler M. (Hrsg.) (2016): Wissenschaftliche Karriere als Hasard: eine Sondierung. Frankfurt: Campus Verlag.

Rubin G. (2011): The Happiness Project. New York: Harper.

Sander M. (o. J.): Mit Feedback-Methoden Unterricht bewerten. *ForRefs – Das Portal für Referendare*. Zuletzt abgerufen am 27.12.2018 unter https://www.forrefs.de/grundschule/unterricht/unterricht-nachbereiten/selbstreflektion-und-evaluation/mit-feedback-methoden-unterricht-bewerten.html.

Schomburg H., Flöther C. & Wolf V. (2012): Wandel von Lehre und Studium an deutschen Hochschulen – Erfahrungen und Sichtweisen der Lehrenden. Projektbericht. Kassel: Internationales Zentrum für Hochschulforschung (INCHER-Kassel) der Universität Kassel. Zuletzt abgerufen am 13.3.2019 unter https://www.hrk-nexus.de/fileadmin/redaktion/hrk-nexus/07-Downloads/07-03-Material/07-03-02-LESSI/LESSI_Projektbericht_Final.pdf.

Skowronski J. J. & Carlston D. E. (1989): Negativity and extremity biases in impression formation: A review of explanations. *Psychological Bulletin 105* (1):131–142. DOI: 10.1037/0033-2909.105.1.131.

Sorcinelli M. D. (1988): Satisfactions and Concerns of New University Teachers. *To Improve the Academy* 7:121–133. DOI:10.1002/j.2334-4822.1988.tb00133.x.

Sorcinelli M. D. (1994): Effective approaches to new faculty development. *Journal of Counseling & Development* 72 (5):474–479.

Stansbury K. & Zimmerman J. (2000): Lifelines to the classroom: Designing support for beginning teachers. *Serie «knowledge brief»*. San Francisco: WestEd.

TeachThought (2018): 30 of the most popular trends In education. Zuletzt abgerufen am 19.1.2019 unter https://www.teachthought.com/the-future-of-learning/most-popular-trends-in-education/.

Ulrich I. (2016): Gute Lehre in der Hochschule. Praxistipps zur Planung und Gestaltung von Lehrveranstaltungen. Wiesbaden: Springer.

Von Plüskow A. (o. J.): Nach Unterrichtsbesuch oder Lehrprobe: Die Nachbesprechung mit der Seminarlehrkraft. *ForRefs – Das Portal für Referendare*. Zuletzt abgerufen am 27.12.2018 unter https://www.forrefs.de/grundschule/unterricht/unterricht-nachbereiten/nachbesprechung/nach-unterrichtsbesuch-oder-lehrprobe-die-nachbesprechung-mit-der-seminarlehrkraft.html.

Teil II

Studierende beim wissenschaftlichen Arbeiten optimal anleiten

«If we perceive that something is wrong with student writing, we must be able to recognize better writing when we see it, even if we can't precisely explain the differences. And if we set out to teach w riting, to improve the quality of student work, we should know what improvement means: what good writing (or at least better writing) should look like.»

(Gottschalk & Hjortshoj 2004:7)

Inhalt

Das wissenschaftliche Arbeiten ist ein zentrales Charakteristikum eines Hochschulstudiums und unterscheidet dieses von anderen Aus- und Weiterbildungsmöglichkeiten. In den meisten Disziplinen krönt die **Abschlussarbeit** das Studium. Ein strukturierter Aufbau von Schreibkompetenz findet im Hochschulbereich jedoch kaum statt. Mit vergleichsweise unaufwendigen Maßnahmen lässt sich diese Situation jedoch ändern, sodass Studierende besser schreiben lernen. Im fünften Kapitel reflektieren Sie die Konventionen des wissenschaftlichen Arbeitens, um sich an Ihrer neuen **Wirkungsstätte** zurechtzufinden und um die Studierenden zielführend anleiten zu können. Hierbei das richtige Anspruchsniveau zu finden, stellt eine wesentliche Aufgabe des guten Einstiegs in die Lehre dar.

Im sechsten Kapitel geht es darum, welche Schritte Sie unternehmen können, um die Studierenden auf das Schreiben von Hausarbeiten vorzubereiten und diesem oft mit Schwierigkeiten verbundenen Prozess den Schrecken zu nehmen. Das siebte Kapitel schließlich beleuchtet die beiden Sorten des Feedbacks, das Sie Ihren Studierenden geben können bzw. müssen: formatives und summatives Feedback.

5 Was ist «normal» beim wissenschaftlichen Arbeiten?

Andrea Klein

> *«Kompetente Schreibende verstehen und analysieren Konventionen, die sie je nach Zweck, Zielgruppe und Art des Textes aushandeln. Sie sind sich bewusst, dass Konventionen unterschiedlich sind und Veränderungen unterliegen.»*
> (Gesellschaft für Schreibdidaktik und Schreibforschung 2018:13 f.)

In diesem Kapitel finden Sie ...
... eine Auseinandersetzung mit den Anforderungen und **Gestaltungsspielräumen** beim wissenschaftlichen Arbeiten.

Umfrage unter Hochschullehrenden
Die Lehrenden wurden nach dem Umfang der schriftlichen Hilfestellungen gefragt, die sie zu Beginn ihrer Tätigkeit erhalten hatten:

- Bei 66 % der Befragten, die überhaupt Informationen erhalten hatten, waren Informationen zu den Anforderungen an die wissenschaftlichen Arbeiten der Studierenden entweder nicht vorhanden oder wurden als unzureichend empfunden (43 % «gar keine Informationen», 23 % «zu wenig Informationen»). Die verbleibenden 34 % haben «genau ausreichend» viele Informationen zu diesem Thema erhalten.
- Ähnlich verhielt es sich bei Informationen zur **Bewertung** studentischer Arbeiten (43 % «gar keine Informationen», 26 % «zu wenig Informationen», 31 % «genau ausreichend»).
- Bei den Informationen zu dem der **Notengebung** vorgelagerten Prozess der Begutachtung verschieben sich die Anteile noch einmal in die negative Richtung (gerundet 50, 30 und 20 %). Nur jeder fünfte Lehrende hat also zu Beginn seiner Lehrtätigkeit ausreichend viele Informationen zur Begutachtung erhalten.

Auf die Frage «Wie stark unterscheiden sich die Grundsätze des wissenschaftlichen Arbeitens, die Sie in Ihrer Studienzeit erlernt haben, von denen, die an

Ihrer derzeitigen Hochschule angewendet werden?» gab fast die Hälfte der Befragten an, dass sie sich «ein wenig» unterschieden (46 %). Bei den etwa 30 %, bei denen sich die Grundsätze «gar nicht» unterschieden, ist nicht auszuschließen, dass sie an der gleichen Hochschule lehren, an der sie studiert oder promoviert haben. Das verbleibende Viertel der Befragten gab an, dass sich die Grundsätze «stark» unterscheiden.

5.1 Konvention an Ihrer neuen Wirkungsstätte

Abgesehen vom kleinsten gemeinsamen Nenner (s. Kap. 5.2) wird nicht überall auf die gleiche Art und Weise wissenschaftlich gearbeitet. Die Chancen stehen gut, dass Sie drei verschiedene Antworten erhalten, wenn Sie drei Personen von unterschiedlichen Hochschulen zu einer bestimmten **Konvention** befragen. Oftmals reicht es sogar aus, dass die Personen verschiedenen Lehrstühlen an derselben Hochschule angehören.

Alle Lehrenden steigen mit persönlichen Vorerfahrungen und Vorwissen über wissenschaftliches Arbeiten in die Hochschullehre ein, also auch Sie. Sie haben studiert und mussten sich dabei an Richtlinien und **Vorgaben** halten, die Ihre Ursprungshochschule aufgestellt hat. Nicht selten wird in diesen Richtlinien der Eindruck erweckt, als ob sie die einzige Möglichkeit abbilden, wie wissenschaftlich gearbeitet werden kann. Das bedeutet, dass Sie vielleicht davon ausgehen, gelernt zu haben, wie es denn «richtig» geht. Für Ihren Einstieg in die Lehre wäre es nun jedoch sehr hilfreich, wenn Sie Ihren Horizont auf diesem Gebiet ein wenig erweitern.

Eine zu enge bzw. eingefahrene Auffassung von den Regeln des wissenschaftlichen Arbeitens ist problematisch. Denn es gibt beim wissenschaftlichen Arbeiten bekanntermaßen kein «richtig» oder «falsch», sondern in vielen Fällen nur ein «üblich» oder «unüblich».

Eine Übersicht von unterschiedlichen Anforderungen an wissenschaftliche Arbeiten finden Sie in der folgenden Tabelle (Tab. 2) – ohne Anspruch auf Vollständigkeit. Sicher lassen sich noch weitere Aspekte finden, bei denen die Ansichten stark voneinander abweichen.

Tab. 2: Unterschiedliche Ausprägungen von Anforderungen an studentische wissenschaftliche Arbeiten

Inhaltliche Anforderungen
Ab dem Bachelor-/Master-/Promotionsniveau soll eine Arbeit neue, relevante Erkenntnisse liefern.
Abschlussarbeiten in Kooperation mit Unternehmen sind immer/unter Umständen/nie möglich.
Sprachliche Anforderungen
Die Ich-Form darf immer/unter Umständen/nie verwendet werden.
Gendergerechte Formulierungen sind zwingend erforderlich/erwünscht/nicht erwünscht.
Formale Anforderungen
Eine Danksagung in einer Abschlussarbeit wirkt lächerlich/ist eine nette Geste.
Bei wenigen bzw. im Text erläuterten Abkürzungen ist ein separates Abkürzungsverzeichnis optional/zwingend erforderlich.
Der Aufbau der Arbeit muss/soll/kann/darf keinesfalls in einem einleitenden Kapitel beschrieben werden.
Zwischen einer Hauptüberschrift (z. B. «3») und einer Unterüberschrift (z. B. «3.1») steht immer/unter Umständen/niemals Text.
Die folgenden Quellenarten sind selbstverständlich/unter Umständen/niemals zitierwürdig: Wikipedia, allgemeine Internetquellen, Lehrbücher.
Bei einer selbst erstellten Darstellung wird auf jeden Fall/auf keinen Fall die Quelle mit der Phrase «eigene Darstellung» angegeben.
Der Umfang einer Arbeit wird in Seiten/Wörtern/Zeichen gemessen.

Sie haben beim Lesen der Tabelle wahrscheinlich abwechselnd zustimmend genickt und entsetzt den Kopf geschüttelt. Sie dürfen jedoch getrost davon ausgehen, dass es anderen Lehrpersonen genau umgekehrt ergangen ist: Die Punkte, die für Sie selbstverständlich sind, halten diese für völlig abwegig.

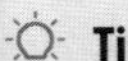 **Tipp**

Überprüfen Sie Ihre blinden Flecken: Welche Punkte aus der Tabelle (s. Tab. 2) haben Sie bisher für so selbstverständlich gehalten, dass Sie noch nicht einmal darüber nachgedacht haben?

Zur Verdeutlichung soll aus jeder Kategorie ein Punkt exemplarisch erläutert werden:

- **Inhalt:** Wenn es darum geht, dass Abschlussarbeiten in Kooperation mit **Unternehmen** entstehen könnten, unterscheiden sich die Regularien an den Hochschulen stark. Manche Hochschulen lassen Kooperationsarbeiten standardmäßig nicht zu, um Interessenskonflikte und allzu starke Verflechtungen zu verhindern. Andere reglementieren die Genehmigung solcher Arbeiten und verlangen diverse Erklärungen von Studierenden und von Unternehmensseite, sodass es in der **Praxis** schwierig bis unmöglich ist, eine solche Arbeit genehmigt zu bekommen oder sie sinnvoll durchzuführen. Wieder andere fördern unternehmensnahe Arbeiten oder setzen sie sogar voraus, wie etwa die **Dualen Hochschulen** und **Berufsakademien**, bei denen es ein wesentliches Element des **Studienmodells** darstellt, dass Studierende eine Theorie-Praxis-Verknüpfung herstellen. Verbindliche Festlegungen lesen Sie in der Prüfungsordnung des Studiengangs oder erfahren Sie durch Nachfrage beim **Prüfungsamt.**

- **Sprache:** Ob und unter welchen Umständen die **Ich-Form** in wissenschaftlichen Arbeiten verwendet werden darf, hängt stark von der **Fachkultur** ab. Während die Ich-Form in einigen Disziplinen geradezu verpönt ist, muss sie in anderen Disziplinen zum Einsatz kommen. Die Gegner des Ichs in wissenschaftlichen Texten argumentieren, dass der Autor hinter den Text zurückzutreten habe, damit die Objektivität (oder deren Anschein) gewährleistet werden kann. Die Befürworter halten es im Gegensatz dazu für ein Zeichen von Professionalität, an bestimmten Stellen deutlich auf sich selbst zu verweisen und damit deutlich zu machen, dass diese Aussagen auf die Person zurückzuführen sind und somit subjektive Züge tragen.
- **Formales:** Hinsichtlich einer **Danksagung** gehen die Meinungen stark auseinander. Studierenden ist es oft ein Anliegen, ihre Dankbarkeit gegenüber den Betreuungspersonen und etwaigen Kooperationspartnern, aber auch gegenüber Familie und Freunden schriftlich zu äußern (Letzteres gerade dann, wenn die aktuelle Arbeit vermutlich die letzte akademische Arbeit der betreffenden Person sein wird). Über die Wirkung einer solchen Danksagung machen sich Studierende durchaus Gedanken: Freut sich der Betreuer oder wirkt es vielleicht doch eher nur wie der Versuch, eine bessere Note zu erreichen? Zudem kann ein Konflikt mit der **eidesstattlichen Erklärung** entstehen, wenn in der Danksagung zu viel externe Hilfe beim Erstellen der Abschlussarbeit «zugegeben» wird. Alle genannten Gedanken machen sich die Betreuungspersonen selbstverständlich auch und kommen dabei zu unterschiedlichen Ergebnissen, sodass die Danksagung von manchen als deplatziert und von anderen zumindest als optional eingestuft wird.

Diese Beispiele dienen dazu, verschiedene Denklogiken zu zeigen. Relevant ist an dieser Stelle, dass Sie als Lehrende sich überhaupt der Tatsache bewusst werden, dass diese Unterschiede existieren. Eine gute Betreuungsperson weiß um diese Unterschiede und kann vermitteln, dass es sich nur um Konventionen handelt und nicht um in Stein gemeißelte Wahrheiten. Wissenschaftliches Arbeiten findet in einer **Gemeinschaft** und für eine Gemeinschaft statt. Es handelt sich also einfach nur um Regeln des sozialen Umgangs in der speziellen Gemeinschaft eines Faches bzw. an einer bestimmten Hochschule. Wenn Sie Studierenden beibringen oder vorleben, wie wissenschaftliches Arbeiten funktioniert, leisten Sie einen Beitrag zu deren Sozialisation in das Fach.

Je nachdem, in welcher Position Sie sich befinden, haben Sie mehr oder weniger Gestaltungsspielraum. Treten Sie eine Stelle in einem neu eingerichteten Studiengang oder an einer noch jungen Hochschule an, dürfen oder müssen Sie wahrscheinlich selbst neue Regeln etablieren. Übernehmen Sie einen zeitlich befristeten Lehrauftrag, ist hingegen die Wahrscheinlichkeit hoch, dass Sie sich an die bestehenden Regeln halten und diese den Studierenden vermitteln sollen.

Reflexionsfragen

- Wie groß ist mein Gestaltungsspielraum?
- Darf oder muss ich sogar einen eigenen Leitfaden zum wissenschaftlichen Arbeiten verfassen?
- Wenn ja, wie stelle ich sicher, dass alle betreffenden Dozierenden und Studierenden den Leitfaden kennen und leben?
- Inwiefern wird von mir erwartet, dass ich mich an die Vorgaben der Hochschule, der Fakultät, des Fachbereichs halte?
- Wen kann ich fragen, um verlässliche Auskünfte zu diesem Thema zu erhalten?

Für den Fall, dass Sie mit einer bestehenden Vorgabe arbeiten sollen, hilft Ihnen eine kritische Auseinandersetzung damit bei Ihrer weiteren Betreuungs- und Begutachtungstätigkeit.

Wieso ist es so wichtig, dass Sie die Vorgaben kennen und erläutern können? Das Verfassen einer wissenschaftlichen Arbeit stellt für viele Studierende eine große Herausforderung dar, weil es sich dabei um eine komplexe Tätigkeit handelt, die die **Koordination** vieler einzelner Schritte erfordert. Da vielen Studierenden der Sinn der Aufgabe und die Erwartungen der Lehrenden verborgen bleiben, fokussieren sie sehr stark auf die formalen Anforderungen. Diese erscheinen ihnen als zumindest ein wenig steuerbar. Zudem bekommen die Studierenden oft vermittelt (um nicht zu sagen eingebläut), dass die formalen Anforderungen besonders wichtig sind und strengstens bewertet werden. Wenn Sie sich – als Lehrperson, Wissenschaftler und Vorbild – nun nicht mit den formalen Vorgaben auskennen, werden Sie unzutreffende Auskünfte geben und das unter Umständen noch nicht einmal bemerken. Damit irritieren Sie genau die Studierenden, die sich sowieso schon schwertun. Im schlechtesten Fall erhalten die Studierenden von Ihren Kolleginnen und Kollegen widersprüchliche Auskünfte, was die Verwirrung noch steigert. Zu guter Letzt ist es für Studierende häufig schwierig zu beurteilen, an welchen Stellen **Spielraum** für sie besteht (Kann-Vorgaben) und an welchen nicht (Muss-Vorgaben). Auch vorerfahrene Studierende (also jene, die das Studienfach oder die Hochschule gewechselt haben) bringen ihre eigenen Erwartungen mit und bedenken genauso wenig wie viele Lehrende, dass die Konventionen sich unterscheiden können. Sie werden sich also bewusst oder unbewusst an «falsche», also «unübliche» Regeln halten und laufen Gefahr, Punktabzüge zu bekommen. Das soll natürlich nicht passieren.

Reflexionsfragen

Besorgen Sie sich die an Ihrer neuen Wirkungsstätte geltende Handreichung zum wissenschaftlichen Arbeiten. Lesen Sie sie zügig durch und notieren Sie alle Stellen, die Sie irritieren:

- Welche Regeln decken sich mit jenen, die ich bisher beachtet habe?
- Was kannte ich so nicht?
- Was steht vielleicht sogar konträr zu den Regeln, die ich bisher beachten sollte?
- Welche Hinweise fehlen nach meinem Empfinden?
- An welchen Stellen scheinen die Studierenden mehr Gestaltungsfreiraum zu haben, an welchen weniger?

Lernen Studierende bei Ihnen, bei welchen Regeln es Unterschiede geben kann und was sich im Gegensatz dazu als allgemeingültiger Standard in der Wissenschaft etabliert hat, werden sie Ihnen dankbar sein, falls sie einmal den Studienort oder das Studienfach wechseln.

Tipp

Legen Sie sich ein **Cheat Sheet** an: eine Übersicht über die Punkte, über die Sie vermutlich stolpern werden, weil Sie sich erst noch umgewöhnen müssen. Diese Liste wird Ihnen das Lesen und Begutachten studentischer Arbeiten erleichtern. Sie wollen Ihren Studierenden ja nicht Unrecht tun, weil Sie sie nach Regeln bewerten, die gar nicht für sie gelten.

5.2 Kleinster gemeinsamer Nenner

Was ist nun eigentlich normal beim wissenschaftlichen Arbeiten? Was dürfen Sie als Standard betrachten? Selbstverständlich existieren beim wissenschaftlichen Arbeiten auch viele Aspekte, zu denen an den verschiedenen Hochschulen die gleiche Einstellung vorherrscht. Einige wenige Grundsätze werden an allen Hochschulen von allen Wissenschaftlern eingehalten (oder sollten es zumindest). Die Rede ist von den nachfolgend aufgeführten Grundsätzen der Wissenschaftlichkeit (übernommen und angepasst aus Klein 2017, S. 98 ff.). Hier dürfte Einigkeit bestehen, dass gute Wissenschaft sich danach richtet und dass auch die Studierenden dazu angehalten werden, diese Grundsätze zu beachten:

1) **Akademische Redlichkeit:** Fremdes Wissen, das im eigenen Text verwertet wird, muss gekennzeichnet sein, um dem Urheber gerecht zu werden. Studentische Arbeiten müssen zudem selbstständig verfasst werden, was mit der eidesstattlichen Erklärung versichert wird.
2) **Objektivität bzw. Intersubjektivität:** Das Postulat der Objektivität bzw. Intersubjektivität verlangt, dass der Prozess der Erkenntnisgewinnung sowie etwaige subjektive Einflüsse darauf kritisch reflektiert werden, damit die Wissenschaft so sachlich, neutral und wertungsfrei wie möglich sein kann.
3) **Nachvollziehbarkeit:** Nachvollziehbarkeit meint die Einbettung in bereits vorhandenes Wissen, die Logik der Argumentation, aber auch die sprachliche Präzision und die Nachprüfbarkeit der Quellen und der Methoden.
4) **Genauigkeit und Zuverlässigkeit:** Da sich die Leserschaft auf die Erkenntnisse verlassen können soll, muss die größtmögliche Genauigkeit in der Sprache und bei der Wiedergabe von Daten und Fakten angestrebt werden.
5) **Einhalten formaler Konventionen:** Bestimmte Standards, die die Hochschule oder ein Journal vorgeben, sollten eingehalten werden, um das Verstehen des Inhalts nicht zu erschweren.
6) **Freie Zugänglichkeit der Ergebnisse:** Die Ergebnisse wissenschaftlicher Tätigkeit sollten frei zugänglich sein, um den Austausch von Erkenntnissen und somit die Weiterarbeit an der Thematik zu ermöglichen.

Die sechs genannten Aspekte bilden den kleinsten gemeinsamen Nenner, auf den Sie sich immer berufen können. In der Lehre sollten Sie den kleinsten gemeinsamen Nenner nicht nur ein einziges Mal erwähnen, sondern ihn an den passenden Stellen immer wieder aufs Neue thematisieren. Gerade wenn Sie solche Basics nur einmal am Anfang besprechen, können die Studierenden dies oft noch nicht richtig einordnen und vergessen sie wieder. Ein mehrmaliges Wiederholen ist sinnvoll, damit die Studierenden dieses Wissen in ihr bestehendes Wissen integrieren und danach handeln können.

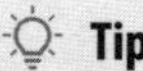

Tipp

Zum Einstieg in eine vertiefte Auseinandersetzung mit akademischer Redlichkeit bietet sich die Lektüre der «Vorschläge zur Sicherung guter wissenschaftlicher Praxis» der Deutschen Forschungsgemeinschaft an, die unter http://www.dfg.de/download/pdf/dfg_im_profil/reden_stellungnahmen/download/empfehlung_wiss_praxis_1310.pdf heruntergeladen werden können.

5.3 Erwartungshaltungen klären

Ein weiterer Aspekt beim optimalen Anleiten von Studierenden ist die «**Flughöhe**»: Was dürfen Sie von Ihren Studierenden erwarten? Welche Leistungen sollen und können Studierende in ihren wissenschaftlichen Arbeiten überhaupt erbringen? Um diese Frage zu beantworten, ist ein Blick auf die Anforderungen nötig, die an «Ihrer» Hochschule an die Studierenden gestellt werden. Hinweise dazu finden Sie allenfalls in der entsprechenden Prüfungsordnung und dem **Modulkatalog** des Studiengangs. Aber auch etwaige standardisierte Korrektur- bzw. Gutachtenbögen sind ein Ansatzpunkt. Unter Umständen werden Sie auch im Leitfaden zum wissenschaftlichen Arbeiten fündig. Allerdings sind in den hochschulintern veröffentlichten Leitfäden und **Handreichungen** zum wissenschaftlichen Arbeiten oft nur die formalen Anforderungen an studentische Texte beschrieben. Sie als Lehrperson erfahren darin wenig oder auch gar nichts über die Anforderungen an den Inhalt, also das **Anspruchsniveau** an die Arbeiten. Sie werden sich daher anderweitig behelfen müssen.

Tipp

Nehmen Sie an hochschuldidaktischen Workshops zur Betreuung und Begutachtung teil und tauschen Sie sich mit Kollegen und Kolleginnen aus, die ebenfalls Arbeiten bewerten. Ziel Ihrer Bemühungen könnte ein eigenes Raster für die Begutachtung sein (summatives Feedback, s. Kap. 7.2).

Zur Orientierung, welche Ansprüche realistisch sind und womit Sie die Studierenden über- oder unterfordern, lohnt sich die Lektüre der entsprechenden **Qualifikationsrahmen**. Die Qualifikationsprofile und somit die übergeordneten Studienziele sind beispielsweise für Deutschland im Qualifikationsrahmen der Kultusministerkonferenz für die verschiedenen Stufen (Bachelor, Master, Promotion) beschrieben. Dieser Rahmen soll Orientierung bieten. Für das Bachelor-Niveau heißt es unter der Rubrik «**Wissenschaftliche Innovation**» beispielsweise: *«Absolventinnen und Absolventen leiten Forschungsfragen ab und definieren sie; erklären und begründen Operationalisierung von Forschung; wenden Forschungsmethoden an; legen Forschungsergebnisse dar und erläutern sie.»* (Kultusministerkonferenz 2017:6).

Im Lauf der Zeit werden Sie zudem das **implizite Wissen** im Fachbereich oder an der Hochschule kennenlernen: Wie denken Ihre Kolleginnen und Kollegen über diese Frage? Was zeichnet für diese eine sehr gute Arbeit aus? In welchem Fall lassen sie eine Arbeit nicht als bestanden gelten?

Reflexionsfragen

- Inwiefern hilft mir der Vergleich mit der eigenen Studienzeit und den Arbeiten, die ich damals selbst verfasst habe, beim Festlegen der Anforderungen?
- Was würde es für die Studierenden für ihr Studium und für ihren weiteren Berufsweg bedeuten, wenn meine Ansprüche vergleichsweise *hoch* sind?
- Was würde es für die Studierenden für ihr Studium und für ihren weiteren Berufsweg bedeuten, wenn meine Ansprüche vergleichsweise *niedrig* sind?
- Woran würden Außenstehende merken, dass ich ein passendes Anspruchsniveau gefunden habe?

Die genannten Punkte können einen Teil der Kriterien Ihres eigenen Bewertungsrasters von Abschlussarbeiten ausmachen. Die vorgelagerten Arbeiten – also die Arbeiten, die auf dem Weg zur Abschlussarbeit geschrieben werden – sind Thema des folgenden Kapitels.

6 Wie Sie lesenswerte Hausarbeiten eingereicht bekommen

Andrea Klein

«Ein Fach ist mehr als sein Inhalt, es gehören auch fachliche Denk- und Arbeitsweisen dazu. Das eine lernt man nicht ohne das andere. Ob fachliches Handeln geglückt ist, erkennt man an Texten.»
(Lahm 2016:11)

In diesem Kapitel finden Sie …
… Anregungen, wie Sie Ihre Studierenden ermutigen, bessere Hausarbeiten zu verfassen.
… Methoden, wie Sie das Schreiben in die Lehre integrieren können, ohne dass Ihnen die Zeit für die Inhalte fehlt.
… Ansätze, um die Schreibmotivation der Studierenden zu erhöhen.

Umfrage unter Hochschullehrenden
Auf die Frage «Welchen Eindruck hatten Sie vom Niveau der ersten wissenschaftlichen Arbeiten, die Sie bewerten sollten?» antworteten die meisten Befragten, dass die Arbeiten wie erwartet oder eher schlechter seien. Als Gründe für schlechtere Arbeiten gaben sie an, dass das **Leistungsniveau** der Studierenden schlecht sei und ihnen die Fähigkeit fehle, sich in ein Thema tiefer hineinzudenken. Oft fehle ihnen auch die Motivation. Manche Studierende überschätzten ihre Fähigkeiten und kämen dann in Bedrängnis. Als mögliche Gründe für Arbeiten, die besser waren als erwartet, wurden klare Kommunikation und transparente Ansprüche sowie eine enge Betreuung genannt.

6.1 Der Weg zur ersten wissenschaftlichen Arbeit

Im vorhergehenden Kapitel haben Sie erfahren, wie Sie die Ansprüche an Abschlussarbeiten der Studierenden definieren können (s. Kap. 5.3). Dies ist der

Zielhorizont. Für alle Arbeiten im Laufe des Studiums, also Arbeiten auf dem Weg der Abschlussarbeit, sollten Sie die Anforderungen noch einmal detailliert herunterbrechen. Studierende im ersten Semester sind schließlich noch nicht in der Lage, eine Bachelorarbeit zu schreiben. Die Kompetenzen des wissenschaftlichen Schreibens sollten sinnvollerweise Schritt für Schritt aufgebaut werden (Gesellschaft für Schreibdidaktik und Schreibforschung 2018:8).

Es gilt also, passende Wege zu finden, Anfängern das wissenschaftliche Schreiben nahezubringen (und gleichzeitig das fachliche Lernen nicht zu vernachlässigen – mehr dazu lesen Sie in Kapitel 6.2). Dafür existieren grundsätzlich zwei Möglichkeiten. Erstens könnten Sie – gesetzt den Fall, die geforderte **Prüfungsleistung** muss eine Hausarbeit sein – den geforderten Umfang der zu schreibenden Arbeiten reduzieren. Zweitens könnten Sie, wenn Sie mehr Spielraum haben, eine oder mehrere **Teilaufgaben** herausgreifen, die die Studierenden bearbeiten sollen. Beispielsweise könnte das eine Literaturrecherche oder die kritische Auseinandersetzung mit einer ausgewählten Textstelle sein.

Beide Möglichkeiten haben Vor- und Nachteile. Die Reduktion des Umfangs der Arbeiten zwingt die Studierenden, eine zwar kleinere, aber dennoch komplette Hausarbeit zu schreiben. Diese können sie vermutlich (bzw. vermeintlich) in kürzerer Zeit fertigstellen, während sie gleichzeitig doch den kompletten Prozess des wissenschaftlichen Arbeitens vom Finden der Fragestellung oder der Vergabe des Themas bis hin zur Abgabe der ausgedruckten Arbeit durchlaufen. Sie gewinnen demnach an Erfahrung mit allen Teilaufgaben, die beim Verfassen eines wissenschaftlichen Textes erledigt werden müssen. Ein Nachteil könnte sein, dass die Reduktion des Umfangs keine oder nur eine geringe Zeitersparnis bringt, weil die anderen Teilaufgaben neben dem eigentlichen Schreiben nicht «abgekürzt» werden können. Auch die gewonnene Erfahrung mag nicht immer positiv beurteilt werden. Eventuell fühlen sich Studierende von der Aufgabe überfordert und abgeschreckt.

Die zweite Möglichkeit, das Herauslösen von Teilaufgaben, lässt den Studierenden die Aufgabe leichter zugänglich und bewältigbarer erscheinen. Verbunden mit klaren Arbeitsanweisungen kann es so gelingen, die Studierenden an das wissenschaftliche Schreiben heranzuführen. Sie erleben, aus welchen Teilaufgaben das Verfassen eines wissenschaftlichen Textes besteht. Als Prüfungsleistung lassen sich diese Teilaufgaben in Form eines Portfolios zusammenfassen. Allerdings fehlt den Studierenden bei dieser Vorgehensweise die direkte praktische Einbettung in den **Gesamtkontext** des wissenschaftlichen Arbeitens. Sie sammeln keine Erfahrung damit, wie sie eigenständig an eine große Aufgabe herangehen und die Zeitplanung gestalten sollen.

Unabhängig von den zuvor beschriebenen Gedanken ist das **Transparentmachen** der Anforderungen an die Arbeiten ein wichtiger Baustein, um gute Arbeiten zu erhalten.

> *«Ich habe die Erwartungen in der Lehre anhand vieler Beispiele deutlich gemacht – dennoch setzten einige das natürlich sehr engagiert um und andere nur halbherzig. Meist aber die Mehrheit der Erwartung entsprechend.»*
>
> *«Ich war noch nahe an den Studierenden dran und konnte relativ gut einschätzen, was sie können. Das wird mit zunehmender Erfahrung thematisch schwieriger, kann aber durch Reflexion der eigenen Kriterien und Maßstäbe (auch im Dialog mit KollegInnen) wieder angepasst werden.»*
>
> *«Ich habe versucht, die* ***Bewertungskriterien*** *bereits frühzeitig bekannt zu geben und habe diese auch begründet. Zudem konnten die Studierenden Feedback VOR Einreichung zur Bewertung der Arbeit einholen.»*
> (Teilnehmende an Lehrenden-Umfrage, Klein & Miljković 2017)

Wenn Sie für die Bewertung der Arbeiten einen Korrekturbogen oder **Gutachtenbogen** verwenden, machen Sie diesen den Studierenden im Vorfeld zugänglich. Erläutern Sie ihn außerdem auf eine Art und Weise, dass die Studierenden verstehen können, was von ihnen verlangt wird. Vieles mag Ihnen selbst klar sein, ist für die Studierenden aber (noch) nicht nachvollziehbar. Wenn Sie beispielsweise sagen: «Zitieren Sie nicht nur aus Monografien, sondern auch aus aktuellen Fachzeitschriften.», wissen Ihre Studierenden eventuell nicht, was Sie damit meinen könnten, und trauen sich nicht zu fragen. Würden Sie beiläufig erwähnen, dass es sich bei einer Monografie um eine Einzelschrift, also ein «normales Buch» und nicht um einen Sammelband handelt, müssen die Studierenden nicht recherchieren (und Sie sich nicht darüber ärgern, dass die Studierenden immer alle am Handy hängen). Noch besser wäre es natürlich, Sie würden Zeit einplanen, um mit den Studierenden genau die Aspekte zu üben, die Ihnen bei der Begutachtung der wissenschaftlichen Arbeiten später wichtig sind.

Bei den Erläuterungen Ihrer Erwartungen dürfen Sie gerne auch offenlegen, dass es für manche Kriterien keine echten **Indikatoren** gibt wie etwa bei der Frage: «Wie viel Literatur sollen wir denn zitieren?» Selbst wenn an Ihrer Hochschule **Untergrenzen** definiert wurden, sind diese wahrscheinlich durchaus diskutabel und im Einzelfall zu prüfen – abhängig vom Thema der Arbeit und der Literaturlage. Zudem sagt die bloße Zahl der verwendeten Quellen nichts über die Qualität oder die **Sinnhaftigkeit** von deren Einbindung aus.

Legen Sie auch offen, dass es keine vollständige Objektivität beim Begutachten von schriftlichen Arbeiten geben kann. Eine wissenschaftliche Arbeit ist eine kreative Leistung mit mehreren möglichen «Lösungen»: Unterschiedliche Personen kommen zu unterschiedlichen Antworten, die alle gleichermaßen nachvollziehbar und somit eine gültige Lösung sein können. In diesem Sinne ist die Korrektheit des Ergebnisses nicht eindeutig zu bewerten wie bei einer einfachen mathematischen Aufgabe.

Reflexionsfragen

- Wie habe ich selbst wissenschaftliches Schreiben gelernt?
- Was hätte ich mir rückblickend anders gewünscht?
- Wie lernen die Studierenden, bei denen ich lehre, das wissenschaftliche Arbeiten? Gibt es Lehrveranstaltungen dazu oder sind die Studierenden auf sich selbst gestellt und bringen es sich autodidaktisch bei?
- Woher wissen die Studierenden, ob sie bei früher im Studium verfassten Texten gut gearbeitet haben? Ist die Note ihr einziger Anhaltspunkt oder bekommen sie auch detailliertes Feedback?

Es ist nicht das Ziel, dass Sie neben Ihrer eigentlichen fachlichen Lehrtätigkeit auch noch ausführlich das wissenschaftliche Arbeiten mitvermitteln. Ihnen stehen wahrscheinlich eine oder mehrere Ressourcen zur Verfügung, die Sie in die Lehre einbinden können oder an die Sie die Studierenden verweisen können:

- **Zusammenarbeit mit Bibliotheken:** Die Bibliotheken machen vielleicht mehr wertvolle Angebote als Sie denken. Die Teams dort sind in der Lage, maßgeschneiderte Führungen zu gestalten und stellen sehr gutes Informationsmaterial zur Verfügung. Nehmen Sie doch einmal Kontakt auf und lassen sich schildern, was möglich ist.
- **Zusammenarbeit mit Schreibzentren:** Sollte es an Ihrer Wirkungsstätte ein **Schreibzentrum** geben, finden Sie dort die geballte Expertise zum Schreibprozess bzw. zur **Schreibdidaktik**. Die meisten Schreibzentren sind wahre Fundgruben für hilfreiche Methoden und Ansätze, die Sie in Ihre Lehre integrieren oder die Sie Ihren Studierenden im Betreuungsgespräch empfehlen können. Oft bieten die Schreibzentren nicht nur Kurse und Beratung für die Studierenden an, sondern auch für Sie als Lehrperson. Das ist gut investierte Zeit. Die Auseinandersetzung mit dem eigenen Schreibprozess ist für Lehrpersonen sehr zu empfehlen, um das Repertoire zu erweitern und überhaupt in der Lage zu sein, Studierende in unterschiedlichen Problemlagen Hilfestellung zu bieten.

- **Zusammenarbeit mit Lehrenden des Wissenschaftlichen Arbeitens:** Wenn es im Studiengang, in dem Sie lehren, eigene (Pflicht-)Veranstaltungen zum wissenschaftlichen Arbeiten gibt, könnte ein Austausch mit den Verantwortlichen hilfreich sein. So erfahren Sie, was genau und wie es gelehrt wird. Das erlaubt Ihnen, sich eine realistischere Vorstellung davon zu machen, was die Studierenden zum aktuellen Zeitpunkt bereits können sollten und was sie im Verlauf des Studiums noch dazulernen müssen. Sie erfahren, auf welche Begriffe Sie sich am besten beziehen. Oft genügt ein bestimmtes Schlüsselwort, damit die Studierenden wissen, was Sie meinen. Sie ersparen sich damit einige umständliche Erklärungen.

Tipp

Achtung: Nur weil die Studierenden ein Fach «Wissenschaftliches Arbeiten» besuchen, heißt das noch lange nicht, dass sie das wissenschaftliche Arbeiten perfekt beherrschen. Das kennen Sie ja aus Ihren eigenen Lehrveranstaltungen: Nur weil Sie etwas unterrichten, können es die Anwesenden ja noch lange nicht umsetzen. Gehen Sie also nicht davon aus, dass schon alles für Sie erledigt wurde. Wenn Sie bessere Hausarbeiten lesen wollen, müssen Sie schon ein wenig in die Studierenden investieren.

Denn bei aller Unterstützung: Sie sind die Lehrkraft und dürfen sich nicht blind darauf verlassen, dass Andere ihren bzw. Ihren (!) Job gut erledigt haben. Ihr Ausgangspunkt sollte immer das tatsächlich vorhandene Können der Studierenden sein. Ob Sie diese dann eigenständig nacharbeiten lassen oder es in Ihre Lehrveranstaltung integrieren, bedarf der Entscheidung im Einzelfall.

6.2 Überlegungen zur Integration von Schreiben in die Lehre

Eine weitere Ressource neben den im vorhergehenden Kapiteln genannten stellt die **Integration** des Schreibens in die Fachlehre dar. Fachliches Lernen kann mit dem Schreibenlernen so verbunden werden, dass die Studierenden in beiden Lernfeldern profitieren. Beim Schreiben findet eine tiefere Auseinandersetzung mit den Inhalten statt als beim reinen Zuhören. Durch das notwendige Verlangsamen des Denkens beim Schreiben werden den Studierenden mitunter Zusammenhänge bewusst, die sie vorher nicht gesehen haben.

Als Lehrperson müssen Sie für das sogenannte «Schreiben in der Lehre» keine allzu großen Vorkehrungen treffen. Auch muss das Schreiben in der Lehre nicht zeitintensiv sein. Weder müssen Sie fachliche Inhalte «opfern», noch müssen Sie viel Zeit für das Lesen und Bewerten der studentischen Texte einplanen. Auch und gerade in großen Gruppen lassen sich mit kleinen Schreibübungen Erfolge erzielen, weil Sie damit die Studierenden aktivieren und einbinden können.

 **Reflexionsfragen**

- Möchte ich lieber den ganzen Stoff abdecken und riskieren, dass nichts hängenbleibt?
- Oder möchte ich ausprobieren, ob durch das Schreiben besonders wichtige Aspekte tiefer verankert werden?

Mit ein wenig Know-how können Sie Ihre Lehrveranstaltungen Schritt für Schritt **schreibförderlicher** gestalten. Lahm nennt verschiedene Bedingungen und Voraussetzungen, um elaboriertes Schreiben zu lehren – also das Schreiben von längeren Fachtexten (2016:16 und 41ff.):

1. Systematisch Schreibanlässe schaffen über den ganzen Studienverlauf hinweg
2. Von disziplinären Fragen und Problemen ausgehen anstatt von Themen
3. Komplexität der Schreibaufgaben variieren und staffeln
4. Die Anforderungen klar kommunizieren
5. Teilschritte im Schreibprozess thematisieren sowie Austausch und Reflexion darüber anregen
6. Fachliche Vorgehensweisen thematisieren

Für den ersten Einstieg lassen Sie vorzugsweise kurze Stücke von geringem Umfang schreiben, bei denen die Studierenden das Schreiben einzig und allein als Lerninstrument nutzen. Dafür sollten sie auch nicht bewertet werden. Im Englischen heißen solche Texte auch «**thinking pieces**» oder «**low stakes writing**». Es lassen sich zwei grundlegende Arten von Schreibaufgaben unterscheiden: solche, die Sie in der Lehrveranstaltung nutzen (**In-class writing**) und solche, die die Studierenden im Selbststudium durchführen (**Out-of-class writing**).

In die Lehrveranstaltung lässt sich beispielsweise ein **Freewriting** gut integrieren, bei dem die Studierenden zu einer vorgegebenen Fragestellung spontan und ununterbrochen wenige Minuten schreiben. Das wirkt aktivierend und kann zu jedem Zeitpunkt der Veranstaltung stattfinden: zu Beginn als Einstieg, zwischendurch, um eine Diskussion anzuheizen oder wieder zu versachlichen, oder am Ende, um die Studierenden ein individuelles Fazit ziehen zu lassen. Außerhalb der Lehrveranstaltung bieten sich Journals an. Finden Sie den Strukturierungsgrad, der zu Ihrer Lehrveranstaltung passt. Vielleicht möchten Sie den Studierenden konkrete, wöchentliche Aufgaben geben. Vielleicht genügt es Ihnen auch, dass die Studierenden bis zum Ende des Semesters eine gewisse Anzahl an Seiten geschrieben haben, die im Zusammenhang mit dem Veranstaltungsthema stehen.

Die so entstehenden studentischen Texte des In-class und Out-of-class writing müssen Sie nicht bzw. nicht immer intensiv lesen und schon gar nicht bewerten. Manche Schreibübungen wirken bei den Studierenden allein durch deren intensivere Auseinandersetzung mit dem Inhalt. Durch das Schreiben müssen sie ihre passive, konsumierende Haltung aufgeben und ihre Gedanken in Worte fassen. Sie als Lehrperson bemerken das wahrscheinlich daran, dass sich mehr bzw. andere Studierende zu Wort melden, wenn Sie im Verlauf der Veranstaltung eine Frage stellen.

Studierende können bei Bedarf auch gegenseitig die Texte lesen und darauf reagieren («Wie kommt dieser Text bei mir an?») oder sich ausführliches Feedback geben. Dieses Feedback sollten Sie anleiten, indem Sie beispielsweise die zu besprechenden Kriterien vorgeben. Die allgemeinen **Feedbackregeln** sollten den Studierenden dazu natürlich bekannt sein. Sie werden zudem merken, dass sich **Peer-Feedback** im Laufe der Zeit einspielt. Auch das muss geübt werden und hängt auch von Ihrem guten Vorbild ab. Schaffen Sie eine Atmosphäre, in der Texte nicht «in der Luft zerrissen» werden. Bei jenen studentischen Texten, die Sie selbst lesen möchten, genügt es, gelungene Stellen abzuhaken oder relevante Passagen mit einem Plus- oder einem Minuszeichen zu versehen, um später im Plenum ein Gesamtfeedback zu geben, aus dem die einzelnen Studierenden etwas für sich herausziehen können. Bedenken Sie: Dieses minimale Feedback ist immer noch mehr Feedback, als wenn die Studierenden gar nicht oder nur für sich geschrieben hätten.

Tipp

In dem Buch «Zusammen schreibt man weniger allein» (Fröhlich, Henkel & Surmann 2017, Opladen: Verlag Barbara Budrich/UTB) und dem dazugehörigen Material finden Sie vielfältige Anregungen für die Durchführung von **Textfeedback**.

In kleineren Seminargruppen könnten Sie ein übersichtliches Bewertungsraster nutzen, um die Qualität eines Textes zu erfassen und den Studierenden Hinweise zur Überarbeitung zu geben. Für ein solches Raster listen Sie wenige (!) ausgewählte Kriterien auf, an denen Sie die Textqualität messen, und verwenden eine einfache Skala (z. B. «übertrifft die Erwartungen», «erfüllt die Erwartungen», «erfüllt die Erwartungen nicht»). Nach dem Lesen des Textes kreuzen Sie die zutreffende Option an, im Seminar geben Sie zusätzliches mündliches Kurz-Feedback und stehen für Fragen zur Verfügung.

An dieser Stelle lässt sich in der Lehrveranstaltung gut die wichtige Rolle des Überarbeitens thematisieren. Viele Studierende leben in dem Irrglauben, dass sie direkt «fertige» Texte produzieren müssten, und hemmen sich damit selbst. Darüber hinaus nehmen sie an, dass Lehrende so erfahren sind, dass deren Texte schnell und ohne Notwendigkeit zur Überarbeitung entstehen. Mit diesem Mythos dürfen Sie gern aufräumen und so den Studierenden das Schreiben erleichtern. Plaudern Sie doch einmal ein wenig aus dem Nähkästchen und verraten Sie, wie lange Sie an einem Artikel sitzen und wie viele **Überarbeitungsschritte** Sie dabei unternehmen. Wenn Sie ganz mutig sind, zeigen Sie den Studierenden einmal eigene Textversionen im Roh- und im Endstadium. Noch besser ist es natürlich, wenn die Studierenden am eigenen Text erleben, wie sich die Qualität durch Überarbeiten steigern lässt.

Damit das Schreiben in der Lehre funktioniert, sollten Sie als Lehrperson überzeugt davon sein und auch ein wenig Werbung dafür machen, dass es viel bewirken kann. Sobald die ersten Studierenden den Nutzen des Schreibens erfahren und an sich selbst bemerken, dass es ihnen beim Denken hilft, werden sie gern und engagiert schreiben. Oft wirkt es auch überzeugend, wenn Sie erklären, dass die Schreibübungen als **Vorstufe** für die benoteten Leistungen gedacht sind. Deklarieren Sie die Übungen ruhig als zunächst zeitlich begrenzten Testlauf, wenn das der Wahrheit entspricht. Sie als Lehrperson bestimmen die Methode. Wenn diese überhaupt nicht funktionieren sollte, können Sie zu gegebener Zeit immer noch davon abrücken. Schätzungsweise wird das aber gar nicht nötig sein.

Geben Sie sich nicht mit ein paar kleineren Schreibübungen zufrieden und möchten noch einen Schritt weitergehen? Dann ist der Ansatz, Schreibaufträge mit lebensnäheren Aufgabenstellungen zu erteilen, möglicherweise etwas für Sie. Er kann die klassische Hausarbeit, die eine lange Tradition (nicht nur) im deutschsprachigen Raum hat, ergänzen oder ersetzen. Solche Schreibaufträge sind in eine fiktive, aber realistische Situation eingebettet (z. B. einen fachlichen Konflikt oder ein Dilemma). Durch das Schreiben für einen fiktiven Adressaten (z. B. ein Fachkollegium) erscheinen die Schreibaufträge den Studierenden sinnvoller als Hausarbeiten, die sich nicht an eine konkrete Person richten, wirken daher motivierender und können Lernprozesse auslösen. Dazu müssen die Schreibaufträge ein adäquates **Anspruchsniveau** treffen und genügend Freiraum für individuelle Gestaltung lassen.

Wenn Sie **Schreibaufträge** statt klassischer Hausarbeitsthemen einführen möchten, sollten Sie sie an den Lernzielen der Veranstaltung ausrichten. Klären Sie zunächst für sich den Sinn der Schreibaufgabe, indem Sie den Rahmen festlegen, innerhalb dessen der Text gedacht ist, also etwa «Wer schreibt mit welchem Ziel für wen?» Dieser Rahmen muss passend für das Level sein, auf dem sich die Studierenden bewegen. Zusätzlich sollten Sie die Form des Textes näher definieren: Verfassen die Studierenden einen Brief, ein Memo, eine Reflexion? Eine weitere Voraussetzung für gelingendes Schreiben ist, dass die Anforderungen und Bewertungskriterien allen Beteiligten klar sind (s. Kap. 6.1).

Tipp

Beispiele aus verschiedenen Fächern und eine ausführliche Beschreibung für die Vorgehensweise bei der Entwicklung solcher Schreibaufträge finden Sie in Swantje Lahms Buch «Schreiben in der Lehre» (2016, Opladen: Verlag Barbara Budrich/UTB).

Im Optimalfall ist die Schreibaufgabe so aufgebaut und in die Veranstaltung eingebettet, dass das Lernen sichtbar wird. Schreiben findet also nicht zwangsläufig nach Abschluss der Lehrveranstaltung «im stillen Kämmerlein» statt, sondern wird während des laufenden Semesters in die Einheiten integriert und für den inhaltlichen Fortschritt genutzt. Achten Sie darauf, dass Sie Länge und Komplexität der Schreibaufträge angemessen steigern. Am Anfang kann es genügen, die Studierenden die Argumentation eines einzelnen Textes schreibend nachvollziehen zu lassen, während gegen Ende mehrere Texte verglichen werden und eine eigene Position formuliert wird. So führen Sie Ihre Studierenden an das wissenschaftliche Arbeiten und das Anfertigen der Abschlussarbeit heran.

Reflexionsfragen

- Welche Methoden möchte ich zur **Aktivierung** der Studierenden nutzen? Wie lassen sich diese durch kleinere Schreibaktivitäten ergänzen?
- Welche Methoden möchte ich nutzen, um den aktuellen **Lernstand** der Studierenden zu erfahren? Wie lassen sich diese durch kleinere Schreibaktivitäten ergänzen?
- Was lernen die Studierenden durch das Feedback ihrer Mitstudierenden, das sie von mir als Lehrperson nicht lernen können?
- Welche spannenden Fragen und Debatten finden in meinem Fach gerade statt und bieten einen **Schreibanlass**?

- Welche Berufsgruppen sind davon wie betroffen und könnten als fiktive Adressaten für das Schreiben der Studierenden dienen?
- Welche Textsorten kommen in meinem Fach häufig vor und lassen sich, ggf. in Abwandlung, für einen Schreibauftrag nutzen?

6.3 Einige Gedanken zur fehlenden Schreibmotivation der Studierenden

Sie finden, das klingt ja alles schön und gut, aber Sie haben einen anderen Eindruck von den Ihnen anvertrauten Studierenden gewonnen? Die wollen eigentlich gar nicht schreiben und tun dies nur, weil eben geschrieben werden muss, um **Credit Points** zu bekommen? Vielleicht haben Sie diese Meinung auch schon im Kollegium gehört. Dann haben die Studierenden wahrscheinlich schon ähnliche Äußerungen von Lehrenden gehört und gehen entsprechend demotiviert an die Aufgabe heran. Denn wozu sollen sich die Studierenden Mühe geben, wenn das Ergebnis ihres Schreibens nicht ernst genommen wird?

Es liegt an Ihnen, den Studierenden eine andere Sichtweise anzubieten und diesen Teufelskreis zu durchbrechen. Eine Möglichkeit dazu haben Sie im vorhergehenden Kapitel über die schreibintensive Lehre kennengelernt. Vielleicht hilft es Ihnen auch weiter, sich zunächst einmal noch die folgenden Gedanken zu vergegenwärtigen: Wissenschaftliches Schreiben während des Studiums ist ein So-tun-als-ob. Die allerwenigsten studentischen Arbeiten (wahrscheinlich im unteren einstelligen Prozentbereich) werden veröffentlicht. Wirklich neue Erkenntnisse, die es wert sind, publiziert zu werden, entstehen ja meistens nicht, die Arbeiten verschwinden in der Schublade. Wenn die Studierenden Pech haben, liest noch nicht einmal der Dozent, der die Arbeit angefordert hat, sie wirklich gründlich.

Wie schaffen Sie es als Lehrperson also, die Studierenden zu motivieren oder sie zumindest nicht zu demotivieren? Motivation entsteht hier durch Horizont und Perspektive. Was ist damit gemeint? «**Horizont**» meint: Geben Sie den Studierenden einen Ausblick auf den Studienverlauf. Wie bauen die schriftlichen Arbeiten aufeinander auf? Was lernen die Studierenden jetzt, was sie später im Studium und dann in ihrer Abschlussarbeit verwenden können? Damit sollen Sie keine Drohungen im Stil von «Wenn Sie das jetzt nicht beherrschen, dann fallen Sie spätestens im 4. Semester auf die Nase.» aussprechen, sondern den Studierenden aufzeigen, welche Inhalte und Kompetenzen später wieder nützlich werden. Denn die Studierenden wissen das oft nicht. Viele von ihnen hangeln sich von Semester zu Semester und haben nicht den Aufbau des kompletten Curriculums verinnerlicht. Sie sind für solche Hinweise dankbar, weil es ihnen beim Priorisieren hilft. Gerade wenn Sie den Horizont betonen, sind Sie in der Pflicht, aussagekräftiges formatives Feedback zu geben. Denn die Studierenden wollen von Ihnen erfahren, wie gut sie gearbeitet haben und was sie beim nächsten Mal verbessern können. Hierzu lesen Sie mehr in Kapitel 3.1.

«Perspektive» meint die **Perspektive** außerhalb der Hochschule bzw. nach dem Studium: Vielleicht gibt es eine Konferenz, an der ein Studierender teilnehmen kann. Vielleicht ist es sogar möglich, eine (gemeinsame) Veröffentlichung anzustreben. Oder vielleicht handelt es sich bei dem behandelten Thema um ein potenziell **jobrelevantes** Thema. Selbst wenn all das nicht eintreten sollte, lernen die Studierenden beim Verfassen wissenschaftlicher Arbeiten viel Nützliches wie Recherchieren, Bewerten und Aufbereiten von Informationen, aber auch Selbststeuerung und Zeitplanung.

Reflexionsfragen

- Wieso sollen die Studierenden Hausarbeiten schreiben, wenn sie es nicht gern tun und ich sie nicht gern lese? Nur weil das eben im Studium dazugehört?
- Wie müsste eine Hausarbeit aussehen, die ich mit allergrößtem Vergnügen lese? Was tue ich dafür, eine solche Arbeit zu erhalten? (Nur darüber sprechen zählt nicht.)

7 Formatives und summatives Feedback

Andrea Klein

«Das soziale Feld der Wissenschaft kann bisweilen stachlig sein. Um sich in diesem von hoher fachlicher Autorität besetzten Feld zu äußern, braucht es ein gutes Maß an sachlicher Sicherheit und genügend Selbstvertrauen. Für Neulinge führt das schnell zu einem Gefühl der Überforderung: Sie spüren die Anforderungen, haben aber nicht wirklich eine eigene Position in dem sozialen Feld und benötigen vielleicht deshalb gelegentlich mehr Feedback, als vorgesehen ist.»
(Ulmi et al. 2017:193 f.)

In diesem Kapitel finden Sie ...
... Ansätze, mit denen Sie die Verbesserung von studentischen Texten anregen.
... Ideen für eine effiziente und gerechte Begutachtung studentischer Arbeiten.

Umfrage unter Hochschullehrenden
Hinsichtlich der Bewertungsmaßstäbe lieferte die Umfrage die folgenden Erkenntnisse: Für etwa ein Drittel der Befragten waren die von der Hochschule zur Verfügung gestellten Maßstäbe «sehr klar und gut nachvollziehbar». Ein weiteres Drittel gab an, dass solche Maßstäbe zwar «vorhanden, aber nicht eindeutig» seien. Das verbleibende Drittel berichtet, dass an der Hochschule kein allgemeinverbindlicher **Bewertungsstandard** existiert.

7.1 Formatives Feedback: Feedback für Fortschritt

Wie im vorangegangenen Kapitel bereits beschrieben, kann die Sinnhaftigkeit des Verfassens wissenschaftlicher Arbeiten betont werden, indem es als im Studienverlauf aufzubauende Kompetenz betrachtet wird. Hierbei kommt dem Feedback eine besondere Rolle zu. Diese Art von Feedback nennt sich formatives Feedback. Damit bewerten Sie nicht die Qualität der produzierten Texte (das wäre summatives Feedback, s. Kap. 7.2), sondern geben den Studierenden Impulse für die Weiterentwicklung und den Ausbau ihrer Schreibkompetenz.

> *«Die Qualität der Arbeiten war extrem unterschiedlich, schwer zu sagen also. Mein Austausch mit den Studierenden (Literaturhinweise, Exposébesprechung, sonstiges Feedback) war weitestgehend gleich* […]*. Erstaunlich waren einige sehr schlechte Arbeiten, die von höheren Semestern abgegeben wurden. Es schien, als hätten diese im Laufe ihres Studiums fast nie ehrliches, fundiertes Feedback bekommen.»*
>
> *«Ich finde, dass es wichtig ist, Studierenden die Basics zu lehren und sie viel ausprobieren zu lassen, ihnen trotz des vielen Inputs Mut für ihren Output zu geben; ihnen auch Feedback zu geben.»*
> (Teilnehmende an Lehrenden-Umfrage, Klein & Miljković 2017)

Um zu nützlichem formativem Feedback zu gelangen, sollten Sie die Arbeiten bzw. Auszüge daraus natürlich gründlich lesen. Sie müssen sie jedoch keinesfalls durchkorrigieren. Es genügt, wenn Sie exemplarisch Hinweise darauf geben, an welchen Aspekten noch gearbeitet werden muss oder sollte.

Tipp

Nehmen Sie gedanklich eine passende Haltung ein. Sie sind jetzt mehr in der Betreuungs- als in der Bewertungsrolle. Vielleicht möchten Sie sich ein entsprechendes Bild vorstellen: Sie sind beispielsweise der Gärtner, der überlegt, an welcher Stelle er welchen Dünger einsetzt. Oder Sie sind die Trainerin, die den Bewegungsablauf eines Sportlers analysiert und dabei zu dem Schluss kommt, dass zunächst die Beinarbeit zu optimieren ist. Ihr Feedback soll Anregungen für das Überarbeiten liefern. Auf keinen Fall sollten Sie den Text selbst überarbeiten und/oder ihn behandeln, als wäre es Ihr Text.

Beim Lesen der Arbeiten können Sie eine grobe Trennung zwischen Inhalt, Sprache und Formalem vornehmen. Was ist dabei wichtig? Selbstverständlich lassen sich in den allermeisten Arbeiten Fehler und Unzulänglichkeiten in allen drei Rubriken finden. Wenn Sie allerdings anmerken, dass in dieser vorliegenden Arbeit «alles verbessert werden soll» und das Gespräch überfrachten, dann merken sich die Studierenden oft nichts davon – oder aber die eher unwichtigen Aspekte. Fokussieren Sie sich daher beim Feedback, damit es beim Studierenden nicht zur Überforderung kommt. Erklären Sie den Studierenden auch, wieso Sie jetzt nicht über alle Fehler sprechen, sondern sich auf die wesentlichen konzentrieren.

Um im Bild mit der Trainerin zu bleiben: Würde sie versuchen, mit dem Sportler in der nächsten Trainingseinheit nicht nur die Beinarbeit zu verbessern, sondern auch noch eine neue Schlagvariante einführen und die Wettkampftaktik verfeinern, wäre eine Überforderung wahrscheinlich. Am Ende würde der Sportler sich in beiden Bereichen nur mäßig verbessern – wenn überhaupt.

Die Grundregel für formatives Feedback lautet: «HOC vor LOC» («**higher order concerns**» vor «**lower order concerns**»). Das bedeutet, dass Sie zunächst über die bedeutsameren inhaltlichen Aspekte sprechen sollten und danach erst über die weniger relevanten Formalia und die sprachliche Oberfläche.

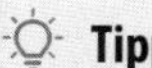
Tipp

Das **Bietschhorn-Modell** zur Textdiagnose von Ulmi et al. (2017, Opladen: Verlag Barbara Budrich/UTB) hilft Ihnen, die verschiedenen Schichten eines Textes gedanklich voneinander zu trennen und beim Feedback-Geben, aber auch später bei der Begutachtung, den Fokus auf das Wesentliche zu lenken.

Die «HOC vor LOC»-Regel sollten Sie nur brechen, wenn Sie den Eindruck haben, dass es gar nicht anders geht. Manche Studierende räumen gern zum Einstieg ein paar Kleinigkeiten und drängende Fragen aus dem Weg. Es liegt an Ihnen, dass Sie dennoch mit genügend Kraft und Zeit zum Wesentlichen vordringen – dem Inhalt und seiner Organisation im Text. Greifen Sie sich also für Ihr Feedback eine bestimmte Seite oder auch nur einen Absatz heraus. Daran zeigen Sie exemplarisch, was Sie meinen. Lassen Sie die Studierenden noch einmal deutlich wissen, dass Sie am Beispiel arbeiten und dass der Text(-auszug) nach der Besprechung nicht fertig sein wird. Anderenfalls bekommen Sie eventuell vorgeworfen, dass Sie Fehler übersehen hätten bzw. unkommentiert stehen gelassen haben. Manche Studierende leiten daraus ab, dass alles richtig ist, denn «Sie haben ja gar nichts gesagt!»

Beachten Sie auch bei schriftlichem Text-Feedback die allgemeinen **Feedbackregeln** und verhalten sich wertschätzend. Schreiben Sie ausführliche Kommentare in die Arbeit. Achten Sie dabei darauf, dass Sie auch positive Stellen hervorheben. Schnell sind Fehler angestrichen und Fragezeichen an den Rand gemalt, wenn etwas nicht verstanden ist, aber die Studierenden freuen sich bei allem Willen zur Weiterentwicklung auch sehr darüber, wenn jemand einmal würdigt, was ihnen gut gelungen ist. Das ist menschlich und geht Ihnen selbst wahrscheinlich auch so.

Den Text würdigen
In dem Text steckt viel Arbeit! Machen Sie sich das bewusst und äußern Sie sich entsprechend wertschätzend.

Den Bearbeitungsstand berücksichtigen: An Entwürfe und Rohfassungen sollten Sie andere Maßstäbe anlegen als an fast fertige Texte.

Beschreiben und fragen
Die subjektive Wirkung schildern: Wie kam der Text beim Lesen bei Ihnen an? Z. B.: «Hier habe ich den Zusammenhang nicht verstanden.», «Diese Argumente hätte ich schon viel früher im Text gebraucht, um gut folgen zu können.»

Vorschläge machen oder Fragen stellen, anstatt Anweisungen erteilen und Entscheidungen treffen.
Z. B.: «Was halten Sie davon, dieses Argument schon in Kapitel 2 einzubauen?» statt: «Das Argument ziehen Sie dann beim Überarbeiten in Kapitel 2 vor.»

Konkret am Beispiel arbeiten
Möglichst konkret benennen, was Sie irritiert, z. B.: «Kapitel 3 enthält sehr viele Unterkapitel, sodass ich nicht in einen Lesefluss kommen konnte.» statt: «Ihre Gliederung ist noch nicht stimmig.»

Den Weg für die Überarbeitung bereiten
Fragen Sie die Studierenden, ob sie wissen, was ihre nächsten Schritte sind.

Abb. 6: Feedback für Fortschritt

Sollten Sie mit einem Studierenden zusätzlich zu den Anmerkungen in der Arbeit ein Text-Gespräch führen, lassen Sie sich am Schluss in eigenen Worten zusammenfassen, was von dem Gesagten bei dem Studierenden angekommen ist. Das gibt Ihnen die Gelegenheit, Missverständnisse aufzuklären und allenfalls noch einmal auf besonders bedeutsame Punkte hinzuweisen.

7.2 Summatives Feedback: Arbeiten benoten

Beim summativen Feedback geht es um die Bewertung, also um die Frage: Welche **Note** vergeben Sie für die abgeschlossene Arbeit? Selbstverständlich können die Studierenden aus der Note und Ihren Anmerkungen auch – wie beim formativen Feedback – Rückschlüsse auf Optimierungsmöglichkeiten ziehen und für weitere Texte lernen. Der vorliegende Text jedoch wird nicht mehr verändert. Wenn Sie zum ersten Mal einen studentischen Text bewerten sollen, wirft das bei Ihnen natürlich zunächst einmal etliche Fragen auf. Was qualifiziert mich eigentlich dafür? Wie komme ich zu meiner Note, was muss ich dabei beachten? Woher weiß ich am Ende, ob diese Note angemessen und gerecht ist? Diese Situation kann überwältigend sein, zumal meist nicht darüber gesprochen wird und stillschweigend erwartet wird, dass die Fähigkeit zur Bewertung vorhanden ist. Viele Erstlehrende gehen davon aus, dass sie diese Aufgabe allein bewältigen müssen.

> *«Wie bewerte ich am besten? Das heißt am fairsten gegenüber den einzelnen Individuen und gegenüber den anderen in der Gruppe, und gleichzeitig motivierend?»*
>
> *«Bin ich zu streng oder zu lasch?»*
>
> *«Sympathie und Antipathie sollte nicht mitbewertet werden.»*
>
> *«Übersehe ich Punkte? Kenne ich mich genug aus?»*
>
> *«Eine transparente und (mindestens) halbwegs nachvollziehbare Benotung finden (das ist die größte Herausforderung, immer wieder aufs Neue).»* (Teilnehmende an Lehrenden-Umfrage, Klein & Miljković 2017)

In der Tat erhalten sie von erfahreneren Kollegen oft auch wenig brauchbare Auskünfte, weil diese sich in den seltensten Fällen intensive Gedanken über das Bewerten gemacht haben und über die Jahre eine unbewusste Kompetenz ausgebaut haben. Es fällt ihnen daher schwer, ihre Vorgehensweise und Bewertungskriterien so in Worte zu fassen, dass Sie als Neuling davon unmittelbar profitieren können. Arbeiten Sie sich am besten von außen nach innen vor: Klären Sie zuerst, welche Anforderungen die Hochschule stellt, bauen ggf. darauf auf und entwerfen dann bei Bedarf Ihr eigenes Schema bzw. eine für Sie passende Vorgehensweise.

Die offiziellen Anforderungen der Hochschule sind wahrscheinlich schnell herausgefunden. Fragen Sie nach, ob Sie bestimmte Bögen verwenden sollen oder ob ein freies **Gutachten** erforderlich ist. Fragen Sie auch danach, was bis wann wohin weitergeleitet oder in ein System eingepflegt werden muss. Interessant ist natürlich auch die Information, wer das Gutachten später zu sehen bekommt: nur der Prüfungsausschuss oder auch die Studierenden? Je nachdem ändert sich vermutlich auch die Formulierung ein wenig.

Anschließend geht es an den Entwurf Ihrer eigenen **Bewertungsroutine.** Dafür vollziehen Sie gedanklich einen Rollenwechsel. Sie werden von der Lehrperson, die eventuell die Anfertigung der Arbeit intensiv begleitet hat, zum Gutachter genau jener Arbeit. Es geht nun nicht mehr darum, eine entstehende Arbeit durch Impulse an den Studierenden indirekt besser zu machen. Jetzt richtet sich Ihr Blick auf das Ergebnis, auf den fertigen Text. Dessen Qualität sollen Sie bewerten und mit einer Note versehen.

Finden Sie für sich heraus, ob Sie eine Arbeit erst einmal komplett lesen und auf sich wirken lassen möchten, oder ob Sie direkt und gezielt wichtige Passagen wie Einleitung und Schluss lesen, um sich einen Überblick zu verschaffen. Diese **Findungsphase** kann durchaus mehrere Semester lang dauern. So lange brauchen Sie auch, um eine Art innere Referenz aufzubauen, welche Arbeit welche Note wert ist. Erst in der Rückschau werden Sie merken, ob Sie vielleicht voreingenommen waren und Ihre Herangehensweise die Note in die eine oder andere Richtung verfälscht hat.

Es verbietet sich übrigens, die eigene Abschlussarbeit als Referenz heranzuziehen. Diese Arbeit ist, mitunter vor längerer Zeit, unter anderen Bedingungen entstanden und sicher nicht der Maßstab für alle von Ihnen zu begutachtenden Arbeiten. **Voreingenommenheit** kann auch durch den ersten Eindruck entstehen, den Sie von einer Arbeit erhalten, z. B. aufgrund von nachlässiger Gestaltung oder einer Anhäufung von orthografischen Fehlern. Selbstverständlich können dies Hinweise auf eine schlechte Arbeit sein – müssen es aber nicht.

Es hat sich für viele Dozierende bewährt, eine Arbeit in drei Durchgängen zu begutachten: Inhalt, Sprache und Formales. Um sich dabei nicht von den formalen Mängeln den Blick auf den Inhalt verstellen zu lassen, sollte die Reihenfolge eingehalten werden. Auch hier gilt wieder die «HOC vor LOC»-Regel, die Sie aus dem vorhergehenden Unterkapitel kennen. Es entlastet Sie, wenn Sie die formalen Aspekte zuerst begutachten? Dann sollten Sie danach sehr bewusst an die Inhalte gehen und Ihre innere «Bewertungsuhr» auf null zurücksetzen. Sonst laufen Sie Gefahr, nur noch die Differenz zu bilden. Ein inhaltlich sehr guter Text hat dann keine Chance mehr auf eine sehr gute Note, weil Sie beispielsweise aufgrund formaler Fehler von der Note «ausreichend» ausgehen und für den Inhalt nur noch einige Pluspunkte vergeben. So landen Sie am Ende vielleicht bei einer guten Note. Wären Sie in der umgekehrten Reihenfolge an den Text gegangen, hätten Sie für den Inhalt ein «sehr gut» gegeben und dann nur ein paar Abstriche für die formalen Fehler gemacht. Der Inhalt der Arbeit sollte immer das wichtigste und am höchsten gewichtete Kriterium bilden. Denn was nützt Ihnen eine formal einwandfreie Arbeit, deren Inhalt den Ansprüchen nicht genügt?

Zu bedenken ist zudem: Auch eine Bewertung mit **gewichteten Kriterien** erweckt nur den Anschein von Objektivität. Der Ermessensspielraum beim Bewerten ist einfach sehr groß, und unterschiedliche Personen kommen bei derselben Arbeit zu unterschiedlichen Bewertungen. Vielleicht würden Sie sogar selbst in ein paar Wochen zu einer anderen Note kommen.

Auch geht das Benoten in den seltensten Fällen gut, wenn Sie synthetisch die Kriterien bewerten und am Ende die Note ausrechnen. Ihr Bauchgefühl wird sich melden, wenn die errechnete Note nicht zu der vor Ihnen liegenden Arbeit passt.

Ihre Noten müssen im Gesamten übrigens nicht der **Normalverteilung** unterliegen, auch wenn das vielerorts immer noch implizit oder gar explizit gefordert wird. Auf lange Sicht wäre es sicher wünschenswert, das **Notenspektrum** auszuschöpfen. Innerhalb eines Kurses von 20 oder 30 Studierenden muss jedoch nicht der Statistik genüge getan werden. Entweder erfüllen die Texte die Kriterien oder eben nicht. Wenn die Studierenden (durch Ihre Lehre!) besonders gut auf die Anforderungen vorbereitet sind, dann verschiebt sich die Notenkurve des Kurses nun einmal in die positive Richtung.

Tipp

Halten Sie Ausschau nach Kollegen, die ihre Bewertungstätigkeit reflektiert haben und mit denen Sie sich über Kriterien, Vorgehensweisen und Anspruchsniveau austauschen können. Vielleicht sind Sie aber auch dankbar, wenn Sie einfach kurz Frust ablassen und sich gegenseitig bemitleiden dürfen. Danach gehen Sie gestärkt zurück an die Arbeit.

Literaturempfehlungen zu Teil II

Bean J. C. (2011): Engaging Ideas. The Professor's Guide to Integrating Writing, Critical Thinking and Active Learning in the Classroom. 2. Aufl., San Francisco: Jossey-Bass.

Dreyfürst S. & Sennewald N. (2014): Schreiben. Grundlagentexte zur Theorie, Didaktik und Beratung. Opladen: Verlag Barbara Budrich (UTB).

Fröhlich M., Henkel C. & Surmann A. (2017): Zusammen schreibt man weniger allein – (Gruppen-)Schreibprojekte gemeinsam meistern. Opladen: Verlag Barbara Budrich (UTB).

Gesellschaft für Schreibdidaktik und Schreibforschung (gefsus) (2018): Positionspapier Schreibkompetenz im Studium. Verabschiedet am 29. September 2018 in Nürnberg (online unter: http://schreibdidaktik.de/images/Downloads/gefsus_2018_positionspapier.pdf).

Gottschalk K. & Hjortshoj K. (2004): The Elements of Teaching Writing. A Resource for Instructors in All Disciplines. New York: Bedfors/St. Martin's.

Klein A. (2017): Wissenschaftliche Arbeiten schreiben. Praktischer Ratgeber mit über 100 Software-Tipps. Frechen: mitp.

Kultusministerkonferenz (2017): Qualifikationsrahmen für deutsche Hochschulabschlüsse (online unter: https://www.kmk.org/fileadmin/Dateien/veroeffentlichungen_beschluesse/2017/2017_02_16-Qualifikationsrahmen.pdf).

Lahm S. (2016): Schreiben in der Lehre. Opladen: Verlag Barbara Budrich (UTB).

Ulmi M., Bürki G., Verhein A. & Marti M. (2017). Textdiagnose und Schreibberatung. Fach- und Qualifizierungsarbeiten begleiten. 2. Aufl., Opladen: Verlag Barbara Budrich (UTB).

Teil III

Wissenschaftliche Arbeiten betreuen

«Die Dozierenden wüssten als Fachleute wahrscheinlich schnell Lösungen. Da scheint es oft für beide Seiten naheliegend, dass die Dozierenden ihre Lösungen weitergeben und die Studierenden diese übernehmen. Wäre nur der fertige Text das Ziel, dann wäre dieses Vorgehen effizient.»

(Ulmi et al. 2017: 234)

Inhalt

Sie lesen in Kapitel 8 grundlegende Hinweise für alle Arten von **Gesprächen** mit Studierenden. Die Ausführungen sind konkret bezogen auf das Anfertigen von wissenschaftlichen Arbeiten, da dieses Thema im Hochschulalltag häufig vorkommt (und dennoch in der einschlägigen Literatur häufig ausgespart wird). In Übertragung sind die Inhalte dieses Kapitels auch auf andere Sprechstundengespräche anwendbar.

Kapitel 9 behandelt mit der Betreuung von **Abschlussarbeiten** ein Thema, das die in Kapitel 8 angelegten Inhalte vertieft. Die Abschlussarbeit, die über einen längeren Zeitraum angefertigt wird und bedeutsamer ist, verlangt von Ihnen als Lehrperson eine intensivere Betreuung als die im Studienverlauf verfassten Hausarbeiten. Dabei ist es wichtig, Klarheit über das eigene Vorgehen zu erlangen und den Studierenden das Procedere offenzulegen, um so eine ideale Basis für die gemeinsame Arbeit zu schaffen.

In Kapitel 10 widmen wir uns dem Thema Plagiate und **Plagiatsvermeidung** an Hochschulen. Insbesondere wird hier das Augenmerk auf vorbereitende Aspekte sowie leichte und schnell durchführbare Übungen für den Unterricht gelegt.

8 Beratung beim Anfertigen wissenschaftlicher Arbeiten

Andrea Klein

> *«Eine […] adäquate Pendelbewegung zwischen Führung, Expertise und Beratung gehört zu den anspruchsvollsten und zugleich spannendsten Ansprüchen an die Tätigkeit von Dozentinnen und Dozenten.»*
> (Thomann & Pawelleck 2013:23)

In diesem Kapitel finden Sie …
… eine Leitfrage für die Strukturierung Ihrer Betreuungstätigkeit.
… Tipps für die Vor- und Nachbereitung sowie die Durchführung von Beratungsgesprächen.
… Hinweise für den Fall, dass Sie mehrere Arbeiten parallel betreuen.

Umfrage unter Hochschullehrenden
Die Lehrenden wurden nach dem Umfang der schriftlichen Hilfestellungen gefragt, die sie zu Beginn ihrer Tätigkeit von der Hochschule erhalten hatten. Bei den Informationen zum Prozess der Begutachtung zeigte sich, dass 50 % der Befragten gar keine und 30 % als nicht ausreichend empfundene Informationen bekamen. Demnach hat nur jeder fünfte Lehrende zu Beginn seiner Lehrtätigkeit Informationen zur Begutachtung erhalten, die für ihn ausreichend waren.

8.1 Die Beratungstätigkeit strukturieren

Der Prozess der Begutachtung ist mit vielen Unsicherheiten behaftet. Dies betrifft nicht nur Neulinge, sondern auch gestandene Dozierende, wie die Umfrage zeigt. Ausgewählte Antworten auf die Frage, was die größten Unsicherheiten bei der Betreuung sind, waren etwa:

«Aussagen/Hilfestellungen auf das Niveau der Studierenden anpassen»

«Ich befürchte, den Studierenden Hinweise [zu] *geben, die sie u. U. in eine falsche Richtung lenken.»*

«Möglicherweise Vergessen relevanter und wichtiger Hinweise»

«Haben die Studierenden tatsächlich verstanden, was ich gesagt und empfohlen habe?»

«In den Arbeiten finden sich manchmal Probleme, die im Gespräch zuvor als gelöst erscheinen.»

«Ab wann lass ich ihn/sie allein Fehler machen?»

«Beim Betreuen bin ich relativ offen und nah bei den Studierenden, dort bin ich überhaupt nicht unsicher.»

«Wo verläuft die Grenze zwischen einer vertrauten Betreuung auf Augenhöhe und der Rolle des Bewertenden?»
(Teilnehmende an Lehrenden-Umfrage, Klein & Miljković 2017)

Wie bei Ihren anderen Tätigkeiten an der Hochschule (Lehren, Forschen usw.) sollten Sie auch der Beratungstätigkeit eine Struktur geben. Sie tun gut daran, Festlegungen zu treffen, die erst einmal bis auf Weiteres für alle von Ihnen betreuten Studierenden gelten. Falls sich bestimmte Vorgehensweisen nicht bewähren, passen Sie sie einfach im Lauf der Zeit an.

Die Leitfrage lautet: Wer spricht mit wem wie oft worüber und wie? Wer mit wem spricht, liegt auf der Hand, meinen Sie? Selbstverständlich sprechen Sie als Lehrperson mit den jeweiligen Studierenden. Das muss jedoch nicht in **Einzelgesprächen** passieren. Vielleicht haben Multi-Beratungen Vorteile für Sie (s. Kap. 8.4).

Wie oft Sie miteinander sprechen, hängt davon ab, was Sie didaktisch für sinnvoll halten (s. Abb. 8) und was Sie sich zeitlich leisten können. Leider stimmen diese beiden Parameter nicht immer überein. Worüber Sie sprechen, richtet sich bei der Betreuung von studentischen Texten nach dem Arbeitsstand. Übliche Punkte sind das Thema bzw. die Fragestellung und **Forschungsfragen** der geplanten Arbeit, die vorläufige Gliederung, die Methodenwahl, aber auch Literatur und Ansatzpunkte für die Recherche sowie das Besprechen von Textentwürfen. Überlegen Sie, in welchem Umfang Sie wofür zur Verfügung stehen. Damit Sie nichts vergessen, empfiehlt sich eine Checkliste, z. B. das Planungsfünfeck aus Kapitel 8.2.

Wie, also auf welche Art und Weise, Sie mit den Studierenden sprechen, haben Sie in Teil II (s. Kap. 7.1) zum formativen Feedback erfahren. Zusammenfassend lässt sich sagen: Sie machen ein Angebot und zeigen gleichzeitig die Grenzen auf. Die Studierenden nutzen das Angebot, indem sie auf Sie zukommen und einen Termin anfragen.

8.2 Beratungsgespräche vor- und nachbereiten

Der eigentlichen Beratung geht die Vorbereitung voraus. Lassen Sie die Studierenden in der Lehrveranstaltung wissen, was Sie erwarten. Vielleicht verfügen Sie auch über einen Leitfaden auf Ihrer Website oder auf der Lernplattform, auf den Sie die Studierenden für deren Vor- oder Nachbereitung verweisen können:

- Was sollen Studierende vor dem Gespräch vorbereitet haben? Sollen sie z. B. eine Idee für ein Thema relativ detailliert ausarbeiten oder mehrere Vorschläge mitbringen und Sie eruieren im Gespräch, welche Alternative im Anschluss vertieft wird?
- Bis zu welchem Grad sollen diese Ideen überhaupt für das Gespräch ausgearbeitet sein? Hier unterscheiden sich die Ansichten zwischen verschiedenen Lehrpersonen erheblich. Manche wünschen sich eine grobe Richtung, die dann gemeinsam im Gespräch verfolgt und verfeinert werden kann. Andere wiederum möchten fachlich schon sehr tief in das Gespräch einsteigen und erwarten, dass die Studierenden sich gründlich eingelesen haben und auch schon eine Fragestellung oder zumindest eine vorläufige Fragestellung als Arbeitsversion formuliert haben. Wiederum andere hätten gerne direkt beim ersten Termin ein Exposé als Diskussionsgrundlage. Seien Sie auch hier transparent in Ihren Anforderungen, das erspart beiden Seiten so manche Enttäuschung.

Vorbereitung meint mitnichten nur die Vorbereitung des Studierenden, sondern auch Ihre eigene Vorbereitung. Was Sie benötigen, hängt bis zu einem gewissen Grad davon ab, was Sie von den Studierenden erwarten. Unabhängig davon jedoch haben Sie noch ein paar Aufgaben zu erledigen:

- Sorgen Sie für eine störungsfreie Gesprächsmöglichkeit. Das beginnt bei einem Raum, in dem Sie in Ruhe mit dem Studierenden sprechen können. Gerade bei externen Lehrbeauftragten ist das manchmal problematisch, weil sie kein eigenes Büro an der Hochschule zur Verfügung haben. Eine

Ausweichmöglichkeit könnte ein Besprechungszimmer, das Sie rechtzeitig vorab an der Hochschule reservieren, oder ein ruhiges Eckchen in einem nahegelegenen Café sein.

- Ihre inhaltliche Vorbereitung sollte darin bestehen, dass Sie sich gedanklich auf das Ausgangsniveau der Studierenden «hinunter-denken». Das ist nicht despektierlich gemeint – im Gegenteil, es handelt sich dabei um eine sehr schwierige Aufgabe. Sie als Experte verfügen über einen jahrelangen Vorsprung und haben in den meisten Fällen viel Literatur und auch sehr viele Details zu einem bestimmten Thema gelesen. Studierende können gar nicht so weit sein und wären deswegen von allzu detaillierten Einwürfen verunsichert. Möchten Sie eine Checkliste von unbedingt zu besprechenden Punkten nutzen? Eine Möglichkeit ist das **Planungsfünfeck** für Betreuungspersonen (s. Abb. 7).
- Benötigen Sie wie auch immer geartete Arbeitsblätter? Haben Sie eventuell Handouts mit bestimmten Hinweisen zur Gestaltung der wissenschaftlichen Arbeit, Arbeitsblätter und Übungen oder aber ein Modell, nach dem Sie vorgehen? Halten Sie das jederzeit in ausreichender Anzahl bereit.
- Bereiten Sie auch sich selbst als Person vor. Stimmen Sie sich ein. Das beginnt bei Ihrer Haltung. Machen Sie sich vor dem **Beratungsgespräch** bewusst, was nun Ihre Rolle ist. Vielleicht kommen Sie gerade aus der Vorlesung und sind gestresst, vielleicht haben Sie gerade eine Fakultätsbesprechung absolviert und sind noch voller neuer Informationen. Das alles darf in dem Beratungsgespräch keine Rolle mehr spielen. Jetzt sind Sie voll und ganz für den ratsuchenden Studierenden da und versuchen gemeinsam, die wissenschaftliche Arbeit auf einen guten Weg zu bringen. Sich selbst einzustimmen, bedeutet auch, sich die **Gesprächsführung** zu überlegen. Wie wollen Sie herangehen, in welche Phasen wollen Sie das Gespräch aufteilen, welche Fragen wollen Sie unbedingt stellen, welche Impulse wollen Sie mitgeben?

Die Nachbereitung ist eigentlich ganz einfach, sofern sich die Beteiligten im Vorfeld geeinigt haben, wie sie vonstattengehen soll. Es gehört zu Ihrer Vorbereitung dazu, diesen Schritt schon vorauszudenken und den Studierenden die für Sie passende Variante anzubieten:

Variante 1: Alle Beteiligten schreiben während des Gesprächs mit und treffen am Schluss verbindliche Absprachen, die ebenfalls alle Beteiligten notieren.

Variante 2: Der Studierende protokolliert das Treffen und schickt Ihnen im Nachgang seine Stichworte, die Sie in angemessener Zeit kommentieren, bzw.

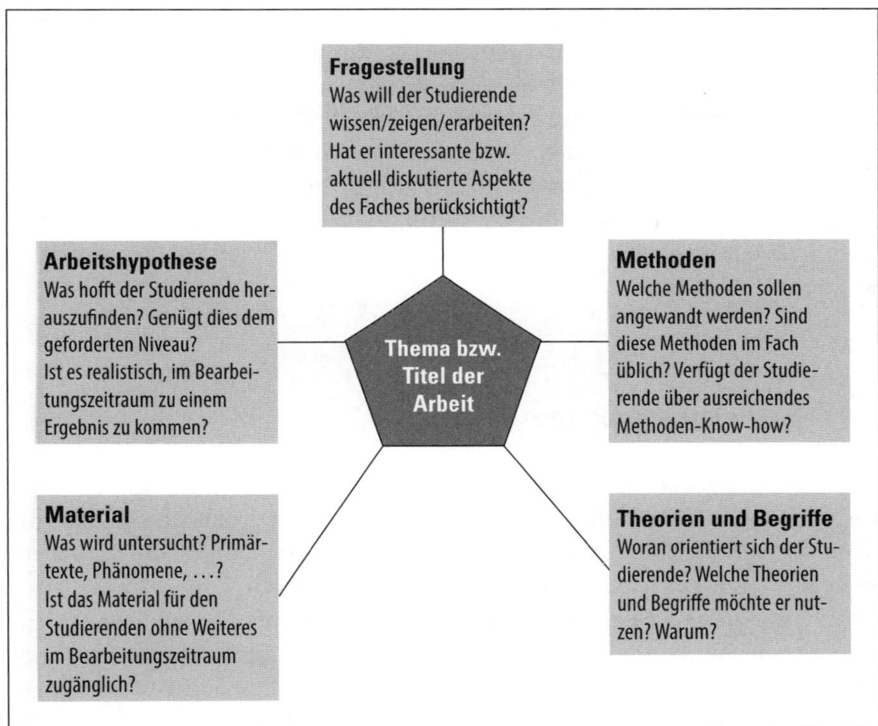

Abb. 7: Das Planungsfünfeck der Betreuung (in Anlehnung an die «Koordinaten inhaltlicher Planung» von Frank, Haacke & Lahm 2013:25)

Sie vereinbaren, dass die Notizen als akzeptiert gelten, sofern Sie z. B. nicht binnen sieben Tagen von sich haben hören lassen.

Unabhängig von der gewählten Variante sollten Sie selbst auf jeden Fall die allerwichtigsten Zusagen kurz festhalten, beispielsweise thematische Eingrenzungen oder die Methodenwahl, sodass Sie sich beim Eintreffen der E-Mail sicher sein können, dass das Geschriebene mit dem Gesagten übereinstimmt.

Ganz am Ende der Beratung, also nach dem letzten Beratungstermin im Verlaufe des Anfertigens der wissenschaftlichen Arbeit, gibt es noch eine letzte Art der **Nachbereitung**. Sie selbst vollziehen den Rollenwechsel vom Berater zum Gutachter. Machen Sie sich bewusst, dass Sie Ihren Teil zum Entstehen der Arbeit beigetragen haben. Was der Studierende nun daraus gemacht oder umgesetzt hat, liegt voll und ganz in seiner Verantwortung. Nach dem Abschluss der letzten Beratung sind Sie in der Situation, dass Sie bewerten sollen, was eben jener Studierende eigenverantwortlich geleistet hat.

Zeitliche Distanz zwischen letzter Beratung und Einreichung der Arbeit ist in den meisten Fällen sowieso gegeben. Zusätzlich ist es hilfreich, bewusst auch räumliche Distanz zu schaffen, um den nötigen Rollenwechsel spürbar zu machen. Das kann bedeuten, dass Sie die Arbeit nicht am selben Arbeitsplatz begutachten, an dem die Beratung stattgefunden hat. Wechseln Sie den Schreibtisch oder das Büro, wechseln Sie notfalls sogar das Gebäude und begutachten in Ihrem Home Office.

8.3 Das Beratungsgespräch durchführen

Im Folgenden geht es zunächst allgemein um die Durchführung des Beratungsgesprächs, vom Eintreffen des Studierenden bis zur Verabschiedung. Anschließend werden die Unterschiede zwischen den Studierenden und die daraus entstehenden Konsequenzen für die Beratung thematisiert.

In einer ersten Phase der Beratung versuchen Sie, eine gemeinsame Ebene der Zusammenarbeit herzustellen, so wie Sie es aus anderen Gesprächen auch kennen. Das kann etwas Smalltalk sein, bei dem Sie über äußere Gegebenheiten wie das Wetter oder die Anfahrt sprechen oder aber auch über die zurückliegende Vorlesung oder eine Aktivität auf dem Campus. Diese Phase dauert im Regelfall wenige Minuten oder gar nur zwei bis drei Sätze, sollte aber nicht übersprungen werden, um ein Ankommen zu ermöglichen.

Den Kern eines jeden Beratungsgesprächs bildet die Arbeitsphase, in der zunächst das Ziel formuliert und dann verfolgt wird. In dieser Phase sollte eine der beteiligten Personen die Führung übernehmen und das Gespräch strukturieren. Das könnten klassischerweise Sie als Lehrperson sein, weil Sie in der höherrangigen Position sind. Sie könnten aber auch bewusst den Studierenden die Führung übergeben. Diese haben schließlich ein Anliegen an Sie und stehen in der Verantwortung, sich genau zu überlegen, was sie mitteilen und erfragen möchten, um mit der eigenen Arbeit voranzukommen. Möchten Sie den Studierenden die Gesprächsführung überlassen, teilen Sie ihnen dies vorab mit, sodass sie sich entsprechend vorbereiten können.

Stellen Sie während dem Gespräch sicher, dass die wichtigsten Aspekte abgedeckt wurden und kommen Sie spätestens gegen Gesprächsende auf Ihre Checkliste zurück, wenn wichtige Punkte offengeblieben sein sollten (Planungsfünfeck, s. Abb. 7). Zum Abschluss des Gesprächs halten Sie die erreichten Punkte fest (s. o.). Das ist die Überleitung des Gesprächs zur Nachbereitung (s. Kap. 8.2).

Während die soeben vorgestellten Phasen bei allen Studierenden Anwendung finden, gibt es innerhalb der Studierendenschaft Unterschiede bezüglich der sogenannten Schreibstrategien sowie bezüglich Arbeitshaltung und Führung.

In der Schreibforschung und -didaktik werden verschiedene Strategien beim Verfassen von Texten unterschieden. Diese wenden die meisten Studierenden gewohnheitsmäßig und oft unbewusst an. Vereinfachend gesagt gibt es Strukturfolger und Strukturschaffer (nach Bräuer). Das Begriffspaar bezeichnet die unterschiedlichen Zeitpunkte der **Gliederungserstellung**. Sie wurden wahrscheinlich in der Schule darauf getrimmt, immer zunächst eine Gliederung zu erstellen und erst danach ihre Erörterung auszuformulieren. Ihren Studierenden erging es nicht anders. Egal, wie viel Erfahrung diese bereits mit dem wissenschaftlichen Schreiben gesammelt haben, die Aufsatzdidaktik hält sich hartnäckig in den Köpfen, und so mancher Studierende ist regelrecht blockiert, weil er noch keine Gliederung erstellt hat, aber doch so gern losschreiben möchte. Eine Gliederung ist jedoch gar nicht unbedingt nötig. Geben Sie Ihren Studierenden die Freiheit und auch die Gewissheit, dass das in Ordnung ist. Auch wenn es für Sie persönlich vielleicht nicht vorstellbar ist, ist es möglich, als Strukturschaffer einen sehr guten Text zu schreiben, indem man einfach losschreibt, seitenweise Text verfasst und erst im Nachhinein eine Gliederung in den Text einzieht. Sollten Sie Arbeiten von Studierenden vorliegen haben, denen es am roten Faden mangelt, muss das nicht zwingend mit der Entstehungsweise des Textes zu tun haben. Oft liegt es einfach an der fehlenden Überarbeitung. Es handelt sich demnach nicht um ein Problem mit der Reihenfolge des Entstehens. Vielmehr erweisen sich die mangelhafte Zeitplanung bzw. die verkannte Bedeutung des Überarbeitens als problematisch.

Eine zweite Unterscheidung betrifft die **Arbeitshaltung**. Sicher gibt es Studierende, die sich einen Arbeitsplan erstellen und diesen dann minutiös einhalten. Sicher ist aber gleichzeitig auch, dass **Prokrastination**, also Aufschiebeverhalten, eines der größten Probleme im Studium ist. Für Sie als Betreuungsperson ist es demnach wichtig zu erkennen, wer da vor Ihnen sitzt. Besprechen Sie im ersten Treffen: Wie lief das bei Ihnen bei früheren Arbeiten bzw. generell im Studium? Was hat funktioniert, was nicht? Wie stellen Sie sich die optimale Betreuung vor? Dann werden Sie von den Studierenden schon hören, ob sie eine enge oder eher lockere **Führung** möchten. Überlegen Sie für sich: Was können Sie im Rahmen Ihrer Möglichkeiten für den Studierenden tun? Eine freundliche, aber nachdrückliche Erinnerungsmail zur rechten Zeit ist nicht aufwendig. Wo sind Sie gewillt, Kompromisse einzugehen, um optimales Arbeiten zu ermöglichen? Aber auch: Wo braucht der Studierende vielleicht eine andere Betreuung, als er es sich wünscht? Welche Ressourcen können Sie dem Studierenden zur Verfügung stellen oder aufzeigen?

Reflexionsfragen

- Was entspricht eher meinem Lehrverständnis: dass ich das Gespräch führe oder dass ich dem Studierenden die Führung überlasse?
- Hinsichtlich welcher Punkte im Arbeitsprozess schließe ich von mir auf andere? Dürfen Studierende anders arbeiten als ich? Nur wenn das Ergebnis stimmt?

8.4 Spezialfall Multi-Beratung

Betreuen Sie viele Studierende parallel, muss ein anderer Ansatz her. Das ist keinesfalls eine Situation, die nur bei altgedienten Lehrkräften auftritt. Direkt nach dem Einstieg in die Lehre ist die Wahrscheinlichkeit, dass diese Situation eintritt, zwar deutlich geringer. Die Multi-Betreuung kann jedoch sehr schnell zur Realität werden. Vermutlich sind die Kollegen sehr froh, dass da noch jemand mit freien **Kapazitäten** ist. Vielleicht gehört die Betreuung der wissenschaftlichen Arbeiten auch einfach zu Ihrer Lehrveranstaltung dazu.

Wie also herangehen, wenn Sie mehrere Arbeiten auf einmal betreuen sollen und mehrere Beratungen durchführen möchten? Es ist eine Lösung gefragt, die Sie nicht an die Grenzen Ihrer zeitlichen Belastbarkeit bringt.

Die erste Frage besteht darin, ob Sie tatsächlich parallel oder nicht doch simultan beraten wollen. Manche Studierenden kennen sich schon länger, verstehen sich gut und arbeiten auch gut zusammen. Solche Studierende haben eventuell nichts dagegen, gemeinsam betreut zu werden. Eine Rechnung: Im Fall von zwei Studierenden halbiert das zwar nicht Ihren Aufwand, aber vielleicht wenden Sie nur anderthalb Stunden für ein Gespräch statt zwei Stunden für zwei einzelne Gespräche auf, da Sie bestimmte Inhalte nur einmal besprechen müssen. Zudem lernen die Studierenden auch voneinander oder erklären sich im Nachgang zur Beratung noch einmal untereinander, wie sie bestimmte Aspekte verstanden haben. Das ist Aufwand, der nicht bei Ihnen anfällt.

Sollte die simultane Beratung nicht möglich sein, nutzen Sie Standardisierungsprozesse für die parallele Beratung. Dies beginnt schon bei der Terminabsprache. Um nicht mit jedem Kandidaten dreimal vor- und zurückzumailen, kann es hilfreich sein, ein Terminvereinbarungs-Tool wie **Doodle** zu verwenden, in dem Sie Termine freigeben, für die die Studierenden sich eintragen können. Ihr Aufwand besteht dann nur noch darin, einmal die Termine einzupflegen (Dauer etwa fünf bis zehn Minuten) und hin und wieder nachzusehen, wann der nächste Termin mit wem ansteht. **Teilstandardisierte Betreuung** bedeutet weiterhin, dass Sie Ihre Anforderungen fertig formuliert haben und vielleicht auch so etwas wie eine FAQ-Liste parat halten.

Überlegen Sie auch, welche Fristen Sie vereinheitlichen und welche Aufgaben Sie blocken können. Vielleicht möchten Sie alle Gliederungen in einer bestimmten Kalenderwoche besprechen, vielleicht möchten Sie Durchsichten vorläufiger Textversionen in einer anderen Kalenderwoche anbieten. Natürlich funktioniert diese Standardisierung nicht für alle Studierenden gleich. Aber auch bei einigen wenigen Abweichlern haben Sie immer noch deutlich weniger Aufwand bei dieser Blockung, als wenn Sie alles individuell in jeder einzelnen Beratung neu vereinbaren.

Auch später bei der Bewertung können Sie sehr gut parallelisieren, indem Sie sich jeweils einen Aspekt herausgreifen und diesen nacheinander bei allen Arbeiten begutachten. Das mag beispielsweise die Kongruenz von Einleitung und Schlussteil sein. Erst wenn Sie das bei allen Arbeiten gesichtet haben, lesen Sie die Arbeiten auf den zweiten Aspekt hin. Vor oder nach diesen Teilbegutachtungen sollten Sie selbstverständlich noch einmal jede einzelne Arbeit für sich würdigen.

9 Betreuen von Abschlussarbeiten

Andrea Klein

> *«They don't care how much you know, until they know how much you care.»*
> (Theodore Roosevelt zugeschrieben)

In diesem Kapitel finden Sie …
… Reflexionen über Ihre Rolle als Betreuungsperson und das damit verbundene Spannungsfeld.
… Lösungsansätze für etwaige Problemfälle während und nach der Betreuung einer Abschlussarbeit.

9.1 Ihre Rolle beim Betreuen von Abschlussarbeiten

Im Unterschied zu Hausarbeiten, die Studierende im Verlauf des Studiums anfertigen, wird den Abschlussarbeiten naturgemäß eine höhere Bedeutung zugemessen. Zum einen sind sie meist bei der Berechnung der Endnote stärker gewichtet, zum anderen empfinden die Studierenden die Abschlussarbeiten auch subjektiv als bedeutsamen Meilenstein in Richtung Berufseinstieg. Das kann motivierend wirken, zumal oft ein selbst gewähltes Thema bearbeitet werden darf. Es löst aber auch Unsicherheit aus.

Die Ansprüche an eine wissenschaftliche Arbeit, insbesondere an Abschlussarbeiten, leiten sich aus den Qualifikationsrahmen und Modulkatalogen ab (s. Kap. 5.3). Über den Weg zur fertigen Arbeit ist damit jedoch nichts ausgesagt, ebenso wenig über Ihren Anteil am Zustandekommen. Die Ausgestaltung der Betreuung ist wie die Lehre eine individuell auszutarierende Angelegenheit. Ihr Rollenverständnis als Lehrperson (s. Kap. 1.3) wird sich stark auf Ihre Betreuungstätigkeit auswirken.

Für Sie als Betreuungsperson gilt es, die Anfertigung einer solchen Arbeit sinnvoll und zielführend zu begleiten. Dabei handelt es sich um einen längeren Bearbeitungszeitraum, den Sie gemeinsam mit den Studierenden gestalten. Währenddessen vollziehen Sie einen doppelten Rollenwechsel: Zu Beginn werden Sie von der (oft unnahbaren) Lehrperson zu einer Betreuungsperson, zu der Studierende vielleicht erstmals einen 1:1-Kontakt aufnimmt. Nach Abschluss der Arbeit wechseln Sie vom Betreuen zum Begutachten und vergeben eine Note (s. Kap. 8.2).

Wie entsteht ein «**Betreuungs-Tandem**»? Direkt zu Beginn der Lehrtätigkeit kommt es dabei zu schwierigen Situationen, weil Sie als Lehrperson wenig Erfahrung haben und Sie zudem gerade zu Beginn der Tätigkeit die Studierenden noch nicht kennen, die zu Ihnen kommen. Sie haben sie erst in wenigen Lehrveranstaltungen gesehen, vielleicht sogar überhaupt nicht und können diese daher nicht so gut einschätzen. Optimal wäre es natürlich, wenn Studierende Sie aus fachlichen Gründen als Betreuungsperson auswählen. Im besten Fall decken Sie ein neues, spannendes Themengebiet ab, das Studierende zu Ihnen bringt. Manchmal sind Sie wahrscheinlich jedoch eher eine Ausweichmöglichkeit für sie, der rettende Anker und die letzte Chance, weil die Studierenden niemanden aus dem Kreis der etablierten Lehrenden als Betreuungsperson für ihre Arbeit wählen möchten – sei es, weil diese ihnen fachlich oder persönlich nicht zusagen oder weil sie schlechte Erfahrungen gemacht haben. An manchen Hochschulen werden Studierende den Betreuungspersonen auch einfach zugeteilt. Nach Ablauf der ersten Semester können Sie die Studierenden besser einschätzen. Bis dahin bleibt Ihnen nur ein langsames Herantasten an die jeweilige Betreuung.

Legen Sie für sich vorab den Rahmen der Betreuung fest. Wie viele Studierende wollen (oder müssen) Sie betreuen? Wie viel Zeit können Sie für einzelne Studierende aufwenden? Wie sehr wollen Sie sich auf jeden Studierenden und dessen Thema einlassen? Erwarten Sie vielleicht sogar Ergebnisse, die Sie für Ihre eigene Arbeit weiterverwerten möchten?

 **Tipp**

Formulieren Sie eine Art Standardreaktion auf schriftliche Betreuungsanfragen. Vor allem im Fall von sehr allgemein gehaltenen Nachrichten («Würden Sie meine Bachelorarbeit betreuen? Ich möchte gern etwas über XYZ schreiben.») hilft Ihnen das, da Sie nicht jedes Mal wieder neu überlegen und formulieren müssen.

Der nächste Schritt besteht im Abgleich der Erwartungshaltungen. Klären Sie gemeinsam, in welchem Rahmen die Betreuung ablaufen soll und wo Grenzen erreicht sind. Dabei erkennen Sie schnell, ob der Studierende sich eine andere Art der Betreuung wünscht, als er es eigentlich bräuchte oder als Sie anbieten können oder wollen. Sprechen Sie das offen an. Fragen Sie auch ruhig nach, wie es bei früheren Arbeiten lief und unter welchen Bedingungen er gut vorankommt bzw. welche Ressourcen noch benötigt werden. Interessant könnte auch sein, welche weiterführenden Erwartungen mit der Betreuung verbunden sind: Erhofft sich der Studierende Zugang zu Ihrem beruflichen oder fachlichen Netzwerk?

Reflexionsfragen

- Ab wann nehme ich einen Studierenden ernst? Ab seinem ersten gelungenen Text? Ab der Bachelorarbeit? Ab der Masterarbeit?
- Was ist mein Beitrag an der anzufertigenden Arbeit?
- Wie stelle ich sicher, dass der Studierende nicht «meine Arbeit» schreibt, sondern seine eigene?
- Welche meiner Aussagen könnten Studierende vielleicht sogar eher hemmen, als dass sie sie voranbringen?

Sobald die Betreuung läuft, orientieren Sie sich am besten wieder an den Inhalten zur Vorbereitung, Durchführung und Nachbereitung der einzelnen Beratungstermine (s. Kap. 8). Mehr noch als bei den vorgelagerten Arbeiten werden Sie jedoch bei der Betreuung einer Abschlussarbeit ein **Spannungsfeld** erkennen. Gemeint ist das Spannungsfeld zwischen «Orientierung geben» und «Freiraum lassen». In der Umfrage zeigte sich, dass dies viele Lehrende vor Probleme stellt. Hier ein paar ausgewählte Antworten aus unserer Umfrage unter Lehrenden auf die Frage nach den größten Unsicherheiten bei der Betreuung:

> *«Frage ich mich ab und an, ob ich die Studierenden eventuell zu sehr an der Hand nehme – aber man lernt immer besser einzuschätzen, wer wie viel Führung braucht, und wen man wie schnell von der Leine lassen kann.»*
>
> *«Ob ich nicht zu viele Tipps gebe und damit die Eigenleistung der Studierenden nicht mehr sinnvoll bewerten kann.»*
>
> *«Sagen, wann es zu viel Betreuung ist und die Studierenden eigentlich auch eigene Entscheidungen treffen sollten.»*
>
> *«Habe ich zu wenig Input bei der Betreuung gegeben?»*
>
> *«Studierende, die sich sehr sicher sind, dass ihre Sichtweise richtig ist und die Anmerkungen oder Kritik nicht akzeptieren wollen.»*
> (Teilnehmende an Lehrenden-Umfrage, Klein & Miljković 2017)

Vielleicht hilft Ihnen der Gedanke, dass es nicht die eine richtige Herangehensweise an das Spannungsfeld gibt. Vielmehr gestalten Sie es nach Ihrem Dafürhalten.

Die folgende Abbildung ist ein **Wertequadrat** nach Schulz von Thun und ist beginnend von links oben zu lesen (s. Abb. 8). Selbstverständlich ist es Ihre Aufgabe als Betreuungsperson, den Studierenden Orientierung zu geben. Sie sollten mit Ihrer Expertise und Erfahrung den Studierenden den Rahmen aufzeigen, innerhalb dessen sie sich bewegen. In der negativen Übertreibung (daher das Minus-Zeichen) würde das jedoch eine starke Einschränkung der Studierenden bedeuten. Sie würden sie durch eine Vielzahl an Vorschriften und Vorgaben in ein Korsett zwängen. Um dies wiederum auszugleichen, müssten Sie den Studierenden Freiraum zugestehen, also ihnen bewusst Raum geben für eigene Ideen und Herangehensweisen (Plus-Verbindung nach rechts oben). Allerdings darf es auch nicht so viel **Freiraum** sein, dass Beliebigkeit entsteht und Sie gleichgültig werden (Minus-Zeichen an der Linie nach rechts unten). Diese Gedanken lassen sich auf allen Ebenen durchspielen: inhaltlich, methodisch sowie in sprachlicher und formaler Hinsicht.

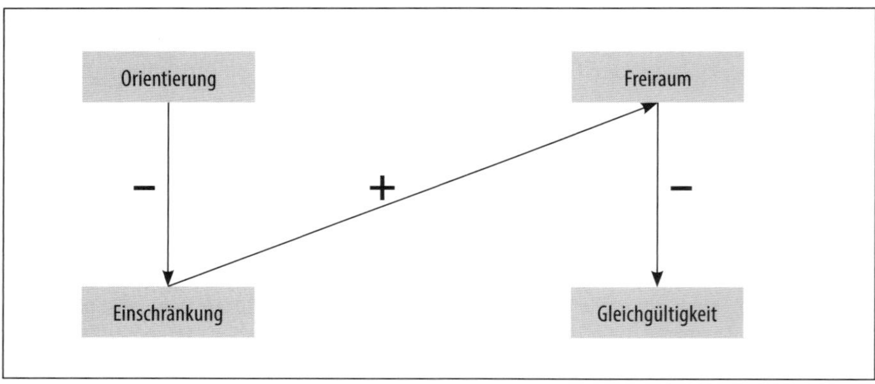

Abb. 8: Das Spannungsfeld in der Betreuung studentischer Arbeiten

Noch einmal: Eine allgemeingültige Lösung, die für alle Lehrenden und Studierenden für alle Zeiten gilt, existiert nicht. Sie selbst verorten sich in diesem Spannungsfeld. Jeder Standpunkt bringt Vor- und Nachteile mit sich. Manchmal müssen Sie auch aushalten, dass die Studierenden etwas anderes wünschen, als Sie zu geben bereit sind.

9.2 Grenzen und Problemfälle bei der Betreuung

Wo studiert und geschrieben wird, ist die Möglichkeit eines Abweichens vom gewünschten Betreuungsverlauf und auch die Möglichkeit des Scheiterns immer mitzudenken – egal, wie hochwertig die Betreuung ist, die Sie anbieten. Nicht alle der von Ihnen betreuten Studierenden werden sich nach dem erwünschten Muster verhalten und den idealtypischen Weg der Betreuung nachzeichnen. Dies kann aus den unterschiedlichsten persönlichen Gründen oder aufgrund äußerer Umstände geschehen.

Für Fälle von prüfungsrechtlicher Relevanz sollten Sie die Prüfungsordnung gut kennen und sehr sicher in Ihren Auskünften sein. Viele Studierende verlassen sich blind auf Ihre Auskünfte als Lehrperson, weil «der Dozent es ja schließlich wissen muss». Sicherheitshalber könnten Sie direkt an die zuständige Stelle verweisen. Solche Fälle könnten z. B. der Wunsch nach Fristverlängerung, Themenänderung oder Themenwechsel sein.

> *«Manche Studierende melden sich gar nicht und geben ‹einfach› eine Arbeit ab, aber das macht mich nicht unsicher, sondern zeigt mir nur auf, dass die studierende Person den wissenschaftlichen Prozess nicht verstanden hat.»*
>
> *«Es kommen nur die zuverlässig, die eher wenig Betreuung brauchen: Wie erreiche ich die Unterstützungsbedürftigen?»*
> (Teilnehmende an Lehrenden-Umfrage, Klein & Miljković 2017)

Die folgenden Probleme erfordern während der Betreuung eine Entscheidung oder Ihr Eingreifen:

- **Die Studierenden, die am meisten Beratung brauchen, erscheinen nicht.** Hier geht es also zunächst um die Prävention von Problemfällen. Das gelingt am besten, wenn Sie schon im Vorfeld Zugänglichkeit beweisen und die Studierenden nicht durch abschreckende Sprüche fernhalten. Sie könnten dies erreichen, indem Sie Zwischenstände und Vorversionen als etwas Normales ansehen und die Studierenden das auch wissen lassen. Viele Studierende trauen sich nicht in die Sprechstunde oder möchten ihre Texte nicht zeigen, weil sie noch nicht perfekt bzw. fertig sind. Manche haben auch die Erfahrung gemacht, dass Vorversionen mit den Maßstäben für fertige Arbeiten betrachtet wurden, was natürlich sehr unangenehm ist. Wenn Sie sich trauen, bringen Sie doch selbst einmal etwas Unfertiges mit in Ihre Lehrveranstaltung oder zeigen, wie ein Text von Ihnen vier Wochen vor Erreichen der Abgabefrist aussieht.

- **Der Studierende versäumt Meilensteine und reagiert nicht auf Kontaktversuche.** Stellen Sie sich vor, Sie hatten ein erstes, normal verlaufendes Gespräch, in dem Sie gemeinsam mit dem Studierenden die weiteren Schritte vereinbart haben. Doch danach herrscht Funkstille? Was tun Sie, wenn sich der Studierende nicht wie vereinbart mit seinen Zwischenergebnissen bei Ihnen meldet und auch auf keine Ihrer E-Mails mehr reagiert? Entscheiden Sie bewusst, wie Sie verfahren wollen. Dies wird von der jeweiligen Konstellation abhängen. An übersichtlicheren, familiären Hochschulen ist vielleicht die Möglichkeit gegeben, über Mitstudierende nachzuhören, wie es dem Studierenden geht. An anonymeren Hochschulen haben Sie kaum eine andere Wahl, als die Abgabefrist abzuwarten. Besteht die Gefahr, dass Ihr Ruf durch eine unabgestimmte, vermutlich schlechte Arbeit beeinträchtigt wird, geben Sie die Betreuung offiziell zurück, wenn dies im Reglement vorgesehen ist.
- **Der Studierende sprengt mit ständigen Nachfragen und der Bitte um Gesprächstermine den Rahmen.** Diese Situation ist gewissermaßen das Gegenteil der zuvor geschilderten. Hier sollen Sie beim Erstellen der Arbeit «Händchen halten» und kommen durch die dauernden Fragen und Kontaktwünsche an die Grenzen des Machbaren bzw. des Erwünschten. Finden Sie klare Worte, dass Sie einen solchen Betreuungsumfang nicht leisten können und wollen. Weisen Sie auf die anfangs getroffenen Vereinbarungen hin und zeigen Sie dem Studierenden (noch einmal) andere Ressourcen auf.
- **Der Studierende stellt zu hohe Ansprüche an seine eigene Arbeit.** Meist handelt es sich hierbei um perfektionistisch veranlagte Studierende, die eine sehr große und nicht bearbeitbare Fragestellung verfolgen möchten. Solche Studierende sind auf dem Weg, eine Doktorarbeit anzulegen, obwohl sie eine Bachelorarbeit schreiben sollen – und merken es nicht. Helfen Sie ihnen mit Ihrer Expertise. Zeigen Sie auf, wie unrealistisch die Vorstellungen sind und machen Sie deutlich, dass eine schlechte Note droht.
- **Der Studierende wünscht sich Absicherung von Ihnen.** Manche Studierende tragen die Unsicherheit mit ihrer Abschlussarbeit direkt zu Ihnen und wünschen sich von Ihnen mehr Bestätigung, als Sie geben können oder sollten, etwa mit Fragen wie «Wenn ich also diese Methode nutze, bestehe ich auf jeden Fall, oder?». Diese Frage können Sie nicht beantworten, denn Sie wissen ja nicht, wie der Studierende die Methode umsetzt oder wie der Rest der Arbeit aussehen wird. Sie können demnach die Entscheidung für eine spezielle Methode wie in der Beispielfrage nicht «absegnen» oder für den Studierenden treffen.

Gerade am Ende des Studiums sollten Studierende eher verschiedene Entscheidungsmöglichkeiten und deren Konsequenzen mit Ihnen besprechen, als dass Sie als Lehrperson die Entscheidung treffen.

Reflexionsfragen

- Woran erkenne ich frühzeitig, dass ein Studierender zu viel oder zu wenig Kontakt will?
- Welche Antworten auf die Fragen des Planungsfünfecks (s. Abb. 7) lassen mich hellhörig werden?

Folgende Herausforderungen hält die Betreuung eventuell nach Ablauf der Bearbeitungszeit für Sie bereit:

- **Die Arbeit ist so schlecht, dass Sie sich fragen, wie das passieren konnte.** In diesem Fall müssen offensichtlich große Missverständnisse zwischen Betreuungsperson und betreuter Person aufgetreten sein. Die Absprachen waren nicht klar genug. Wahrscheinlich meinte jede Seite zu wissen, was die andere Seite sagen wollte, und hat doch nur einen Bruchteil davon erfasst. Fragen Sie sich auch, ob Sie vielleicht in den Studierenden etwas hineininterpretiert haben, das dieser gar nicht ist. Das gibt Ihnen v. a. Hinweise darauf, dass Sie bei der Betreuung kommender Studierender anders vorgehen sollten. Vielleicht sollten Sie mehr zuhören als selbst reden. Vielleicht hilft Ihnen auch ein detailliertes Protokoll.
  Eine (vielleicht sogar mehrfach durchgeführte) «Vorab-Kontrolle» des Textes sollten Sie sich hingegen nicht aufladen. Damit verstärken Sie die Haltung der Studierenden, dass nur Sie wissen, wie es richtig geht, und dass der Text nach Ihrem Geschmack angefertigt werden soll. Geben Sie Feedback, das zum Überarbeiten anregt, aber überarbeiten Sie nicht selbst. Es ist nicht Ihr Text.

  «Wenn die Kommunikation fehl schlägt: Trotz intensiver Betreuung ist das Resultat sehr schlecht. Enttäuschung auf beiden Seiten und selten die Möglichkeit (bei einer Masterarbeit z. B.), das Ergebnis noch zu ‹retten›.»

  «Bei der finalen Begutachtung gibt es nur Probleme, wenn der Kandidat beratungsresistent war.»
  (Teilnehmende an Lehrenden-Umfrage, Klein & Miljković 2017)

- **Der Studierende erhebt Widerspruch gegen die Note.**
  Ein Studierender wird Widerspruch gegen die Note erheben, wenn er sich ungerecht behandelt fühlt. Die erwartete Note und die tatsächliche Note lie-

gen in seinem Empfinden zu weit auseinander. Fragen Sie sich selbstkritisch: Lasten Sie dem Studierenden gerade etwas an, was er nicht zu verantworten hat (z. B. weil Sie eine gegenteilige Absprache getroffen haben), oder hat der Studierende gegen Absprachen verstoßen? Gerade im Fall einer Arbeit, die nicht bestanden wurde, sollten Sie ein wasserdichtes Gutachten formulieren, damit der betreffende Studierende verstehen kann, was zu Abzügen geführt hat. Begründen Sie anhand möglichst vieler Textbelege, was in der Arbeit nicht gelungen ist. Stellen Sie sich dabei eine Arbeit vor, die gerade noch so bestehen würde und versuchen Sie, Unterschiede zwischen einer solchen Arbeit und der vorliegenden Arbeit zu beschreiben.
Als Antworten auf die Fragen nach den größten Unsicherheiten beim Bewerten studentischer Arbeiten kamen bei der Umfrage u. a. folgende:

«Notengebung, da gewisse Studierende frech nach Bestnoten verlangen.»

«Umgang mit Studierenden, die ihre Note nicht wahrhaben möchten (ob 1.7 oder 3.0) und deshalb unverschämt werden.»
(Teilnehmende an Lehrenden-Umfrage, Klein & Miljković 2017)

Reflexionsfragen

- Woran erkenne ich im Nachhinein, dass meine Betreuung gut war? An den fertigen studentischen Arbeiten? An der Note? An der Dankbarkeit der Studierenden?
- Woran erkenne ich, dass die Abschlussarbeit ihren Zweck erfüllt hat? Am gelungenen Übergang der Studierenden in ein weiterführendes Studium oder das Berufsleben?

10 Umgang mit Unredlichkeiten in schriftlichen Arbeiten

Natascha Miljković

«Nur redliche Wissenschaft kann letztlich produktive Wissenschaft sein und zu neuem Wissen führen. Unredlichkeit hingegen gefährdet die Wissenschaft. Sie zerstört das Vertrauen der Wissenschaftlerinnen und Wissenschaftler untereinander sowie das Vertrauen der Gesellschaft in die Wissenschaft, ohne das wissenschaftliche Arbeit ebenfalls nicht denkbar ist.»
(DFG 2013)

In diesem Kapitel finden Sie ...

... Informationen über akademische Unredlichkeiten wie Plagiate und Ghostwriting. Zudem werden Tipps und Übungen beschrieben, wie Sie Studierende schon früh im Studium anleiten können, korrekt zu zitieren und eine gut erstellte Abschlussarbeit einzureichen.

Umfrage unter Hochschullehrenden

Mit dem Skandal rund um die Dissertation des früheren deutschen Ministers Karl-Theodor zu Guttenberg 2011 rückte ein Thema zusehends in den Fokus der Lehrenden: **Plagiate**. Die Qualität von Abschlussarbeiten und der Ruf der Hochschulen waren in Gefahr geraten, das Bewusstsein, Plagiate vermeiden zu müssen, stieg stark an. In unserer Umfrage (Klein & Miljković 2017) antworteten 327 Lehrende, welche Methoden zur **Plagiatsvermeidung** sie im Unterricht, aber auch bei der Vorbereitung eigener Publikationen anwenden:

- Für 24 % gehört Sensibilisieren und Aufklären der Studierenden zum Thema Plagiate zu einem normalen **Lehralltag** dazu. Als Betreuende sehen sie das Erläutern guter wissenschaftlicher Praxis als grundsätzliches Element guter Betreuungstätigkeit an.
- Rund 15 % der Befragten verwenden bei einem Plagiatsverdacht oder zum stichprobenartigen Überprüfen von studentischen Texten **Plagiatsprüfsoftware** bzw. wird diese Software an ihrer Hochschule regelmäßig eingesetzt.

- 11 % der befragten Lehrenden nutzen Online-Suchmaschinen, weil ihnen keine Spezialsoftware zur Verfügung steht, und/oder um kurze Textstellen zu überprüfen. Damit untersuchen sie z. B. einen stilistisch auffälligen Satz in Studierendentexten oder recherchieren ungewöhnliche Quellen, die Studierende angegeben haben.
- 8 % geben an, dass sie Studierenden das korrekte Zitieren und die Verwendung von **Zitierstilen** im Detail näherbringen. Für manche gehören Übungseinheiten zu Zitationen wie selbstverständlich zum Unterricht dazu.
- Für weitere 8 % der Befragten sind Plagiate im eigenen Fachbereich kein Thema, einerseits, weil sie sehr angewandte oder künstlerische Fächer unterrichten, wo das Verfassen von Texten keine große Rolle spielt. Andererseits, weil sie sich beim Betreuen ganz bewusst nur auf ihre fachlichen Kompetenzen und Erfahrungen beschränken.
- Für rund 6 % der Befragten ist es wichtig, den Studierenden Grundsätze des wissenschaftlichen Arbeitens näherzubringen. Sie geben ihnen Tipps für die Quellenbearbeitung, etablieren klare **Richtlinien** und verweisen ausdrücklich auf diese.
- 6 % gaben an, ihren Studierenden den Wert von eigener Leistung verständlich zu machen, kritisches Lesen und Denken zu fördern und deshalb auch eigenständige **Argumentationen** bei der Notenvergabe hoch zu bewerten. Ein ausführliches Feedback und gründliche Besprechungen von Lehrendenseite sind für sie selbstverständlich.
- Rund 4 % der Lehrenden greifen zu abschreckenden Maßnahmen, indem sie zumindest einmal während des Unterrichts auf die negativen Konsequenzen hinweisen, die ein Plagiat nach sich ziehen kann. Ebenso viele Lehrende gehen den gegenteiligen Weg, indem sie möglichst konkrete und eindeutige Beispiele für formal hochwertig erstellte Texte mit den Studierenden im Unterricht besprechen und so mehr Verständnis für **Plagiatsvermeidung** anregen.
- Einige Lehrende geben an, ihre Studierenden regelmäßig auf die Gefahren von Plagiaten hinzuweisen und gelegentlich moralische Appelle an die Studierenden zu formulieren. Fallweise empfehlen sie auch die diversen Services der Hochschule weiter (**Schreibzentrum**, Schreibworkshops, Vorträge zu guter wissenschaftlicher Praxis oder Tutorien), die den Studierenden als zusätzliche Hilfestellungen beim Recherchieren und wissenschaftlichen Schreiben zur Verfügung stehen. Selbst ein gutes **Vorbild** zu sein ist vielen Befragten sehr wichtig, z. B. indem sie Lehrmaterialien nur mit ausgewiesenen Quellenangaben erstellen (s. Kap. 1). Beliebt ist auch die Verwendung

von **Literaturverwaltungsprogrammen** (wie Citavi, Zotero oder Endnote) für die Unterstützung beim Schreiben wissenschaftlicher Texte (je 3–4 %).

Die beiden häufigsten Antworten von Forschenden zur Plagiatsvermeidung bei eigenen wissenschaftlichen Publikationen waren «sehr sorgfältig arbeiten» und «sich genaue Notizen anlegen» sowie «alle fremden Inhalte belegen» – also ganz exakt nach den Empfehlungen für gute wissenschaftliche Praxis vorzugehen. Einige Forschende vermeiden es, die Recherche- mit der **Schreibphase** überschneiden zu lassen, um auch keinerlei irrtümliche Übernahmen von Texten Dritter in den eigenen Text zu riskieren (je 3–6 % aller Antworten).

10.1 Definition und Arten akademischer Unredlichkeiten

Die Themen Plagiate und Plagiatsprüfung sind in den vergangenen Jahren an Hochschulen zum Teil sehr hitzig diskutiert worden. Unterdessen hat sich die Lage etwas normalisiert, da Hochschulen aus den diversen Skandalen gelernt, einige Abläufe im Wissenschaftsbetrieb überdacht und überarbeitet haben, (mehr) Richtlinien offen darlegen, Weiterbildungen zum Thema anbieten u. v. m. Leider herrschen allerdings immer noch viele Missverständnisse rund um die Entstehung von Plagiaten sowie die Funktionsweise von Plagiatsprüfprogrammen. Zudem gibt es eine Vielzahl anderer akademischer und wissenschaftlicher Unredlichkeiten, über die genauso gründlich aufgeklärt werden sollte wie über Plagiate.

Akademische Unredlichkeiten sind hauptsächlich Verstöße von Studierenden gegen das im jeweiligen Land oder Bundesland herrschende **Studiengesetz**, andere Richtlinien zu guter wissenschaftlicher Praxis, Prüfungsordnungen und/oder Haus- und Benutzungsordnungen von Bildungseinrichtungen. Der Ausdruck akademische Unredlichkeiten ist allerdings etwas weiter gefasst als wissenschaftliche Unredlichkeiten (s. u.) und meint etwa auch Verstöße wie Falschangaben bei der Inskription an einer Hochschule, **Identitätsmissbrauch** oder Verwendung von Schummelzetteln bei Prüfungen usw. **Wissenschaftliche Unredlichkeiten** beziehen sich hingegen ausschließlich auf Verstöße gegen gängige wissenschaftliche Arbeitspraktiken des jeweiligen Fachbereichs und/oder auf prüfungs- bzw. leistungsrelevante Verstöße. Die häufigsten wissenschaftlichen Unredlichkeiten von Studierenden sind neben Datenfälschungen alle Arten von Plagiarismus und akademisches Ghostwriting (s. u.).

Unredlichkeiten von Studierenden verstoßen in jedem Fall gegen das jeweils geltende **Studienrecht** und/oder die Studienordnung: Bei schweren Plagiatsfällen kommt zumeist der Aspekt des **Betrugsversuchs** durch Erschleichen der Prüfungsleistung hinzu. Selbstredend wird das akademische Ghostwriting immer als Betrugsfall eingestuft, da die Beauftragung Dritter Texte zu schreiben nie unabsichtlich stattfinden kann. Wissenschaftlich gesehen sind Plagiate zudem eine grobe Verletzung der guten wissenschaftlichen Praxis, da nur durch die strikte Einhaltung der **Zitatpflicht** Ausnahmen vom Urheberrecht der ursprünglichen AutorInnen (s. Kap. 1) in rechtlich gesicherten Bahnen stattfindet.

Reflexionsfragen

- War ich bereits einmal mit Unredlichkeiten von Studierenden konfrontiert?
- Fielen diese eher in die Kategorie wissenschaftliche oder eher unter akademische Unredlichkeiten?
- Warum habe ich bei diesen Arbeiten begonnen, Verdacht zu hegen: Kamen mir Teile des Textes bekannt vor? Gab es Brüche im Text? Fehlten Literaturangaben?
- Hatte ich schon einmal Erlebnisse mit unredlichem Verhalten von KollegInnen oder habe ich davon gehört?

Was als Plagiat oder unredliche Arbeitsweise mit wissenschaftlicher Literatur angesehen wird, definieren die einzelnen Fachbereiche unabhängig voneinander. Das liegt an den teils ausgeprägten Unterschieden der Fachbereiche: Einige **Studienrichtungen** wie vergleichende Literaturwissenschaften oder Rechtswissenschaften verwenden in ihren wissenschaftlichen Texten meist deutlich mehr und längere direkte Zitate als viele andere Fachbereiche, die von direkten Zitaten kaum Gebrauch machen. Allgemeinere Grundsätze guter wissenschaftlicher Praxis werden durch Empfehlungen von ExpertInnen erstellt und aktualisiert (z. B. durch die Deutsche Forschungsgemeinschaft (DFG)).

10.1.1 Definition und Entstehung von Plagiaten

Als Plagiate bezeichnet man unrechtmäßige Übernahmen von Ideen, Texten, Abbildungen oder anderen Inhalten in eigene Texte, ohne eine entsprechende Kennzeichnung per Zitat vorzunehmen. Bei Studierenden verstößt diese Praxis einerseits gegen das geltende Studienrecht und kann als **Betrugsversuch** durch Erschleichung von Leistungen interpretiert werden, sofern es absichtlich geschieht (s. o.). Andererseits entstehen Plagiate manchmal auch unabsichtlich: Als eher unerfahrene Schreibende beherrschen Studierende viele Arbeitstechniken der Wissenschaften noch nicht gut genug und sind auch im Umgang mit wissenschaftlicher Literatur ungeübt. Gepaart mit schlechtem Zeitmanagement zu den Prüfungszeiten oder zu Semesterende ergibt das eine ungünstige Konstellation – zahlreiche Fehler können bei zu raschem Erstellen oder Überarbeiten von Texten passieren und so zu Plagiaten führen.

Zwar wird immer wieder Unmut über diese «neuen» Probleme in der Hochschulwelt geäußert, deren Ursache man in der starken Nutzung des Internets durch die Studierenden vermutet, doch weder das Internet noch Social Media verursachen Plagiate. Seit zur Feststellung von Plagiaten elektronische Überprüfungen durchgeführt werden, kommt deutlich mehr **Plagiatsverdacht** auf als in früheren Jahren, als ProfessorInnen noch kaum sensibilisiert waren und Plagiate nur zufällig entdeckten. Auch ein Großteil der den Programmen zugrundeliegenden Vergleichsquellen ist online erhältlich, wodurch die Überprüfung per **Plagiatssoftware** viel genauer ist als bloßes Lesen oder die händische Durchsicht aller Quellen.

Natürlich finden sich im Internet für Interessierte auch viele Ressourcen über Plagiate und zur Plagiatsvermeidung, doch sie zu lesen bedeutet nicht zwangsläufig, sie auch verstehen oder anwenden zu können (s. Kap. 3.3 Blooms Taxonomie). Gerade beim wissenschaftlichen Arbeiten und Schreiben ist das angeleitete Üben an und mit Texten des eigenen Faches essenziell, um Zitierformen und **Paraphrasieren**, Umgang mit Fachtermini und **Argumentationstechniken** zu erlernen.

10.1.2 Plagiatsarten

Neben dem sehr seltenen **Vollplagiat** (ein Text wird vollständig übernommen und nur der Name der Autorin/des Autors wird geändert), kommen diverse Abstufungen von **Teilplagiaten** häufig vor (s. Abb. 9): Dabei kann es sich um zusammengefügte Absätze (s. Abb. 9 Mitte) oder Halbsätze (Methode «shake and paste» nach Weber-Wulff 2014; s. Abb. 9 unten) handeln, die durch Einfügen eigener Satzteile oder Austausch einzelner Worte zu einem neuen Satz oder gar Absatz zusammengefügt werden. Je nach Grad der Übernahmen und ihrer Handhabung im Text kann man z. T. ableiten, ob die/der Studierende technisch und/oder sprachlich nicht fähig war, eine korrekte Textübernahme zu setzen oder ob eine absichtliche Täuschung vorliegen könnte.

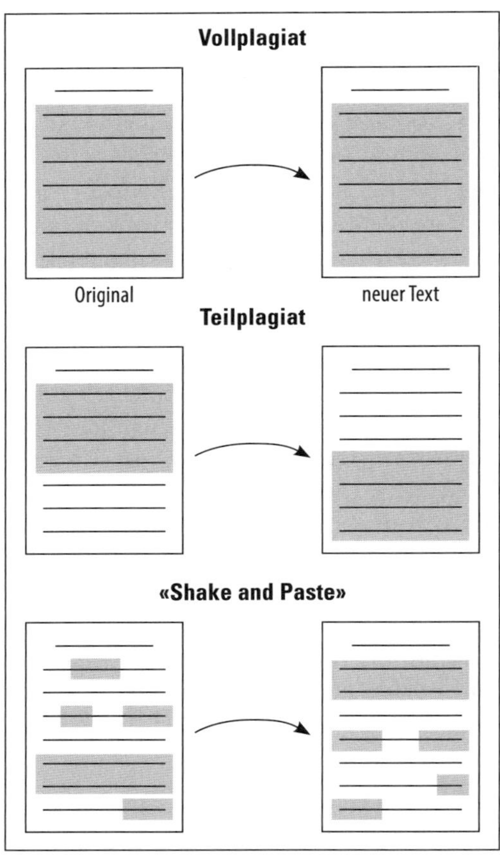

Abb. 9: Schema von Voll- und Teilplagiaten (eigene Darstellung, N. Miljković)

Ein weiterer Plagiatstypus ist das **Übersetzungsplagiat**. Hierbei werden große Abschnitte aus Quellen, die in einer anderen Sprache als der neu zu schreibende Text verfasst wurden, übernommen und in Eigenübersetzung in den Text eingefügt, ohne die betreffenden Stellen mit einem Zitat zu kennzeichnen. Für Lehrende ist diese Plagiatsform sehr schwierig zu erkennen, wenn sie die Originalsprache nicht verstehen. Auch die Technologie der Plagiatsprüfprogramme ist in dieser Hinsicht noch zu wenig ausgereift – sie decken kaum Übersetzungsplagiate auf.

 **Tipp**

An vielen Einrichtungen gelten Bestimmungen, wonach Sie fremdsprachige **Quellenangaben** der Studierenden nur dann akzeptieren müssen, wenn Sie der Sprache, in der eine Quelle verfasst ist, mächtig sind. Ein alternativer Weg wäre, eine Quelle zu genehmigen, deren Sprache Sie nicht sprechen, wenn Ihnen eine vollständige Übersetzung der Quelle vorgelegt wird. Teilen Sie Ihren Studierenden mit, welche Lösung Sie bevorzugen, um Übersetzungsplagiate zu vermeiden, oder verbieten Sie die Verwendung von anderssprachigen Quellen komplett.

Eine andere Plagiatsform, die durchaus umstritten ist, ist das **Selbstplagiat**. Nach der gängigen Definition eines Plagiats (s. o.) wirkt diese Form unsinnig – man kann nicht von sich selbst stehlen. Oder doch? Tatsächlich verwendet man diesen Begriff, wenn Forschende ihre akademischen Texte in nur leicht abgeänderter Aufmachung nochmals bei Journalen als neue Publikation einzureichen versuchen. Das verstößt gegen geltendes Urheberrecht und gegen Verwertungsrechte der Verlage bzw. Journale, die den Text zuvor bereits publiziert haben (Weber-Wulff 2014:13). Für den wissenschaftlichen Fortschritt ist es zudem schädlich, wenn Publikationen nur wenig Neuigkeitswert besitzen («Salami publications»). Studierende könnten ebenfalls Gefahr laufen, ein Selbstplagiat zu begehen, wenn sie bereits zuvor verfasste Texte für eine weitere Prüfung oder gar für einen weiteren Abschluss nochmals einreichen. Dies ist ein schwerwiegender Verstoß gegen geltendes Studienrecht bzw. geltende Prüfungsordnungen, nach denen ausdrücklich nur Originalwerke akzeptiert werden.

10.1.3 Plagiate aufdecken

Oftmals reicht für die Aufdeckung von möglichen Plagiaten ein aufmerksames Lesen der Texte und Ihr fachliches und formales Wissen völlig aus. Plötzliche grammatikalische Änderungen im Absatz, andersartige **Syntax** oder inkonsistenter Zitierstil könnten auf eine nicht gekennzeichnete übernommene Textstelle hinweisen. Zur Überprüfung Ihres anfänglichen Verdachts stehen Ihnen drei Techniken zur Verfügung:

- Suchen Sie die verdächtigen Sätze in **Online-Suchmaschinen**. Diese Ressourcen sind zumeist auch die erste Anlaufstelle von Studierenden, weshalb viele Übernahmen häufig aus Online-Quellen (z. B. online verfügbaren **Abstracts** von Artikeln oder Buchkapiteln, **eBooks**) stammen.

- Ist bei der verdächtigen Stelle ein Zitat mitangegeben worden, rufen Sie diese Quelle online auf bzw. schlagen Sie dort nach. Finden Sie dort die entsprechende Textstelle? Ist sie korrekt paraphrasiert und/oder zitiert worden?
- Zur Plagiatsprüfung stehen an vielen Bildungseinrichtungen auch Spezialprogramme zur Verfügung. Diese **Textanalyseprogramme** gleichen einen hochgeladenen Text (z. B. von Studierenden, aber auch Artikel und Bücher zur Vorbereitung eigener Publikationen) mit Online-Quellen und ggf. diversen Archiven von Bibliotheken und dem Online-Angebot von Verlagen ab (Dollfuß & Miljković 2015).

> *«Wenn ich bei der Betreuung Copy & Paste bemerke, weil die Schreibstimme desjenigen nicht kontinuierlich ist, ziehe ich eine Plagiatssoftware hinzu.»*
>
> *«Es wird gewarnt, dass in Verdachtsfällen eine Plagiatssoftware Anwendung findet. Dabei weiß ich nicht, ob diese überhaupt vorhanden ist.»*
> (Teilnehmende an Lehrenden-Umfrage, Klein & Miljković 2017)

Plagiatsprüfprogramme sind gute Tools, um eine visuelle Aufbereitung der möglichen fremden Textanteile in einem Text zu bekommen. Zudem werten sie die gesamte Anzahl an Übereinstimmungen mit anderen Texten aus und zeigen diese in Form von **Ähnlichkeitsprozenten** (fälschlicherweise oft als «Plagiatsprozente» bezeichnet) an. Leider verwenden viele Hochschulen diese Programme nicht mehr, wofür sie ursprünglich angedacht waren, nämlich für die Unterstützung von **schreibdidaktischer Beratung** an Hochschulen. In den letzten Jahren sind Plagiatsprüfprogramme häufig als wenig nachhaltiges «Polizeitool» im Einsatz: Zur Absicherung vor schlimmen Plagiatsfällen werden manchmal nur Abschlussarbeiten in ein Programm geladen. Die Studierenden erhalten danach jedoch meist keine konkreten Rückmeldungen zu ihrem Text und können so für ihren weiteren Ausbildungsweg nicht dazu lernen und sich verbessern. Manche Hochschulen gehen sogar so weit, die Plagiatsprozente auch in die Benotung einer studentischen Abschlussarbeit einfließen zu lassen, was angesichts der leichten Beeinflussbarkeit dieser Programme (s. u.) fahrlässig wirkt.

Die eigentliche Plagiatsprüfung beginnt ohnedies erst nach der Auswertung durch ein Prüfprogramm. Dazu gehört v. a. die gründliche Durchsicht aller Fundstellen, da die Programme viele **Falschmeldungen (false positives)** und auch korrekte Zitate anzeigen. Dies geschieht, wenn:

- in einem Fachgebiet besonders viele Publikationen pro Jahr erscheinen (z. B. Medizin, Marketing, Politikwissenschaften),

- das Thema sehr aktuell ist (z. B. Schlagworte wie Social Media, Blockchain u. dgl. enthalten sind),
- je nach Zitierstil viele Literaturangaben im Text bzw. in den Fußnoten verwendet wurden und/oder
- je nach Fachgebiet viele direkte Zitate in den Text eingebaut werden (z. B. Rechtswissenschaften, vergleichende Literaturwissenschaften).

Löschen Sie diese Falschanzeigen bei der Durchsicht des studentischen Textes im Plagiatsprüfprogramm, erhalten Sie eine viel genauere Auswertung an Ähnlichkeiten. Erst danach können Sie ein genaues Urteil über die plagiatsgeprüfte Arbeit fällen und ggf. Korrekturen gezielt anweisen.

10.1.4 Akademisches Ghostwriting

Seit vielen Jahren bieten Ghostwriting-Agenturen das Verfassen der unterschiedlichsten Textsorten an: Reden, Werbetexte, Bücher. Akademisches Ghostwriting ist eine Sonderform und auch das Angebot, studentische Texte (von Hausübungen und Seminararbeiten bis hin zu Abschlussarbeiten jeder Art) zu verfassen, ist grundsätzlich legal. Erst die Abgabe dieser gekauften Texte durch SchülerInnen und Studierende stellt je nach geltendem Unterrichts- und/oder Hochschulrecht einen schweren Betrugsfall dar. Manchmal wird dieses Vergehen auch fälschlicherweise als eine Form von Plagiat (s. o.) angesehen, doch die gekauften Texte sind (sofern sie nicht auch plagiierte Textelemente enthalten) durchwegs Originale. Aus diesem Grund kann die Einreichung eines Kauftextes nicht mit Plagiatsprüfprogrammen aufgedeckt werden, auch wenn bereits neue technische Möglichkeiten getestet werden, um dies Lehrenden in Zukunft zu ermöglichen. Hochschulen wünschen sich von Regierungen zudem ein entsprechendes Update der Gesetze, um das Anbieten dieser Services für illegal zu erklären.

10.2 Folgen von Unredlichkeiten

Für Außenstehende mögen die Folgen, die Unredlichkeiten im Hochschulbetrieb nach sich ziehen können, subtil wirken, tatsächlich können sie ein ganzes Bildungssystem erschüttern. Betroffen davon sind alle AkteurInnen an Hochschulen – Studierende, Lehrende/Forschende und Hochschulverwaltungen.

> *«An Fairness appellieren: Wenn einer plagiiert, bekommt er eine Leistung zu Unrecht, die alle anderen Studierenden sich hart erarbeitet haben. Wenn ein ganzer Studienabschluss erschlichen wird, bekommt er/sie später möglicherweise eine höhere berufliche Position – ebenfalls zu Unrecht. Plagiate sind der erste Schritt zu einer auf Lügen aufgebauten Karriere.»*
> (Teilnehmende an Lehrenden-Umfrage, Klein & Miljković 2017)

Für Studierende sind die Auswirkungen ihrer Verfehlungen am ehesten direkt nachvollziehbar: Bei schweren Betrugsfällen wird ihr Abschluss und/oder Diplom offiziell aberkannt, was **Karrieren** riskieren oder zerstören kann, die nach dem Abschluss aufgebaut wurden. Indirekte Probleme können auch durch die nicht erlernten Kompetenzen auftreten, die üblicherweise beim korrekten wissenschaftlichen Arbeiten gefestigt werden (Recherchekompetenz, Quellensicherheit, **Medienkompetenz**, Analysefähigkeiten, **Argumentationstechniken** u. v. m.).

Werden in Publikationen unbelegte Auszüge aus anderen Publikationen verwendet, verstoßen AkademikerInnen durch diese Plagiate je nach Quelle manchmal auch gegen geltendes Urheberrecht (s. Kap. 1). Zudem schädigt es die nicht zitierten AutorInnen, da diese an **Impact Factor** verlieren. Lehrende stehen vor dem Dilemma, dass sie trotz bester Lehre und/oder Betreuung von Studierenden die unredlichen Handlungen Einzelner indirekt mittragen: Ihre eigenen Kompetenzen werden in Frage gestellt, ihre Lehre schlechter bewertet und die Verletzung ihrer **Sorgfaltspflicht** moniert. Forschende, die selbst unredlich agieren, schädigen die Wissenschaft ideell und den Forschungsbetrieb teils sogar finanziell. Je nach Vergehen können verwaltungs- und/oder strafrechtliche Verfahren für ihre AuftraggeberInnen langwierig und kostspielig werden.

Hochschulen, die nicht nachhaltig und präventiv genug gegen Unredlichkeiten vorgehen, riskieren durch ihr angekratztes Image mehr Studierende anzuziehen, die «leichte Scheine» machen wollen und/oder MitarbeiterInnen, die sich auf Posten auszuruhen versuchen. Das vergeudet finanzielle und personelle Ressourcen und könnte mittelfristig auch zu einem Abfall an **Drittmitteleinnahmen** oder zum Wegfall von Kooperationen führen. Zudem leidet das gesamte Fachgebiet, da kein neues Wissen veröffentlicht wird, und auch das Bildungssystem wird unterminiert, da das Risiko besteht, dass Abschlüsse verwaschen und Leistungen nicht mehr vergleichbar sind. Der Wert von Bildung und Ausbildung stünde rasch zur Debatte.

10.3 Vorgehen gegen Unredlichkeiten

Die Vermeidung von akademischen und wissenschaftlichen Unredlichkeiten ist möglich – und nötig. Wichtig ist dabei zu erkennen, dass alle drei Säulen einer Hochschule gemeinsam dafür zuständig sind, die richtigen Schritte zu unternehmen: Administration, Lehrende/Forschende sowie Studierende. Zunächst müssen Administrationen klare **Richtlinien** (Richtlinien für gute wissenschaftliche Praxis (s. u.), Hausregeln für gute Zusammenarbeit usw.), die die akademischen Grundsätze hochhalten, vorgeben, transparent machen und regelmäßig thematisieren. Lehrende und Forschende haben dann eine wichtige Mittlerrolle einzunehmen: Einerseits sind sie aktiv Ausführende dieser Richtlinien, wenn sie lehren, forschen, publizieren und betreuen. Andererseits müssen sie auch die Studierenden anleiten, diese Richtlinien befolgen zu können. Studierende wiederum sind unbedingt dazu angehalten, sich eigenständig über die geltenden Bestimmungen zu informieren und aktiv wissenschaftlich arbeiten zu lernen.

> *«Ich diskutiere mit den Studierenden den Sinn des wissenschaftlichen Arbeitens als Lernmethode und als Vorbereitung auf künftige Berufe. Ich möchte, dass sie intrinsisch motiviert sind, eine gute selbstständige Leistung hervorzubringen.»*
>
> *«In der Lehre darauf hinweisen, dass plagiieren betrügen ist und an einer Hochschule nichts verloren hat, an die Kurse zum wissenschaftlichen Arbeiten verweisen und die Wichtigkeit des korrekten Zitierens betonen.»*
> (Teilnehmende an Lehrenden-Umfrage, Klein & Miljković 2017)

10.3.1 Richtlinien für gute wissenschaftliche Praxis

Schon beim Eintritt in eine Hochschule sollten neue MitarbeiterInnen und neue Studierende die geltenden Richtlinien für **gute wissenschaftliche Praxis** nähergebracht werden. Für Studierende müssen diese Richtlinien, die als Kompass zur Orientierung in den Wissenschaften dienen, genauer erläutert werden. Viele Studierende sehen sich nicht als (vor-)wissenschaftlich Tätige, sondern als Lernende an und meinen daher häufig, dass diese Richtlinien noch gar nicht auf sie zutreffen würden. Meist beginnen sie sich erst am Anfang ihrer Bachelorarbeit näher mit Wissenschaftlichkeit zu beschäftigen. Weiter unten im Kapitel sowie in Kapitel 5.2 erfahren Sie, mit welchen Methoden und Übungen Sie diesem Phänomen in Ihrem Unterricht entgegenwirken können.

Reflexionsfragen

- Welche Bestimmungen und Richtlinien treffen auf meine Tätigkeit(en) zu?
- Wo sind diese angeführt (auf der Hochschul-Website, in einer Lernplattform)?
- Gibt es Formatvorlagen meines Instituts, denen die Studierenden folgen sollen? Wie kommen diese an die Vorlagen?
- Wenn es keine konkreten Richtlinien gibt: Welche Informationen sollte ich meinen Studierenden (z. B. als Handout, in Präsentationen) unbedingt zur Verfügung stellen?
- An welche Stellen können sich meine Studierenden und/oder kann ich mich wenden, wenn Fragen oder Probleme auftreten?

Neben den Richtlinien der guten wissenschaftlichen Praxis gibt es in jedem Fach eigene Bestimmungen und Regelungen, wie fachspezifisch wissenschaftlich gearbeitet werden soll. Studierende sollten am besten während der gesamten Dauer ihres Studiums zumindest gelegentlich darauf hingewiesen und entsprechende Möglichkeiten zur Einübung bekommen können (s. u.).

Übung

Stellen Sie ein **Handout** für Ihre Studierenden zusammen und teilen Sie dieses schon zu Semesterbeginn aus. Es sollte zumindest Hinweise auf die gute wissenschaftliche Praxis an Ihrer Hochschule beinhalten und welchen Zitierstil Sie in schriftlichen Arbeiten erwarten. Zusätzlich können Sie auch angeben, welche Formatvorlagen zu verwenden sind, aber auch, wo die Studierenden ggf. Hilfestellungen für das wissenschaftliche Arbeiten an ihrer Hochschule finden: Kurse zu Recherche, Online-Recherche und Verwendung von Literaturverwaltungsprogrammen in der Bibliothek, Schreibwerkstätten oder Schreibkurse für wissenschaftliches Schreiben am Schreibzentrum. Sofern an Ihrer Hochschule auch englischsprachige Abschlussarbeiten abgegeben werden können, können oft auch Kurse für Scientific English am Schreibzentrum belegt werden. Besprechen Sie diese Unterlagen kurz mit den Studierenden und festigen Sie sie während des Semesters ggf. mit kleinen Übungen (s. u.).

Abgesehen von Ihrer Rolle als Lehrende gilt es auch als Forschende achtsam zu sein, um Probleme mit akademischer Unredlichkeit vorzubeugen. Besonders Probleme mit Autorschaft bei Publikationen sind kritisch. Vor jedem Projektbeginn und nach jeder größeren Abänderung eines Projektes sollten daher genaue **Absprachen** darüber geführt werden, wer berechtigt ist, welche Daten und Resultate wie weiterzuverwenden und wer AutorIn für welche Publikation sein wird. Ein **Pflichtenheft** aufzusetzen, unterstützt ein Forschungsteam dabei, mehr Klarheit und Verbindlichkeit zu bekommen.

«[Ein] *Protokoll hilft, Vereinbarungen nachzuverfolgen, unsicher macht* [mich aber] *die teilweise nicht verstandene Umsetzung bei einigen Studierenden.*»
(Teilnehmende an Lehrenden-Umfrage, Klein & Miljković 2017)

Auch besseres Datenmanagement lässt sich durch ein Pflichtenheft unterstützen: Halten Sie mit Ihren KollegInnen vorab v. a. eine einheitliche Dateienstruktur und -handhabung (Wie werden Dateien benannt? Wo werden Dateien abgespeichert? Wo und wie werden Dateien gesichert?) und die Verpflichtungen aller im Umgang mit Daten fest (Wer erhebt welche Daten? Wie werden Sie festgehalten? Wer darf auf die Daten zugreifen?). Bedingt durch die neue **Datenschutzverordnung** sind persönliche Daten besonders sorgfältig zu erheben, zu verarbeiten und zu sichern.

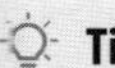 **Tipp**

Eine weitere Quelle für Informationen rund um gute wissenschaftliche Praxis sind die Online-Tools der EU zu **Responsible Research and Innovation (RRI)**, besonders die zahlreichen Reflexionsfragen im RRI-Toolkit unter https://www.rri-tools.eu/.

Gleich aus vielerlei Gründen und für zahlreiche Geschädigte sind **fake conferences** und **fake journals** (auch predatory conferences/journals genannt) (Miljković 2017) problematisch. Es ist nicht unbedingt förderlich für den eigenen Ruf, es kostet gutes Geld, für das man keinen oder kaum Gegenwert bekommt und die eigenen Verwertungsrechte zu einem Thema sind durch die Falsch- oder Nichtpublikation vergeudet. Viele dieser Anschreiben sehen sehr professionell aus, weil ihre Bestandteile von tatsächlichen Hochschulen, WissenschaftlerInnen, Vereinen, VeranstalterInnen und Journalen ohne deren Wissen gestohlen wurde.

Manche Einladungen an einer Fake-Konferenz teilzunehmen oder einen Artikel in einem Fake-Journal zu veröffentlichen, sehen sehr schlecht gemacht aus. Wenn Sie ein ungutes Gefühl haben, Ihr Thema so gar nicht zum Aufruf zu passen scheint und/oder die Einladung von Ihnen unbekannten Quellen stammt, prüfen Sie das Anschreiben unbedingt genauer.

So schützen Sie sich vor Fakes in den Wissenschaften:

- Prüfen Sie die AbsenderIn bzw. fragen Sie Dritte, woher sie diese Einladung ursprünglich bezogen haben.
- Die Formulierungen im Einladungstext sind häufig sehr schmeichelnd, extrem dramatisierend oder aber es gibt sehr viele Fehler im Text. Ein erstes Anzeichen, dass hier vielleicht etwas nicht mit rechten Dingen zugehen könnte.
- Kontrollieren Sie, ob ein Journal auf einer der Schwarzen Listen von fake journals (z. B. auf https://beallslist.weebly.com/) zu finden ist. Viele zweifelhafte VeranstalterInnen von fake events sind hier gelistet: https://libguides.caltech.edu/c.php?g=512665&p=3503029. Werden Sie in diesen Sammlungen nicht fündig, informieren Sie sich anderweitig über die VeranstalterInnen von Konferenzen und suchen Sie online mit den Schlagworten «predatory», «fake», «scam» oder auch «fraud» danach, um ggf. Berichte zu früheren Betrugsfällen zu finden.
- Sollte Sie eine Einladung ernsthaft interessieren, kontaktieren Sie die VeranstalterInnen und stellen Sie viele Fragen: Warum ist man auf Sie gekommen? Was benennen die Verantwortlichen als Ihren möglichen Beitrag zum Ausschreibungsthema? Worin sieht man einen Mehrwert, wenn Sie an der Veranstaltung oder bei der Ausschreibung für Publikationen mitmachen sollten? Wie ist der genaue Ablauf nach dem Bewerben? Welche Förderungen gibt es? Und ganz wichtig: Was kostet Sie die Publikation bzw. Eventteilnahme?
- Kontaktieren Sie SponsorInnen und fragen Sie gezielt nach einer Veranstaltung, warum man sie sponsert und mit welcher Person aus dem Komitee man zu tun hatte. Alternativ können Sie auch angeführte Referenzen wie ehemalige Board-Mitglieder, TeilnehmerInnen oder Veranstaltungsorte kontaktieren.
- Werden Sie als SprecherIn eingeladen, fordern sie unbedingt eine transparente Kostenaufstellung.

10.3.2 Aktive Plagiatsprävention

Aus Furcht vor weiteren Skandalen und öffentlichen Diskussionen von Plagiatsfällen führen Hochschulen vermehrt Plagiatsprüfungen per Software (s. o.) durch. Wo keine eigenen Stellen dafür geschaffen wurden, müssen Lehrende unter hohem administrativem Aufwand die Plagiatsprüfungen selbst durchführen. Dabei gibt es viele einfache, deutlich kostengünstigere und nachhaltigere Präventionsmaßnahmen (s. u.), die früh ansetzen und Studierende als wichtige Partner zur Selbsthilfe befähigen (Miljković 2019).

«Ich sage den Studierenden, dass Lehrende an IHNEN, IHREM Output und IHREM Text interessiert sind und was SIE aus den Quellen und Daten gemacht haben. Und ich gebe ihnen Infos darüber, wie man Plagiate vermeiden kann.»

«Die Studierenden verstehen auch oftmals nicht, welche Eigenleistungen eigentlich von ihnen erwartet werden, und welche nicht. Vielfach muss ich Ängste ausräumen.»
(Teilnehmende an Lehrenden-Umfrage, Klein & Miljković 2017)

Beginnen muss die aktive Plagiatsprävention ab der ersten Stunde jeder Vorlesung und jeder Übung, indem man den Studierenden genau aufzeigt, was man erwartet, warum und in welcher Form. Auch wenn Richtlinien und Vorgaben an einer Hochschule bestehen und kommuniziert werden, haben Lehrende die wichtige Funktion, durch gute Hilfestellungen Studierende anzuleiten, diese Richtlinien zu verstehen und auch selbst umsetzen zu können. Da Studierende meist keine erfahrenen Schreibenden sind und den Umgang mit wissenschaftlicher Literatur und mit Zitaten noch nicht kennen, müssen sie die Möglichkeit für Trockenübungen bekommen. Und selbstverständlich müssen Lehrende auch ein gutes Vorbild bleiben: Geben Sie in Ihren Präsentationen, auf Ihren Skripten und Handouts immer auch alle Zitate zu fremden Inhalten und Abbildungen an (s. Kap. 1).

Übung

Machen Sie Ihre Studierenden schon möglichst bald während des Semesters mit wissenschaftlicher Literatur, ihren Eigenheiten und dem Zitieren vertraut. Lassen Sie während des Semesters immer wieder kurze Textanalyse-Übungen durchführen oder geben Sie diese als Hausübung auf. Besprechen Sie im Unterricht wissenschaftliche Artikel gründlich: Diskutieren Sie dabei mit den Studierenden nach der inhaltlichen Besprechung auch formale Aspekte, wie diese Texte zu lesen sind, wie die verwendete Literatur eingesetzt wurde, welche Argumentationstechnik vorkommt usw.

Genaues **Dokumentieren** und Paraphrasieren (s. u.), zwei der wichtigsten Arbeitstechniken für wissenschaftliches Arbeiten, zu üben, kann schon während des Studiums durch den Einsatz von ausgereiften, aber einfachen Notizensystemen wie den **Cornell-Notizen** gefördert werden. Obendrein unterstützt diese Technik auch das Lernen nachhaltig. Für das Arbeiten mit Cornell-Notizen wird ein Blatt in drei Sektionen eingeteilt: 1) Zuerst wird eine horizontale Linie in ca. 4 cm Abstand vom unteren Rand eines linierten A4-Blattes gezogen. In diesen untersten Bereich sollen die Studierenden unmittelbar nach einer Lehrveranstaltung in eigenen Worten eine Zusammenfassung des Lehrstoffs in ca. zwei Sätzen schreiben und so das Paraphrasieren komplexer Inhalte üben. 2) Eine zweite, vertikale Linie wird links in ca. 4 cm Abstand vom Rand gezogen. In diesen Bereich füllen Studierende während oder unmittelbar nach einer Lehrveranstaltung die für sie wichtigsten Schlagworte zum Lehrstoff ein, was als Vorstufe zu Literaturrecherchetätigkeiten fungieren kann (Schlagworte werden in Datenbanken und Suchmaschinen eingegeben, um passende Literatur für die eigene Abschlussarbeit zu finden; je exakter ein Thema definiert wird, umso relevantere Quellen werden gefunden). Außerdem sollen die Studierenden hier Fragen festhalten, die spontan während des Unterrichts oder auch danach auftreten. Diese Fragen sind die ersten Aspekte des Lehrstoffs, die sie beim Lernen für die Prüfung angehen sollten, der restliche Stoff ist bereits klar(er) gewesen. 3) Der verbleibende große Abschnitt rechts von der vertikalen Linie ist für die Mitschrift im herkömmlichen Sinn gedacht.

Übung

Fragen Sie Ihre Studierenden im Unterricht zwischendurch einmal, wieso sie überhaupt zitieren sollen. Diese Form der **Quellenangabe** ist beinahe exklusiv für die Wissenschaften, dennoch wird die Praktik kaum hinterfragt und/oder besprochen, im Fokus steht zumeist nur die Form von Zitaten, als Zitierstile vermittelt. Sammeln Sie in einer kurzen Übung mit Ihren Studierenden die wichtigsten Funktionen von Zitaten, u. a.: Schutz der Urheberrechte, Nachweis von Behauptungen, Stärkung der eigenen Argumentation, Schutz vor Fehlern in den ursprünglichen Publikationen usw. Studierende lernen dabei, dass ein Zitat nicht ohne die Erfüllung einer konkreten Funktion in einem wissenschaftlichen Text verwendet werden darf. Sie wählen daher Literatur deutlich zielgerichteter aus und setzen Zitate bewusster ein. Legen Sie auch ein besonderes Augenmerk auf **direkte Zitate**: Als sehr starkes Highlight sind diese meist nur äußerst spärlich zu verwenden.

Spätestens beim Erarbeiten und Schreiben eigener Texte ergeben sich für Studierende die meisten Fragen zum wissenschaftlichen Arbeiten. Durch die positive Verstärkung durch konkrete Beispiele können Lehrende klarmachen, was sie von den Studierenden erwarten und zugleich auch einen Weg aufzeigen, wie die Studierenden dort hingelangen können.

Neben Textelementen müssen natürlich auch alle anderen Elemente einer Arbeit/eines Textes wie Abbildungen, Tabellen, Grafiken u. v. m. korrekt zitiert, im Text beschrieben und anschließend im Hinblick auf die eigene Fragestellung oder **Hypothese** analysiert werden. Erfüllen sie keine konkrete Funktion, sollte ihre Verwendung unterlassen werden.

Das korrekte **Paraphrasieren**, also die Wiedergabe fremder Inhalte in eigenen Worten, ist keine einfache Technik und auch keine Technik, die man passiv erlernen kann. Es gehört viel Übung dazu, weshalb es entscheidend ist, Studierende im Unterricht schreiben zu lassen. Kurze Texte als Hausübung oder Seminararbeit reichen dafür völlig aus, solange Sie ihnen konkretes Feedback (s. Kap. 4) dazu geben. Vermitteln Sie ihnen, dass abgesehen von schönen Wörtern und Formulierungen die Auswahl der verwendeten Literatur und Stichhaltigkeit ihrer Argumentation bedeutsam sind. Vermeiden Sie es, Semester für Semester dieselben Fragestellungen anzubieten, damit Studierende nicht auf Texte früherer Studierender zurückgreifen können, und grenzen Sie die Aufgabenstellung nach Möglichkeit ein.

> *«Ich versuche, Studierende für den Wert von Gedanken/Urheberrechten zu sensibilisieren; Aufgabenstellungen formuliere ich in einer Form, dass eine eigenständige Bearbeitung möglich und sinnvoll ist; ich ermuntere Studierende ihre (Autoren-)Rolle im Prozess des wissenschaftlichen Arbeitens und Schreibens wahrzunehmen und gehe dabei auch auf Formulierungsmuster ein.»*
> (Teilnehmende an Lehrenden-Umfrage, Klein & Miljković 2017)

Tipp

Mehr **Hausübungen** aufzugeben und individuelles Feedback für jeden Text zu erarbeiten, ist selbstverständlich auch mit Arbeit verbunden. Doch Sie müssen diese Arbeiten nicht unbedingt alleine durchführen. AnfängerInnen wie auch erfahrene Studierende können ihre Texte gegenseitig verbessern und überarbeiten, wenn sie vor Beginn klare Kriterien für die Bewertung vorgelegt bekommen und Sie im Anschluss an die Hausübung ein gut gestaltetes Demo-Exemplar mit ihnen besprechen. Sowohl die Mitarbeit der Studierenden als auch die Qualität des gegenseitigen Feedbacks kann in die Note miteinfließen. Oder stellen Sie ein kleines Team an Peer-TutorInnen (z. B. ältere Semester) zusammen, die den unerfahrenen Studierenden für das Erstellen von Texten ehrenamtlich zur Verfügung stehen. Oft fällt es Studierenden leichter, Fragen zu stellen, ohne sich dumm vorzukommen, wenn sie unter sich sind.

> *«Meine StudentInnen haben ab dem ersten Semester mindestens eine Hausübung, damit sie wissenschaftlich schreiben und zitieren auch in der Praxis üben. Je öfter man es macht, desto besser kann man es auch und wird sicherer.»*
> (Teilnehmende an Lehrenden-Umfrage, Klein & Miljković 2017)

10.4 Almost worst case scenario

Und dann ist es doch passiert: Auch wenn Sie alles richtig gemacht und sich bemüht haben, Ihren Unterricht und Ihre Betreuungstätigkeit auch der Vermeidung von Plagiaten und anderen akademischen Unredlichkeiten zu widmen, können manche studentische Arbeiten Plagiatsverdacht auslösen. Wichtig ist, dass Verdachtsmomente so bald wie möglich aufgedeckt und aufgeklärt werden können und nicht erst nach Abgabe der Abschlussarbeit bzw. **Approbation**. Ist ein Verdacht beim Bewerten der Abschlussarbeit oder beim Ziehen von Stichproben mithilfe von Plagiatsprüfprogrammen aufgekommen, ist eine Korrektur für die Studierenden noch machbar, nach Approbation wäre nur noch die Titelaberkennung möglich. Überreaktion hilft jetzt nicht weiter, zunächst steht ein klärendes Gespräch an.

10.4.1 Klärendes Gespräch

Selbstverständlich ist ein Plagiatsverdacht immer unangenehm, manchmal auch richtiggehend ärgerlich, doch in vielen Fällen haben Studierende nichts wissentlich falsch gemacht, in vielen Fällen sind Plagiate unbeabsichtigt oder durch **Schlampigkeit** entstanden. Bedenken Sie auch, dass nicht alle Studierenden innerhalb der europäisch geprägten Schul- bzw. **Wissenschaftskultur** sozialisiert und ausgebildet wurden, und daher womöglich andere Richtlinien gewohnt sind. Viele haben auch mit Sprachdefiziten zu kämpfen. Bei Plagiatsverdacht müssen daher den Studierenden erst einmal die wichtigsten **Beweise** vorgelegt und sie um Stellungnahme dazu gebeten werden.

Manche der Hintergründe können indirekt auch Hinweise zur Verbesserung Ihrer Lehre oder der Art der Vermittlung von Formalia liefern (z. B. wenn nur erwähnt worden ist, dass Richtlinien gelten, aber Studierende nicht wussten, wie sie diese aktiv umzusetzen haben).

Bereiten Sie sich gut auf das Feedback-Gespräch vor: Sammeln Sie alle Hinweise (Notizen zu Ihrer Durchsicht des studentischen Textes, Bericht des Plagiatsprüfprogramms, die zitierte Literatur) zusammen. Befragen Sie die/den Studierenden auch nach dem Prozess der Literaturrecherche und ihrer/seiner Schreibtechniken, da auch hierbei gelegentlich Missverständnisse auftreten, die zu falschen Zitationen führen können.

Reflexionsfragen

- Welche Erwartungen stelle ich an die jeweilige Textart und wie viel davon konnte die/der Studierende tatsächlich erreichen?
- Wie viel und welche Art von Literatur wurde im Text angegeben?
- Welcher Zitierstil wurde angewandt? Geschah dies konsistent?
- Wie wurden Paraphrasen umgesetzt? Wie viele eigenständige Gedanken sind zu erkennen?
- Wie häufig kommen direkte Zitate vor und wie lang fallen diese aus?
- Wie hoch ist der Anteil an gängigen Formulierungen und false positives? (Diese müssen vor Abschluss der Plagiatsprüfung begutachtet und ggf. entfernt werden, um die Ergebnisse der Plagiatsprüfung nicht zu verfälschen (s. o.).)
- Welche Hinweise eines Plagiatsprüfberichts verhelfen mir zu einem genaueren Text-Feedback?

Klären Sie, wie es zu den festgestellten Problemen kommen konnte und was die/der Studierende ihrer/seiner Meinung nach gut und weniger gut gelöst hat. Klären Sie anschließend, welche Textstellen aus welchen Gründen inakzeptabel sind und warum sie gegen die gute wissenschaftliche Praxis verstoßen. Dokumentieren Sie das Gespräch mit einem **Protokoll** genau, geben Sie konkrete Anweisungen, welche Fehler wie zu verbessern sind und setzen Sie mit dem Studierenden eine Deadline für eine neuerliche Einreichung des Textes fest. Machen Sie auch die **Konsequenzen** klar, die an der jeweiligen Hochschule üblich sind und dass nach einer schlampigen Korrektur jegliche weitere Plagiate als mutwillig begangen erachtet werden.

10.4.2 Wenn nichts mehr geht

Einige wenige Studierende bleiben trotz bestem Wohlwollen und zahlreichen konstruktiven Hilfestellungen uneinsichtig und wollen ihre Arbeit nicht nachbessern. Sie sehen kein Unrecht darin, Sätze weiterzuverwenden, die schon viele Schreibende vor ihnen verwendet haben, meinen, Texte aus dem Internet wären zur allgemeinen Verwendung da oder geben andere Gründe (und Ausreden) vor, warum sie keinen formal gelungenen Text erstellt haben.

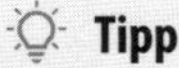

Tipp

Bei schwerem Plagiats- oder Ghostwriting-Verdacht geben viele Hochschulen den Lehrenden klare Verhaltensrichtlinien vor (s. DFG 2018). Schalten Sie Ihre Vorgesetzten sofort ein und beraten Sie sich, wer über den Fall informiert werden sollte bzw. muss und wer ggf. zur Unterstützung und auch zur Absicherung herangezogen werden kann (z. B. **Ombudsperson** oder Schlichtstelle). Gemeinsam werden mögliche und nötige Konsequenzen besprochen und das weitere Vorgehen koordiniert: Müssen auch andere Leistungen der besagten Studierenden kontrolliert werden? Sind womöglich auch die vorhergehenden Abschlüsse der besagten Studierenden durch Betrug erreicht worden? Wer wird mit der Beweissammlung beauftragt? Welche minimalen und maximalen Konsequenzen sollte man setzen? Uneinsichtige Studierende werden zu einer weiteren Besprechung mit allen relevanten Gremien geladen, wo ihnen die Beweise für ihr Vergehen nochmals vorgelegt, die Bedeutung von redlicher wissenschaftlicher Arbeit für den Hochschulbetrieb nochmal erläutert und alle zu erwartenden Konsequenzen klargemacht werden. Diese sind, bei weiterer Weigerung Korrekturen wie angewiesen durchzuführen, auch unverzüglich zu setzen.

Literaturempfehlungen zu Teil III

Brendel S., Hanke U. & Macke G. (2018): Kompetenzorientiert lehren an Hochschulen. Opladen: Verlag Barbara Budrich (UTB).

DFG (2013): Vorschläge zur Sicherung guter wissenschaftlicher Praxis (Denkschrift), Empfehlungen der Kommission «Selbstkontrolle in der Wissenschaft». Deutsche Forschungsgemeinschaft DFG (Hrsg.); ergänzte Aufl., Weinheim: WILEY-VCH Verlag.

DFG (2018): Verfahrensleitfaden zur guten wissenschaftlichen Praxis. Deutsche Forschungsgemeinschaft DFG (Hrsg.); Weinheim: WILEY-VCH Verlag.

Dollfuß H. & Miljković N. (2015): Plagiate finden und vermeiden (Editorial). *GMS Medizin Bibliothek-Information* 2015, 15(1–2): Doc 01 (online unter: https://www.egms.de/static/en/journals/mbi/2015-15/mbi000328.shtml).

Frank A., Haacke S. & Lahm S. (2013): Schlüsselkompetenzen: Schreiben in Studium und Beruf. 2. Aufl., Stuttgart: Metzler.

Miljković N. (2017): So schützen Sie sich vor Fake-Konferenzen! (Blogartikel, online unter: www.plagiatpruefung.at/so-schuetzen-sie-sich-vor-fake-konferenzen).

Miljković N. (2019): Aktive Plagiatsprävention durch Paraphrasieren. In: Wymann C. (Hrsg.). Wissenschaftliches Lesen und Schreiben vermitteln. Leverkusen-Opladen: UTB-Budrich.

Thomann G. & Pawelleck A. (2013): Studierende beraten. Opladen: Verlag Barbara Budrich (UTB).

Weber-Wulff D. (2014): False Feathers. A Perspective on Academic Plagiarism. Heidelberg: Springer.

Teil IV

Positionierung zwischen Lehre und Forschung

«Je länger der Verbleib in Forschung und Lehre, umso schwieriger erscheint Nachwuchswissen-schaftlerInnen der berufliche Wechsel – mental und praktisch. Das liegt zum einen an der [...] Exklusivität des vermittelten Berufsbilds. ‹Wissenschaft› gilt als Traumjob und wird von den meisten an der Universität Forschenden und Lehrenden als solcher empfunden.»

(Müller 2017:10)

Inhalt

Die **forschungsgeleitete Lehre** mag für viele PolitikerInnen und Hochschuladministrationen das Maß aller Dinge sein: Forschende bringen ihre Expertise und die neuesten Erkenntnisse direkt in die Ausbildung des Nachwuchses ein und können ihn direkt am Puls der Zeit zu bestens qualifizierten Nachwuchskräften ausbilden. Gleichzeitig scheinen schlanke Strukturen mit flexiblen Arbeitsbedingungen für viele Beteiligte zunehmend erstrebenswert. So soll weniger Geld für aufgeblasene Administrationen oder die Erhaltung ohnehin kaum genutzter Räumlichkeiten verloren gehen. Für die Forschenden und Lehrenden ist diese angestrebte Realität jedoch oft belastend, besonders wenn sie durch das Aufbürden zahlreicher administrativer Aufgaben tagtäglich den Spagat zwischen Lehre, Forschung, Betreuung von Studierenden und diesen administrativen Tätigkeiten schaffen müssen.

Auch wenn die Forschung häufig als hochwertiger angesehen wird als die Lehre, wollen beide Betätigungsfelder gut geplant sein (s. Kap. 11), um **Rollenkonflikte** durch Mehrfachbelastungen zu entschärfen (s. Kap. 12). Da immer weniger Forschungs- und Lehrstellen an Hochschulen als unbefristete Vollzeitstellen angelegt sind, sollten **Nachwuchsforschende** und Erstlehrende die eigene Karriere, Karriereplanung und -entwicklung immer im Auge behalten (s. Kap. 13).

Sich durch **Selfbranding-Techniken** mittel- bis langfristig als «Personenmarke» zu etablieren und Social Media für die Präsentation der eigenen Kompetenzen zu nutzen, kann äußerst förderlich sein. Wer plant, die Lehre in späterer Folge als Nebenerwerbstätigkeit weiterzuführen oder als Selbstständige/r aus der Hochschulwelt hinaus in die Wirtschaftswelt zu treten und etwa in einem Spin-off oder Start-up tätig zu sein, findet im Kapitel 14 Anregungen für diesen Schritt.

11 Prozessmanagement von Lehre, Forschung und Betreuung

Natascha Miljković

«Eines der größten Hindernisse, die Zeit vernünftig zu gebrauchen, ist der Wunsch, sie allzu gut auszunützen.»
(Maurice Blondel)

In diesem Kapitel finden Sie ...
... Unterstützung für die organisatorische und zeitliche Planung mehrerer Projekte und/oder Betätigungen. Die größte Herausforderung besteht darin, phasenversetzte, aber auch zeitgleich stattfindende Peakzeiten, Stillstände und **Deadlines** zu managen und eine geeignete Priorisierung aller Projekte im Auge zu behalten. Dies nützt Ihnen nicht nur, um alle Anforderungen effizient zu erledigen und konstant hochwertige Leistungen zu erbringen, auch die Gefahr, durch zahlreiche Anforderungen auszubrennen, wird minimiert.

Umfrage unter Hochschullehrenden
Die befragten Lehrenden antworteten auf die Frage nach ihrer Einstellung zu Lehre, Anstellungsform und Nebenbeschäftigungen eher zurückhaltend. In einigen Anmerkungen haben sie jedoch angedeutet, wie ihre Situation diesbezüglich ist und welche aktuellen Probleme sie beschäftigen (Klein & Miljković 2017):

> *«Ich erwarte mehr Eigeninitiative und Engagement, als durchschnittliche Studierende leisten können. Da dies* [Anm. d. Verf.: zu wenig Eigeninitiative und Engagement der Studierenden] *mehrere Jahre lang so war, habe ich schließlich den Beruf gewechselt. Ich hatte den Eindruck, dass die Studierenden von heute dem Gegenstand nicht mehr gewachsen waren und sich auch kaum für die Inhalte des Studiums interessierten.»*
>
> «***Honorardozenten*** [Herv. d. Verf.] *werden wirklich nicht dem Umfang, der Lehre und den Aufgaben gemäß im akademischen bzw. universitären System berücksichtigt geschweige denn entlohnt.»*
> (Teilnehmende an Lehrenden-Umfrage, Klein & Miljković 2017)

11.1 Alles gleichzeitig, aber nicht gleich wichtig

Zahlreiche Hochschullehrende haben beruflich meist mehrere Hauptaufgabenbereiche abzudecken: Vorbereiten und Durchführen von Lehre, Betreuen und Beurteilen von Studierenden sowie Forschen und Publizieren. Natürlich ist nicht immer jedes Betätigungsfeld zur gleichen Zeit gleich wichtig. Bedingt durch typische Rhythmen des Studienverlaufes häuft sich die Arbeit gerade zu Semesterbeginn und -ende sowie vor und nach Ferienzeiten. Um einem erhöhten Stressaufkommen in diesen Phasen vorzubeugen, sind eine gute grundsätzliche Einteilung des Semesters bzw. des Studienjahres, eine vorausschauende Monatsplanung, **Revisionen** der Planung sowie genügend Pufferzeiten günstig.

11.1.1 Wichtigkeit

Für ein funktionierendes Zeitmanagement ist es wichtig, die Zeit für sich arbeiten zu lassen und nicht umgekehrt von plötzlich auftauchenden Pflichten herumgescheucht zu werden. Dazu müssen das eigene **Zeitbudget** gut verteilt werden, bei allen Tätigkeiten (außer Ruhephasen und Urlaube, die unantastbar bleiben sollten) eine ausgewählte **Priorisierung** stattfinden und die durchzuführenden Tätigkeiten immer einem bestimmten Zweck (z. B. Arbeit an einem konkreten Projekt) verschrieben sein.

✍ Übung

Eine der besten Methoden zur Priorisierung ist die **Eisenhower-Matrix**, die Aufgaben entlang zweier Skalen reiht: wichtige (Bedeutung) und dringende (zeitlicher Faktor) Aufgaben. Sammeln Sie zunächst (z. B. in einer To-do-Liste) alle anstehenden Aufgaben des Tages bzw. der Woche und sortieren Sie diese anschließend nach Priorität in folgende vier Quadranten ein:

- Priorität A («Muss»-Aufgaben): Aufgaben in diesem Quadranten sind die absolut wichtigsten UND dringendsten Aufgaben des Tages/der Woche. Ihre Bearbeitung muss sofort erfolgen, es muss die meiste Zeit und Energie aufgewandt werden und Sie müssen diese Aufgaben auch persönlich erledigen. Stellen Sie sich vor, es käme zu einem akuten Notfall und Sie müssten alles andere stehen und liegen lassen, um diesen Notfall sofort zu bearbeiten. So wichtig und dringend zugleich sind nur ganz wenige Aufgaben. Diese **A-Aufgaben** nicht zu machen, kann ernsthafte Konsequenzen nach sich ziehen.
- Priorität B («Soll»-Aufgaben): In diesen Quadranten fallen Aufgaben, die zwar wichtig sind (z. B. einzelne Tasks für ein größeres Projekt) und daher auch von Ihnen persönlich erledigt werden müssen,

aber sie sind (noch) nicht dringend. Tragen Sie sich entsprechend Arbeitsphasen in Ihren Kalender ein, wann Sie diese B-Tätigkeiten durchführen werden.

- Priorität C («Kann»-Aufgaben): Diese Aufgaben sind dringend, aber für Sie persönlich von nur geringer Relevanz. Delegieren Sie C-Aufgaben so schnell wie möglich an eine Person, die kompetent genug ist, diese ohne vorherige Einarbeitung oder intensive Aufsicht/Nachbetreuung durch Sie sofort durchzuführen.
- Priorität D («Streichposten»-Aufgaben): Aufgaben in diesem Quadranten sind klassische Streichposten im Projektmanagement, verwenden Sie daher keine Energie darauf, sie abzuarbeiten. Falls Sie im Laufe des Tages/der Woche zufällig etwas Zeit finden und Lust dazu haben, können Sie sie erledigen, wenn Sie sie jedoch nicht machen, wird das keinerlei Konsequenz nach sich ziehen.

Den meisten Menschen fällt es zunächst nicht leicht, zwischen A-, B- und C-Priorität zu unterscheiden, womöglich auch, da die Begriffe Dringlichkeit und Wichtigkeit im Alltag oft fälschlicherweise synonym verwendet werden. Für mehr Klarheit bei dieser Unterscheidung stellen Sie sich eine Frage: Welche Konsequenzen hätte es, wenn ich diese Tätigkeit heute/diese Woche nicht erledigen könnte? Hätte es sehr große Konsequenzen, es nicht zu tun, ist es eine A-Priorität. Wäre es unangenehm, diese Aufgabe nicht zu erledigen, könnten Sie sie aber auch noch in der nächsten Woche angehen, ist dies eine B-Priorität. Wenn Sie mit sich zu argumentieren beginnen, warum es eigentlich ganz gut wäre, eine Aufgabe gemacht zu haben, Sie aber keine richtige Lust empfinden, sie anzugehen, ist es eine C-Aufgabe, die Sie besser delegieren sollten.

Durch den stärkeren Fokus auf das Erledigen der allerwichtigsten Aufgaben schaffen Sie sich mehr Freiräume und ein gewisses Maß an Selbstbestimmung, was insgesamt auch der Zufriedenheit und Lebensfreude zuträglich ist (Klein 2017:55). Bei regelmäßiger Anwendung der Eisenhower-Matrix (s. o.) steigern Sie auch Ihre Effizienz, da dadurch klassische **Zeitfresser** vermieden werden: Kommt jemand mit einer Delegationsaufgabe auf Sie zu, die mit keinem Ihrer Projekte zu tun hat, müssen Sie diese nicht unbedingt annehmen, da es Zeit und Energie von Ihren A- und B-Aufgaben abziehen würde. Die Aufgabe anderer mag für diese Personen eine A- oder B-Aufgabe sein, für Sie ist sie aber nur eine C- oder sogar D-Aufgabe. Um bei Bedarf auch diesen Aufgaben Platz in Ihrem Leben einräumen zu können, tragen Sie zuerst alle Ihre A- und B-Aufgaben sowie genügend Pufferzeiten in Ihren Wochenkalender ein. Nun können Sie klar voraussehen, wann und wie viel Zeit Sie für andere Aufgaben erübrigen können: Setzen Sie Tätigkeiten mit geringerer Priorisierung an und erübrigen Sie Zeit für die Unterstützung anderer, solange Sie dabei nicht gegen sich selbst und Ihre Ziele arbeiten.

Übung

Nutzen Sie für einen Perspektivenwechsel einmal die **10-10-10-Methode** von Suzy Welch: Überlegen Sie bei allen Aufgaben zunächst, welche Konsequenzen ihre Erfüllung und Nichterfüllung in 10 Minuten, in 10 Monaten und in 10 Jahren für Sie, Ihre Karriere und Ihre Familie hätte (Welch 2009). Aufgaben, die Ihnen für zehn Minuten Freude bereiten (sich in sozialen Medien herumtreiben, tratschen, tagträumen), sind ad hoc wahrscheinlich durchaus zufriedenstellend. Summieren sich diese 10-Minuten-Unterbrechungen und gehen so auf Kosten wichtigerer Aufgaben, weil Sie Zeit vergeuden oder abgelenkt sind, sind sie es nicht mehr wert. Die Erledigung einer A-Aufgabe mit hoher Priorisierung könnte Ihnen allerdings womöglich noch in 10 Jahren zu Vorteilen verhelfen.

Um alle Anforderungen des Tages leichter zu meistern, ist neben der Priorisierung eine Überprüfung der eigenen Ansprüche wichtig. Bei einigen Tätigkeiten ist eine sehr gute bis herausragende Ausführung unumgänglich. Für die meisten Tätigkeiten ist hingegen ein geringeres Maß an Sorgfalt durchaus vertretbar. **Perfektionismus** (s. Kap. 12) ist ein großer Zeitfresser. Das sogenannte **Pareto-Prinzip** besagt, dass für 80 % einer Aufgabe nur 20 % Zeit und Energie aufgewendet werden müssen. Leider fallen jedoch für die perfekte Erledigung der restlichen 20 % einer Aufgabe 80 % der Zeit und Energie an.

Übung

Angenommen, zu Semesterende sind 25 Essays Ihrer Studierenden zu benoten. Diese treffen zwar nicht alle am selben Tag bei Ihnen ein, doch relativ viele in kurzer Zeit. Von Ihnen wird vermutlich erwartet, möglichst rasch Feedback zu geben und eine Note festzulegen. Doch wissen Sie, wann genau Ihre Bearbeitung erledigt sein muss, oder glauben Sie nur, es so rasch wie möglich abarbeiten zu müssen? Fragen Sie frühzeitig nach, wie lange diese Fristen maximal sind. Je nach Arbeitsorganisation können Sie nun entweder eine Woche lang täglich eine oder zwei Stunden für diese Tätigkeiten einplanen und die Arbeiten sofort bei Eintreffen abarbeiten. Oder aber Sie nehmen sich die Freiheit, die Arbeiten liegen zu lassen, weil Sie wissen, dass Sie bis zur endgültigen Notenvergabe mehr als ausreichend Zeit haben und ziehen Aufgaben mit höherer Priorität erst einmal vor. Sobald dann alle Arbeiten der Studierenden eingetroffen sind, nehmen sich zwei ganze Tage Zeit und benoten alle Arbeiten mit hoher Konzentration in einem Aufwasch. Hier kommt es auf Ihre Selbstansprüche (s. Kap. 1.3) an: Halten Sie es aus, Dinge auch einmal einen Tag, zwei Tage oder gar eine Woche lang liegen zu lassen und dann in einem Schwung aufzuarbeiten?

11.1.2 Pausen sinnvoll gestalten

Das oben beschriebene Pareto-Prinzip kommt auch beim **Pausenmanagement** zum Tragen: Verplanen Sie nie Ihre gesamte zur Verfügung stehende Zeit für Aufgaben, sondern lassen Sie immer etwas freie Zeit als **Puffer.** Das gilt ganz besonders vor und nach Terminen, einerseits um ggf. unerwartet längere Wegzeiten (durch Stau, Umwege, Zugausfall, Parkplatzsuche) abzufedern, aber auch für die professionelle Vor- und Nachbereitung der Termine. Reservieren Sie stattdessen nur rund 60 % der täglichen/wöchentlichen Arbeitszeit für A- und B-Tätigkeiten. Von einem Acht-Stunden-Tag sollen also nur ca. fünf Stunden bzw. von einer 40-Stunden-Woche nur rund 24 Stunden reine Arbeitsstunden durchgeplant sein.

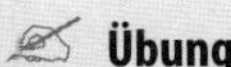 **Übung**

Um sich nicht jedes Mal aufs Neue motivieren zu müssen bzw. aus anderen Aufgaben herausreißen zu müssen, halten Sie sich für kleinere Tätigkeiten Zeitfenster in Phasen geringerer Konzentration frei, an denen Sie alle ähnlichen Tätigkeiten rasch hintereinander erledigen. Etwa 15–20 Minuten am Morgen für das Lesen aller E-Mails, nach dem Mittagessen für kurze Recherchen oder Lesen von Artikeln und am Nachmittag für Telefonate. Die Effizienz beim Erfüllen von kürzeren Aufgaben kann durch die spielerische **Pomodoro-Technik** unterstützt werden: Stellen Sie dafür einen Wecker auf 25 Minuten und versuchen Sie, Ihre Tätigkeit noch vor dem Läuten des Weckers fertiggestellt zu haben. Bei längeren Aufgaben zerlegen Sie die Tätigkeit in drei Blöcke à 25 Minuten mit je einer fünfminütigen Pause dazwischen, nach dem vierten Block legen Sie 15 Minuten Pause ein.

11.1.3 Zeitplanung

Gute Zeitplanung ist ein Weg und kein Ziel. Die beiden nachfolgend vorgestellten Methoden des effektiven Zeitmanagements kennen Sie vielleicht schon aus anderen Kontexten, doch gerade auch im Hochschulkontext sind sie hervorragend zu implementieren und aufwendigeren Planungssystemen vorzuziehen:

- **ALPEN-Methode:** Bei dieser Methode planen Sie Ihren nächsten Tag mit fünf Schritten. Listen Sie zunächst alle Tätigkeiten und Aktivitäten auf (Aktivitäten, A), schätzen Sie dann die Bearbeitungszeit der einzelnen Items (Länge, L), teilen Sie sich ausreichend Pufferzeiten ein (Puffer, P) und entscheiden Sie, welche Tätigkeit welche Priorisierung hat (Entscheidung, E). Am Ende des Tages gehen Sie Ihre Planung nochmal durch und justieren ggf. für den nächsten Tag nach (Nachjustieren, N).

- **ABC-Analyse:** Leider kann man sich im Arbeitsalltag nicht ausschließlich auf die Erledigung der wichtigsten A-Prioritäten konzentrieren. Das würde Sie schrecklich auslaugen und die B- und C-Aufgaben würden wohl unverhältnismäßig lange liegen bleiben. Bei der ABC-Analyse wählen Sie für den nächsten Tag immer nur zwei A-Aufgaben (ca. drei Stunden Arbeitszeit) aus. Dazu kommen drei B-Aufgaben, die etwas weniger schwierig zu erledigen sind und daher weniger Zeit (ca. eine Stunde) in Anspruch nehmen. Diverse C-Aufgaben (mit ca. 45 Minuten Bearbeitungsdauer) können in Phasen geringer Konzentration erledigt werden.

11.2 Projekte planen und durchführen

Meist ist unter einem Projekt eine **Problemstellung** zu verstehen, für deren Lösung man unter mehr oder minder hohem **Zeitdruck** eine Abfolge von Aufgaben erfüllen muss. Fast immer ist ein Projekt in einem überschaubaren zeitlichen Rahmen abzuschließen und oft arbeiten mehrere Personen als Team an der Bearbeitung von **Arbeitspaketen**, um die Aufgaben erfüllen zu können.

«Wozu Projekte planen? Es ändert sich sowieso andauernd etwas!» könnten Sie an dieser Stelle einwerfen. Projekte zu planen bedeutet, proaktiv agieren zu können, auch wenn sich Ihre Planung durch Unvorhergesehenes ändern sollte. Eine sinnvolle Planung verhindert das Vergessen von Schritten, ein mehrfaches Ansetzen, um eine Aufgabe erfolgreich abzuschließen, und allzu spontane Rettungsaktionen im Notfall. Mit einem Überblick über alle zu erwartenden Aufgaben gelingt die Projektplanung am besten. Überlegen Sie sich zunächst einen idealen **Projektablauf** von Anfang bis Ende und planen Sie auch hierbei genügend Pufferzeiten ein.

11.2.1 Projektmanagementplan aufsetzen

Neben der Priorisierung von Aufgaben ist das Managen und Überprüfen mehrerer verschiedener Aufträge, Jobs und anderweitiger Verpflichtungen eine große Herausforderung des **Projektmanagements**. Folgende zehn Schritte kommen in fast jedem Projektablauf vor:
Bei der Projektinitiierung

- Umfang des Projektes klären
- Ressourcen definieren

- Ggf. ein Team auswählen
- Wichtige Projektabschnitte definieren
- Alle Aufgaben pro Projektabschnitt sammeln
- **Projektplan** ausarbeiten

Im laufenden Projekt

- Projekt regelmäßig kontrollieren
- Projekt aktiv steuern
- Projektplan ggf. anpassen
- Alle wichtigen Entscheidungen und Arbeitsschritte dokumentieren

Reflexionsfragen

- Welche Rahmenbedingungen gelten für mein Projekt (Dauer, Budget, Arbeitsstunden, Räumlichkeiten, NutznießerInnen)?
- Welche Ressourcen stehen mir für mein Projekt zur Verfügung?
- Muss – oder möchte – ich die Expertise von KollegInnen hinzuziehen?
- Könnte ich weitere Ressourcen (Gelder aus anderen Budgettöpfen, Teilzeitkraft für befristete Mitarbeit usw.) für mein Projekt aufstellen?
- Welche Form von Ergebnis oder Output wird von mir nach Projektabschluss erwartet (Projektbericht, wissenschaftliche Publikation, Vortrag, Handbuch, Lehrplan)?

Um Projektdauer und -aufwand auch ohne vorherige Erfahrung abschätzen zu können, können Sie einerseits KollegInnen befragen, die schon einmal ein ähnlich umfangreiches Projekt durchgeführt haben. Andererseits können Sie auch auf Ihre eigenen Erfahrungen zurückgreifen, wenn Sie zumindest ähnliche Teilschritte schon kennen.

Eine Methode, die für die Projektplanung nützlich ist, ist zunächst die Dauer für einzelne Projektabschnitte grob zu planen und die eigene Arbeitsweise und -geschwindigkeit vor allem in der Anfangszeit durch das Führen von **Arbeitsprotokollen** (mit Anfangs- und Endzeit sowie Dauer aller Arbeitsschritte) zu analysieren. Verfeinern Sie den Projektplan anschließend entsprechend.

11.2.2 Meilensteine und Deadlines

Egal wie lange die Projektdauer angesetzt ist: Jedes Projekt muss ein Start- und ein Abschlussdatum aufweisen – es ist keine Dauertätigkeit. Auch wenn die inhaltliche Arbeit an Projekten natürlich essenziell ist, muss den Vor- und **Nachbereitungsphasen** genügend Beachtung geschenkt und ausreichend Zeit dafür eingeplant werden. Brechen Sie die einzelnen Projektphasen auf kleine überschaubare Abschnitte herunter und markieren Sie deren Abschluss mit einem konkreten **Meilenstein** (z. B.: Bis Datum 1 wurden Ihnen alle ersten Versionen der Hausübungen von Ihren Studierenden abgegeben, bis Datum 2 haben Sie ein Feedback zu allen Texten verfasst, bis Datum 3 korrigieren die Studierenden alle Texte und Ihnen liegen die Endversionen vor). Achten Sie auch hier auf das Pareto-Prinzip (s. o.) – manchmal kann ein Meilenstein mit nur 80 % Qualität auch gut genug sein.

✍ Übung

Teilen Sie sich Ihre Arbeit in viele Einzelschritte ein. So erreichen Sie einige Meilensteine zwischendurch schnell, was Ihre Motivation länger aufrechterhält, da der **Projektfortschritt** spürbar wird. Kleine Schritte können z. B. sein: 500 Worte pro Tag statt ein ganzes Kapitel schreiben, um einen Artikel vorzubereiten, oder immer nur zehn Studierendenarbeiten nacheinander korrigieren und dann eine Pause einlegen, um konzentriert zu bleiben, statt gleich 30 Arbeiten auf einmal usw. Formulieren Sie die Aufgaben stets positiv und mit einem aktiven Verb.

Für wiederkehrende Termine oder tagtäglich anfallende Aufgaben braucht es keine Projektplanung. Dennoch sollten diese Verpflichtungen einem größeren Ziel dienen (z. B. die Erreichung eines längerfristigen Ziels unterstützen, auf ein nächstes Projekt vorbereiten), die benötigten Ressourcen berücksichtigt und alle Termine in Ihrem Kalender fixiert sein. Ein Beispiel sind Networking-Treffen: Einmal alle acht Wochen nehmen Sie ein Treffen wahr, weil der Austausch mit KollegInnen für Ihre persönliche Weiterentwicklung (für Lehre, Forschung, Betreuung von Studierenden, Habilitation) sehr relevant ist (s. Kap. 13). Eine kurze Vor- und Nachbereitung sind auch für diese regelmäßigen Aufgaben wichtig, doch Meilensteine werden dafür nicht benötigt.

Tipp

Da der Umfang von Aufgaben stark variieren kann, sollte man sich abgesehen von Meilensteinen auch wöchentliche und monatliche **Mikroziele** setzen. So wissen Sie auch bei längeren Projektphasen immer, wo Sie sich mit dem Projektfortschritt genau befinden und können bei Abweichungen schnell korrigierend reagieren.

Anders als Meilensteine werden Deadlines, also ein bestimmtes Abgabe- oder Abschlussdatum, selten vom Projektteam oder den Projektverantwortlichen selbst gesetzt. Förderstellen und Zuständige von Ausschreibungen geben eine gewisse Frist vor, bis zu deren Ende man alle Unterlagen, Projektziele usw. vorlegen muss. Auch wenn bei Projekten manchmal keine oder keine genaue Deadline angegeben ist, ist es immer gut, sich selbst eine zu setzen. Gemäß Pareto-Prinzip (s. o.) bedeutet viel mehr Zeit zu haben nicht auch viel mehr Produktivität an den Tag zu legen. Durch Setzen einer Deadline verknappen Sie Ihre Zeit künstlich und werden so sogar produktiver.

11.3 Methoden und Tools für agiles Projektmanagement

Für die Planung, Durchführung, Kontrolle und Steuerung eines Projekts stehen zahlreiche Methoden und Tools zur Verfügung. Je größer und komplexer ein Projekt ist, umso sinnvoller ist die Nutzung von Tools. Im Folgenden werden Ihnen agiles Projektmanagement, Personal Kanban, Gantt-Charts und Scrum vorgestellt. Häufig als moderner Firlefanz abgetan, sind diese Unterstützungen gerade im Hochschulbereich äußerst nützlich, zumal hier ein hoher Grad an Selbststeuerung erwartet wird und die zu erbringenden Leistungen oft sogar international wettbewerbsfähig sein müssen. Ein paar wenige für Projekttyp und -beteiligte geeignete Tools in Verwendung zu haben, erleichtert es Ihnen, Projekte professionell(er) zu managen.

Das agile Projektmanagement ist eigentlich keine Methode per se, sondern ein Set an wichtigen Prinzipien für erfolgreiches Projektmanagement. Dabei wird ein Projekt durch einen wiederholten Zyklus an Planung, Durchführung und Evaluierung an tatsächlichen Begebenheiten entlang entwickelt, statt linear nach einem starren Plan abgewickelt zu werden. Im Fall einer Änderung können Sie so agiler reagieren und müssen nicht erst mit dem Team jede Priorisierung neu klären und alle Aufgaben entsprechend neu sortieren.

Zwar stammt agiles Projektmanagement aus der Software-Entwicklung, abgewandelt lässt es sich jedoch für alle Arten von Projekten anwenden. Überlegen Sie vor Projektbeginn genau, welche Bestandteile, Abläufe und Ressourcen des Projektes für Sie wichtiger sind als andere (z. B.: «Individuen und Interaktionen sind wichtiger als Prozesse und Werkzeuge», «rasch auf Änderungen zu reagieren ist wichtiger als ein perfekter Bericht» oder «bei den Testläufen zur Studie ist Genauigkeit wichtiger als Schnelligkeit»), um die für Ihre aktuellen Anforderungen passenden Prioritäten vorab zu definieren.

 **Tipp**

Am Ende eines agilen Projektes steht die «**Definition of Done**», konkrete Ausprägungen, die Ihr Projekt als gut gelungen und pünktlich abgeschlossen gelten lassen. Bei vielen Projekten werden Bedingungen für den Projektabschluss vorgegeben. Falls Sie selbst für diese Definition zuständig sind, legen Sie die Bedingungen schon bei Projektbeginn fest. Bedenken Sie, dass Perfektionismus (s. o.) dabei hinderlich sein kann.

11.3.1 Kanban

Kanban erfordert die regelmäßige Priorisierung von A- und B-Aufgaben (s. o.). C-Aufgaben werden nur insofern berücksichtigt, als man im Kanban-System plant, welche C-Aufgaben an wen zu delegieren sind. Zunächst werden alle zu erwartenden Aufgaben eines Projektes gesammelt (Aufgaben-Pool, s. Tab. 3). Idealerweise wählt man anschließend pro Woche zunächst die drei wichtigsten Aufgaben des Aufgaben-Pools aus und arbeitet diese konzentriert ab («In Arbeit»-Spalte). Das vermeidet Zeit- und Motivationsverlust durch **Multitasking**, dem gleichzeitigen Abarbeiten mehrerer Aufgaben. Konnte eine Aufgabe erledigt werden, wird sie in die Spalte «Erledigt» verschoben, aber nicht gelöscht, um überprüfen zu können, ob auch kein Arbeitsschritt vergessen wurde (ggf. ergänzt man fehlende Aufgaben im Aufgaben-Pool). Sobald ein Platz in der Spalte «In Arbeit» frei wird, kann man aus dem Pool an Aufgaben eine neue auswählen und Sie in die «In Arbeit»-Spalte verschieben.

 **Tipp**

Es reicht ein einfaches Blatt Papier oder ein Tabellenkalkulationsprogramm wie Excel, um Kanban anzuwenden. Viele nutzen auch Klebezettel (eine Aufgabe pro Zettel) und ordnen diese auf großem Plakatpapier an. Eine mobil anwendbare und auch im Team leicht zu nutzende Möglichkeit Kanban zu nutzen sind Programme wie **Trello** (https://trello.com/).

Tab. 3: Übersicht über die Methode des Personal Kanban – einfach (oben), erweitert (Mitte) und nach Projektphasen gegliedert (unten)

Aufgaben-Pool	In Arbeit	Erledigt

Aufgaben-Pool	Warten	In Arbeit	Erledigt

	Konzeptionierung			Entwicklung			Testlauf		
	Aufgaben-Pool	In Arbeit	Erledigt	Aufgaben-Pool	In Arbeit	Erledigt	Aufgaben-Pool	In Arbeit	Erledigt
Projekt 1									
Projekt 2									
Projekt 3									

11.3.2 Gantt-Chart

Die Gantt-Chart (s. Abb. 10), eine Art von Balkendiagramm, ist sehr gut geeignet, um den zeitlichen Überblick über mehrere Projekte zu behalten. Erstellen Sie diese Grafik bei der jährlichen oder halbjährlichen Revision der eigenen Ziele und Projekte z. B. mit kostenlosen Gantt-Vorlagen aus dem Internet oder praktischen Programmen wie Agantty (https://www.agantty.com/). Zur Erstellung einer Gantt-Chart geben Sie alle Deadlines an, tragen die Meilensteine ein und definieren Projektbeginn und -ende genau. Beschreiben Sie dann alle zu erwartenden Aufgabenblöcke innerhalb eines Projekts und verteilen Sie ggf. **Zuständigkeiten** für diese Blöcke innerhalb Ihres Teams.

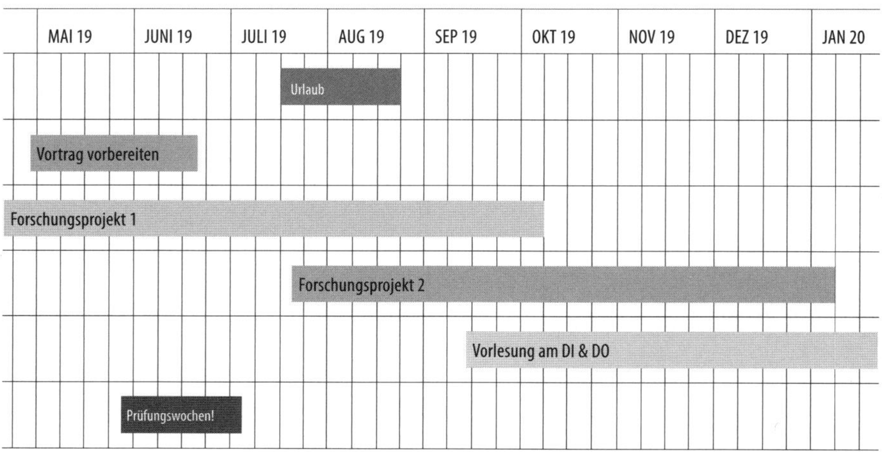

Abb. 10: Beispiel für eine Gantt-Chart

Reflexionsfragen

- Gibt es absehbare Überlappungen von Projekten? Wie kann ich diese Phasen bestmöglich meistern?
- Habe ich ausreichend Pufferzeiten eingeplant?
- Haben sich die Prioritäten meiner Projekte und Ziele kürzlich geändert? Welche Aufgaben müssen entsprechend angepasst werden?
- Sollte ich Vorbereitungsarbeiten eines Projektes ggf. vor den Beginn oder hinter das Ende eines größeren Projektes verschieben?

11.3.3 Scrum

Die Scrum-Methodik ist ein agiles Projektmanagementsystem (s. o.), das zum Teil aus Kanban-Elementen (s. o.) weiterentwickelt wurde. Ein Herzstück dieser Methode sind die sogenannten **Scrum Sprints** von zwei oder vier Wochen Dauer, in der sehr fokussiert an einer bestimmten Problemstellung gearbeitet wird (z. B. ein Kapitel eines Buches recherchieren, planen und schreiben). Ein anderes entscheidendes Element sind die regelmäßigen Projekt-Reviews (s. u.), um die Zeit im Projekt so gut wie möglich zu nutzen. Durch die exakte Priorisierung von Projekten und Aufgabenblöcken, die im nächsten Sprint abgearbeitet werden, und die regelmäßigen Besprechungen vor Sprint-Start, wird sichergestellt, dass immer der wichtigste, aussichtsreichste bzw. lukrativste Teil eines Projekts im Fokus Ihrer Aufmerksamkeit steht. Bei Verwendung von Scrum im

Team können durch die intensive Kommunikation (idealerweise einmal täglich, einmal wöchentlich sowie vor und nach Sprints Rückmeldung an die Projektleitung) und klare Arbeitsaufteilung mehr Teammitglieder parallel arbeiten, was Zeit spart.

11.4 Personal Leadership

Zu lernen, dass Sie selbst Ihre Zeit einteilen und nicht äußere Umstände oder andere Personen allzu sehr über Ihre Zeit (und damit auch über Ihre Energie und Motivation) verfügen können, ist auch ein wichtiger Schritt in Richtung eines besseren «Personal Leadership» (Selbstführung). Sich selbst ein guter «Leader» zu sein, braucht u. a. auch Ehrlichkeit sich selbst gegenüber, den Willen, delegieren zu lernen, nein sagen zu können, Unperfektes zu ertragen, auch in schwierigen Situationen Positives zu erkennen und stetig lernen zu wollen.

Wer sich selbst gut führen kann, baut **Resilienz** (Widerstandskraft) (s. Kap. 12) gegen Stress auf, kann fokussierter arbeiten und beugt langanhaltenden Überlastungen nachhaltig vor. Um hohe Leistungsfähigkeit für die Lehrtätigkeit und anstrengende geistige Arbeit in der Forschung zu haben, die einem viel Konzentration und Kraft abverlangen, ist es besonders wichtig, fit zu sein – und zu bleiben. Welche Maßnahmen zu mehr Resilienz beitragen, ist für jede/jeden sehr individuell. Erste Schritte können die Selbstorganisation, Methoden zur Motivierung, Habit Tracking und regelmäßige Revisionen sein.

Reflexionsfragen

- Welche Herausforderungen und kleine Ärgernisse kommen in meinem beruflichen und privaten Alltag häufiger vor als mir lieb ist?
- Warum stören mich diese Vorkommnisse so sehr? Ist es der Zeitverlust, die Demotivation, das Gefühl von Hilflosigkeit?
- Wie sähe für mich diese Situation bereinigt aus? Kommt sie gar nicht mehr vor oder sehe ich einen anderen, idealen Ablauf vor meinem inneren Auge?

11.4.1 Selbstorganisation

Über die Jahre Ihrer Ausbildung und Berufstätigkeit hinweg entwickeln oder übernehmen Sie bestimmte Abläufe oder Handlungen, um sich zu organisieren und Ihren Alltag zu meistern. Manches werden Sie sogar schon im Elternhaus so oder so ähnlich beobachtet haben. Die Arbeitswelt hat sich seit der berufstätigen Zeit der Großeltern oder Eltern jedoch enorm verändert, weshalb herkömmliche Methoden meist nicht mehr passend sind, manches wird vielleicht sogar zum **Zeitfresser** mutiert sein. Ein kritischer Blick auf die Art, wie Sie sich organisieren, kann sogar schon kurzfristig einiges an Zeit und Energie sparen und den Alltag stressfreier machen.

Ein gutes **Ablagesystem** (online und analog, am besten beide gleichartig aufgesetzt und beschriftet) schützt Sie vor Zeitverlust beim Suchen von Unterlagen. Fixieren Sie jeden Freitag (bzw. an Ihrem letzten Tag der Arbeitswoche) eine Stunde Zeit, die nur für Aufräumtätigkeiten aufgewendet werden darf – und schützen Sie dieses Zeitfenster. Es wirkt zwar meist nach «Deppenarbeit», doch das «bisschen Zusammenräumen» ist ein äußerst wichtiger Bestandteil Ihrer Tätigkeiten. Etwas Zeit- und Konzentrations-Investition dafür verwandelt sich später in mehr Zeit und Energie für die wichtigen Aufgaben.

Prüfen Sie, welche dieser organisatorischen Schritte Sie womöglich an AssistentInnen und/oder Sekretariate abgeben könnten und welche Sie unbedingt selbst erledigen müssen. Delegieren ist eine wichtige Fähigkeit, um Sie nach Ihren Anfangsjahren an einer Institution von nachrangigen Aufgaben zu befreien.

Mit der täglichen (stündlichen?) **E-Mail-Flut** zurechtzukommen, will gelernt sein. Setzen Sie in Ihrem Mailsystem eine für Sie sinnvolle Struktur an Ordnern auf: Diese kann pro Hochschule, pro Projekt oder Lehrveranstaltung bzw. bei externen Lehrenden nach AuftraggeberIn gegliedert sein. Wenn Sie mehrere Postfächer einsehen müssen, lohnt es sich, diese auf einem Account zusammenzuführen oder zumindest regelmäßige Einsicht in alle Postfächer zu etablieren (alle Links zu den Programmen in der Statusleiste oder in einem **Lesezeichenordner** des Browsers zusammenzufassen, erleichtert das). Wenn Ihnen umfangeiche Ordnerstrukturen nicht zusagen, sammeln Sie alle E-Mails in nur einem Ordner pro Jahr und nutzen Sie die Keyword-, Markierungs- und Suchfunktionen konsistent (Schlagwörter wie Termin, To-do, Entscheidung, Projekt xy etc. vergeben), um E-Mails rasch finden zu können. Sortieren Sie händisch oder durch das Einsetzen von automatischen Filterfunktionen E-Mails regelmäßig in Ihre **Ordner** (für Newsletter zu Thema AB und Thema XY, aktuelle Termine, gesendete Mails usw.). Folgen Sie auch beim Check von E-Mails Ihrer Prioritäten-Reihung. Lesen Sie die für Sie wichtigsten und dringlichsten E-Mails zuerst (z. B. alle Projekt-E-Mails zuerst, dann Nachrichten von anderen KollegInnen, dann Informationen der Hochschule). Nur wenn nach Abarbeiten der wichtigsten Nachrichten noch Zeit ist, können Sie weniger Dringliches lesen und beantworten. Alles andere muss bis zum nächsten Zeitfenster warten, das Sie für diese Tätigkeit eingeplant haben.

Apropos E-Mails: In ganz wenigen Berufen ist das Beantworten von Nachrichten innerhalb einer Stunde unerlässlich. Für die meisten sind ein Tag bis zur Antwort oder sogar mehrere Tage für komplexere Antworten durchaus akzeptabel. Wenn Sie sich gegen allzu häufige oder allzu forsche Rückfragen absichern wollen, stellen Sie in Ihrem E-Mail-Programm ein **Auto-Reply** ein, das allen AbsenderInnen die Information zukommen lässt, dass Sie ihre Nachricht erhalten haben und Sie innerhalb der nächsten ein bis drei Werktage verlässlich antworten werden. Für – nach Ansicht der AbsenderInnen – sehr dringliche Anliegen ersuchen Sie um ein kurzes Telefonat während der Bürozeiten.

 **Tipp**

Lehrende beklagen oft den hohen Aufwand, E-Mails der Studierenden beantworten zu müssen: Manche fragen Dinge, die sie rasch auf der Website der Hochschule selbst hätten nachlesen können, andere wollen die Anleitung zur Hausübung nochmals erklärt bekommen, wieder andere möchten «Extrawürste» wie den Aufschub eines Abgabedatums mit den unsinnigsten Ausreden erreichen. Gelegentlich kommen auch ziemlich respektlose E-Mails vor, die ohne Anrede versandt wurden oder sich im Ton vergriffen haben. Hier einige Tipps, wie Sie mit diesen Auswüchsen umgehen können, ohne dass es Ihr Zeitbudget sprengt:

- Je nachdem, welches Verhältnis Sie zu Ihren Studierenden pflegen, können Sie entscheiden, ob Sie ausschließlich Fragen zum Inhalt Ihrer Lehrveranstaltung beantworten, diese Belange direkt in der Veranstaltung klären oder gar nicht antworten. Kommunizieren Sie Ihre Wünsche schon zu Beginn des Semesters.
- Wenn Sie sich entscheiden zu antworten, schreiben Sie immer eine Anrede, eine kurze Abschiedsformel und senden Sie Ihre Signatur mit. Wie unhöflich ein rasch hingeworfener Satz als Antwort wirkt, haben Sie selbst wahrscheinlich auch schon erlebt.
- Fragen zu Administrativem zu Ihrer Lehrveranstaltung können Sie meist getrost an ein Sekretariat weiterleiten. Fragen zu Hausübungen sind mit dem Hinweis auf die Informationen auf den ausgeteilten oder in der Lernplattform bereitgestellten Handouts oder mit einem Standardsatz mit einem Verweis auf die KommilitonInnen eher rasch abzufertigen. Wenn Ihnen Hilfskräfte zur Verfügung stehen, können Sie Anfragen auch zur Bearbeitung in Ihrem Namen an diese weiterleiten.
- Vorlagen wie Standardsätze sind auch für vielerlei andere Anfragen nützlich – erstellen Sie sich eine Sammlung mit den wichtigsten Antworten und greifen Sie auf diese während des Semesters so oft wie möglich zurück. So können Sie Zeit sparen und die Studierenden werden dennoch mit wichtigen Informationen versorgt und fühlen sich gut betreut.

- Kommen Fragen zu Informationen oder Quellen immer wieder auf, obwohl sie bereits an anderer Stelle bereitgestellt werden, erstellen Sie ein Antwort-E-Mail mit den entsprechenden Links zu den Informationen oder erstellen Sie eine eigene E-Mail-Signatur für Studierendenfragen, wo diese Angaben gelistet sind.
- Ob und wie Sie unhöfliche E-Mails von Studierenden beantworten, ist Geschmacksache. Vielleicht ein Richtwert: Wenn darin eine ernsthafte Frage enthalten ist, diese mit dem kurzen Hinweis auf den Wert guten zwischenmenschlichen Benehmens für das weitere Zusammenarbeiten beantworten, alles andere ignorieren Sie.

Gehen Sie so oft wie möglich nach dem Prinzip **Zero Inbox** (etwa: «leeres E-Mail-Postfach») vor: Alle E-Mails, die eine Handlung Ihrerseits benötigen, bleiben so lange in der Inbox, bis Sie die Aufgabe erledigt haben. Dasselbe gilt für E-Mails, auf die Sie noch eine Antwort erwarten. Sobald dies geschehen ist, werden die E-Mails im entsprechenden Ordner abgelegt. Bei Zero Inbox kommen zwei Prinzipien zum Tragen:

1. Alle Tätigkeiten, die in unter fünf Minuten zu schaffen sind, werden sofort gemacht. Dieses **one touch principle** funktioniert wie folgt: Sie öffnen die E-Mail, lesen sie kurz durch und beurteilen Sie nach Zeitaufwand. Können Sie die Anfrage innerhalb von 1–5 Minuten beantworten, antworten Sie sofort. Braucht es eine längere Bearbeitung, bleibt sie so lange in der Inbox, bis Sie Zeit dafür haben.
2. Alle Tätigkeiten, deren Erledigung länger als fünf Minuten dauern würden, werden auf die To-do-Liste gesetzt und zu einem bestimmten Termin erledigt. Einstweilen können E-Mails, die in diese Kategorie fallen, auch in der Inbox verbleiben oder Sie legen sich entsprechende Ordner («Auf Antwort warten», «Recherchieren», «Entscheidung treffen» oder dergleichen) an und verschieben diese Mails in der Zwischenzeit hier hinein. Am Ende des Tages sollte Ihr Kalender einen Termin für die Abarbeitung dieser Ordner enthalten.

Gleiches Prinzip gilt auch für Poststücke und Dokumente. Analog zu den Aktionsordnern in der Inbox können Sie sich hierfür Wiedervorlagemappen mit entsprechenden Reitern oder Ablagekörbe anlegen.

11.4.2 Arbeitsmotivation

Manchmal ist es in der alltäglichen Flut von Aufgaben schwierig auszumachen, welche Aufgaben als Nächstes zu erledigen sind. Je mehr Aufgaben dazu kommen, umso schwieriger wird es, sie innerhalb eines halbwegs nützlichen Zeitraums abzuarbeiten. Das senkt die Motivation für die verbleibenden Aufgaben und führt dazu, dass wir uns bald überlastet fühlen. Die nötige Ausdauer und Motivation kann mit folgenden Methoden und Übungen aufgebracht und/oder verstärkt werden:

- **«Getting Things Done»** (GTD) nach David Allen (https://gettingthingsdone.com/): Dieses populäre, persönliche Managementsystem bringt entlang von fünf Schritten Ordnung in das Chaos und beschleunigt den Vorgang insgesamt, da Zeit und Energie nicht darauf verschwendet werden, sich jedes Mal neu aufzuraffen und sich darauf konzentrieren zu müssen, was Sie zu erledigen haben. Schritt 1 ist die Sammlung all der Dinge, die gerade in Ihrem Kopf herumschwirren und Ihre **Aufmerksamkeit** abzuziehen drohen (Capture). In Schritt 2 entscheiden Sie, ob Sie auf die gesammelten Stichworte reagieren sollten (Clarify). Wenn ja, werden Sie sie sofort erledigen (wenn sie in 1–5 Minuten zu schaffen sind, s. o.), für eine spätere Bearbeitung im Kalender eintragen oder sie delegieren. Nicht dringliche Dinge, auf die Sie nicht sofort reagieren müssen, werden für ein anderes Mal zur Vorlage aufbewahrt und verbleiben bis dahin in der Inbox oder werden gelöscht. In Schritt 3 kategorisieren Sie alle ähnlichen Aufgaben in Listen, z. B. alle E-Mails, die zu schreiben sind, Telefonate, die anzuberaumen sind, Artikel, die zu lesen sind, Vorlesungen, die vorzubereiten sind (Organize). Schritt 4 besteht aus regelmäßigen Revisionen (Review): Schauen Sie täglich mehrmals auf Ihre Listen, um fokussiert zu bleiben, und machen Sie wöchentliches Ausmisten der Listen zur Routine (s. o.). Schritt 5 ist das Abarbeiten Ihrer Listen (Engage): Wo es möglich ist, gehen Sie ähnliche Aufgaben hintereinander an (**batch planning**).
- **«Eat the frog»**: Manche Methoden empfehlen, morgens sofort die schwierigste Aufgabe (oder die unangenehmste, den «Frosch») zu erledigen, also Ihre wichtigste A-Aufgabe des Tages. So früh am Tag ist man meist noch voller Energie und hat gute Chancen auf die best- und schnellstmögliche Erledigung. Das gibt einen zusätzlichen Motivationsschub für den restlichen Tag.
- **«Macht der Kette»**: Am Ende eines Tages gibt einem das Abhaken erledigter Aufgaben von der To-do-Liste ein gutes Gefühl. Eine gute Visualisierung ist auch das Auskreuzen des Tages am Wandkalender, wenn eine wiederkehrende Tätigkeit, die man sich täglich zu machen vorgenommen hat, auch wirklich geschafft ist. Je mehr Kreuze eingetragen sind, umso weniger will man diese Kette an Kreuzen oder Häkchen brechen. Dieses psychologische Phänomen der «Macht der Kette» wird auch bei vielen Habit-Tracking-Methoden genutzt (s. u.).

- **Belohnungen**: Schon der Ausblick auf eine kleine Belohnung kann Laune und Arbeitsmotivation erheblich steigern. Legen Sie Ihre Belohnung noch vor Beginn von Arbeitsschritten fest; sie sollte dem Arbeitsaufwand entsprechend groß/klein sein. Nach einem größeren Meilenstein darf es gerne eine größere Belohnung geben. Achten Sie allerdings darauf, dass die Belohnungen nicht Ihre Gesundheit oder Ihre Geldbörse belasten (also keine Unmengen an Fast Food oder eine teure «Retail Therapy» (Kaufrausch zum Therapieren)).

11.4.3 Habit Tracking

Mit **Habit Tracking** (auch als Life-Logging oder Self-Tracking bezeichnet) können Sie vieles zugleich kontrollieren: Ob gesetzte Ziele erreicht wurden, langfristige Ziele immer noch auf der Agenda stehen, wie oft Sie welchen Gewohnheiten frönen usw. Durch tägliche Aufzeichnungen am Ende jedes Tages kontrollieren und dokumentieren Sie Ihre Habits (Gewohnheiten). Psychologische Effekte wie die «Macht der Kette» (s. o.), **Fokussierung** durch Visualisierung und der Aufbau guter Gewohnheiten entlang von sogenannten «Ankern» (routinemäßige und regelmäßige Handlungen wie Betreten des Lifts zu Ihrem Büro, das Anschalten Ihres Computers, das Öffnen Ihres Notizprogramms oder Zurechtlegen Ihrer Unterlagen vor einer Lehrveranstaltung), an denen Sie neue Habits andocken können, unterstützen Sie bei der Erreichung Ihrer Ziele. Zum Beispiel: Wenn Sie morgens den Lift zu Ihrem Büro betreten, könnten Sie sich als Einstimmung auf den Tag Ihre drei wichtigsten Aufgaben des Tages in Erinnerung rufen; wenn Sie Ihr Notizprogramm öffnen, notieren Sie sich immer einige Punkte für die nächste anstehende Tätigkeit oder Besprechung; wenn Sie die Unterlagen der Lehrveranstaltung zurechtlegen, füllen Sie immer auch eine Wasserflasche auf und packen sie zu den Unterlagen. Durch das Erstellen wichtiger und nützlicher Gewohnheiten verzetteln Sie sich weniger, indem Sie immer seltener sinnlosen Aufgaben nachgeben und sich auf Ihre wirklichen Ziele konzentrieren können. Auch große und/oder langfristige Ziele haben Sie mit dieser Methode immer vor Augen und können immer wieder kleine zielführende Aktivitäten ansetzen, um diese auch zu erreichen.

Das Tracking kann auf Papier gemacht werden (s. Tab. 4) oder Sie nutzen eine der zahlreichen Habit-Tracking-Apps wie Todoist (https://de.todoist.com/), die Get-it-done-App (https://getitdoneapp.com/) oder Habit List (https://habitlist.com/) (Miljković 2019). Die Gewohnheiten, die Sie aufzeichnen möchten (linke Spalte), können aus nur einer Kategorie stammen – nur beruflich, nur privat, ein konkretes Projekt betreffend – oder aus unterschiedlichen Kategorien stammen. Wer Berufliches und Privates getrennt halten möchte, kann zwei Listen führen. Einmal am Tag markieren Sie mit einem Kreuzchen in der Liste (alternativ Kästchen farbig ausmalen oder ja/nein eintragen), wenn Sie das jeweilige Vorhaben an diesem Tag erfüllt haben. Sie können auch eine Anzahl festhalten, z. B. die Anzahl an Besprechungen, abgearbeiteten E-Mails, benoteten Hausübungen oder geschriebenen Worten eines Artikels.

Tab. 4: Auszug aus einem Habit Tracker

	Monat 1									
Habit/Ziel	Tag 1	Tag 2	Tag 3	Tag 4	Tag 5	Tag 6	Tag 7	Tag 8	Tag 9	…
PRIVAT										
Halbe Stunde pro Tag lesen	x	x	x	x			x	x	x	
2x pro Woche Tennis spielen	x			x				x		
BERUFLICH										
Vortrag planen					x		x			
500 Wörter für Artikel schreiben	x	x	x	x	x			x	x	
Recherche für Projekt 1 voranbringen			x	x		x			x	
Feedback auf 5 Studierenden-Arbeiten geben		x			x	x		x		
1 Stunde Sprechstunde abhalten	x		x		x			x		
Nächsten Hospitationstermin vorbereiten		x					x			
Zero Inbox bei Tagesende erreichen			x	x	x					

11.4.4 Revision von Projekt- und Zeitplänen

Jede Abweichung von Ihrem Zeitplan birgt natürlich auch die Gefahr der Ablenkung von den eigenen Zielen, weshalb die regelmäßige wöchentliche oder monatliche Beschau des Kalenders und/oder der To-do-Listen, eine konstante **Revision** der geplanten Tätigkeiten und eine Antizipation möglicher zeitlicher Engpässe (weekly/monthly review & planning) wichtig sind. Auf den ersten Blick mag es womöglich paradox erscheinen, in hektischen Zeiten auch noch Zeit für die Evaluierung der Wochen- und Monatsziele aufzuwenden, doch erspart Ihnen dieses Vorgehen mittelfristig einiges an Zeit und Energie. Dasselbe gilt für das Einsetzen von Pausen (s. u.): Der Körper, vor allem das Gehirn, muss genügend und regelmäßige Pausen bekommen, um ausreichend Energie für die Erledigung der anstehenden Aufgaben aufzubringen.

Tipp

Halten Sie sich an die für gewisse Tätigkeiten eingeräumte Zeit. Wenn Sie nach Ablauf des gesetzten **Zeitfensters** noch nicht fertig sein sollten, machen Sie nicht weiter und kappen Sie vor allem Ihre Pause nicht dafür. Justieren Sie stattdessen bei der nächsten Revision Ihres Zeitmanagements am Ende des Tages/der Woche Ihre Planung entsprechend nach und sorgen Sie das nächste Mal für einen realistischeren Zeitplan. Sollten Sie sich häufig verschätzen oder zu viele unvorhergesehene Dinge dazwischenkommen, führen Sie für die Fehlersuche eine Woche lang ein gründliches Arbeitsprotokoll (s. o.) inklusive geplantem und tatsächlichem Zeitbedarf pro Tätigkeit und prüfen Sie, wofür genau Sie Ihr Zeitbudget «ausgeben».

12 Rollenkonflikte durch Mehrfachbelastungen

Natascha Miljković

«Der höchste Lohn für unsere Bemühungen ist nicht das, was wir dafür bekommen, sondern das, was wir dadurch werden.»
(John Ruskin)

In diesem Kapitel finden Sie ...
... Informationen zur Vermeidung allzu starker Belastungen als Prophylaxe gegen Stress oder Burnout. Sie erfahren Wissenswertes über mögliche Auslöser für diese Zustände und lernen, welche vorbeugenden Maßnahmen Sie ergreifen können.

12.1 Impact Factor vs. Sprechstunde?

Viele Hochschullehrende, die auch in der Forschung tätig sind, beklagen die große Kluft zwischen dem (Zeit-)Aufwand, der für Vorbereitung, Durchführung und Nachbereitung der Lehre sowie für administrative Tätigkeiten aufgebracht werden muss und der verhältnismäßig geringen Vergütung und dem niedrigeren **Ansehen** der Lehre. Zudem bleibt für die forschende Tätigkeit und das Verfassen von Publikationen oft viel weniger Zeit als benötigt würde, was sich auch nachteilig auf die Karriere auswirken kann – schließlich ist dies eine der drei «Währungen» von AkademikerInnen an Hochschulen (neben eingeworbenen Drittmitteln und dem Erlangen von Auszeichnungen).

In diesem **Spannungsfeld** müssen Hochschullehrende wie -forschende regelmäßig **Höchstleistungen** erbringen, um wettbewerbsfähig und exzellent zu bleiben. Wer keine für sich passende Arbeitsrealität etablieren kann, läuft Gefahr, durch die anhaltenden **Rollenkonflikte** und hohen Mehrfachbelastungen seelisch und/oder körperlich Schaden zu nehmen. Manche entscheiden sich nach einigen Jahren entweder für eine Karriere in der Lehre oder in der Forschung und reduzieren die Verpflichtungen im jeweils anderen Bereich auf ein Mindestmaß an Qualität.

Reflexionsfragen

- Welche meiner Tätigkeitsbereiche kommen (gefühlt oder tatsächlich) regelmäßig zu kurz? Welchem Umstand/welchen Umständen schreibe ich das zu?
- Welche meiner Rollen würde ich gerne stärker ausfüllen?
- Wann schaffe ich einen Ausgleich zwischen all den Aufgaben? Wie viel Freizeit steht mir zur Verfügung und wie viel bräuchte ich?
- Wie erhole ich mich von den Anstrengungen des Alltags am liebsten?

12.1.1 Stress- und Burnout-Prophylaxe

Andauernd beschäftigt zu sein und viel Stress zu haben, ist in unserer schnelllebigen Welt beinahe zu einem verqueren Statussymbol geworden. Doch Dauerstress, überhöhte Ansprüche an sich selbst und das Missachten regelmäßiger Pausen und Erholungsphasen (saisonal ruhigere Phasen, freie Wochenenden, Urlaube) können krank machen. Oft treten folgende **Warnsignale** des Körpers auf:

- **Demotivation** und starke Stimmungsschwankungen
- Ein- oder Durchschlafprobleme einhergehend mit **Erschöpfung**
- Beeinträchtigte **Konzentration** und Erinnerungslücken
- Ernährungsprobleme (zu viel, zu wenig oder zu unregelmäßig essen)
- Plötzlich auftretende Symptome wie Schweißausbrüche oder Herzrhythmusstörungen
- Langanhaltende und/oder häufig wiederkehrende Schmerzen aller Art
- Gefühl von Ohnmacht gegenüber der eigenen Situation und depressive Verstimmung bis hin zur **Depression**
- Sozialer Rückzug und Isolation

Wie bei allen medizinisch-psychischen Themen gilt auch und ganz besonders bei Stress und Burnout: Nehmen Sie alle Warnsignale sehr ernst und suchen Sie für eine professionelle Diagnose und Behandlung unbedingt eine Fachperson (Ärztin/Arzt, PsychologInnen, Vertrauensperson) auf.

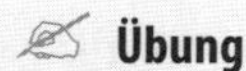

Übung

Ob Sie Gefahr laufen, sich zu überarbeiten, kann ein einfacher Test zeigen: Führen Sie eine Woche/einen Monat lang abends ein **Journal**. Tragen Sie jeden Tag auf der linken Seite des Blattes all das ein, was Sie beschäftigt, belastet oder geärgert hat. Auf der rechten Seite notieren Sie die schönen Momente des

Tages: Was hat Sie gefreut? Worauf waren Sie stolz? Worüber haben Sie gelacht? Haben Sie Freundinnen gesprochen oder getroffen? Tragen Sie über längere Zeit hauptsächlich auf der linken Seite Anmerkungen ein und tun sich schwer, überhaupt etwas für die rechte Seite zu finden, wird es Zeit, die Notbremse zu ziehen. Wer diese Übung mit konkreten «Fakten» belegen will, kann sie mit **VAS-Einträgen (visuelle Analogskala)** ergänzen: Notieren Sie jeden Tag am Morgen und am Abend, wie wohl Sie sich auf einer Skala von 0 (großartig) bis 100 (sehr schlecht) fühlen. Zeigen Ihre Aufzeichnungen über längere Zeit sehr hohe Zahlen an, sollten Sie dringend kürzertreten.

12.1.2 Burnout

Je länger der Stress anhält, umso leichter kann er zu einem chronischen Zustand ausarten, ein **Burnout** kann die Folge sein. Große Einbußen der Lebensqualität durch Depression, manchmal sogar bis hin zu Suizidgedanken oder -versuchen sind die Folge. Aus diesem Zustand extremer Erschöpfung finden die meisten Menschen nur schwer und/oder nicht ohne professionelle Hilfe zurück zu einem geregelten Leben.

Tipp

Ihr Können und Wissen in die Arbeitswelt einzubringen und ein vollwertiges Mitglied der Gesellschaft mit erfüllendem Privatleben und geregelten Arbeitsabläufen zu sein – all das kann nur mit Umsicht und **Selbstfürsorge** erreicht werden. Sind Sie unzureichend ausgeruht und körperlich unfit, können Sie sich nur schlecht auf wichtige Arbeiten konzentrieren. Daher ist Ihre Selbstfürsorge mit Stress- und Burnout-Prophylaxe eine wichtige Investition in Ihren **Erfolg**. Folgende Selbstfürsorge-Tipps können Sie dabei unterstützen, mehr Widerstandsfähigkeit (Resilienz) zu entwickeln:

- Prüfen Sie Ihre Selbstansprüche, definieren Sie Ihre Lebensziele und **Werte** und lehnen Sie Perfektionismus ab, wann immer es Ihnen möglich ist.
- Hecheln Sie Trends und Idolen nach oder versuchen Sie mit den Erfolgen Anderer mitzuhalten? Die einzige relevante Messlatte sind Sie selbst: Eine regelmäßige «Inventur» Ihrer bisherigen Errungenschaften macht klar, wozu Sie selbst schon fähig waren und welche Erfolge Sie feiern konnten. Das macht stolz und dankbar und spornt an.
- Planen Sie tägliche Pausen, wöchentliche Auszeiten und im Rahmen des Möglichen quartalsweise Urlaube ein. Auch sich anzutrainieren, regelmäßig zur selben Zeit aufzustehen und zu Bett zu gehen, trägt viel zur psychischen und physischen Erholung bei.
- Verteidigen Sie Ihre Pausen und Ihre Freizeit gegen Zeitfresser und Ansprüche Dritter. Nein zu sagen ist nicht unhöflich oder unkameradschaftlich, sondern Selbstschutz. Ein anderes Mal ist sicherlich wieder mehr Zeit, jemandem zu helfen.
- Lernen Sie unwichtigere Aufgaben (C-Aufgaben, s. Kap. 11) zu delegieren. Sie müssen nicht alles

alleine bewältigen, und manche Tätigkeiten fallen auf den zweiten Blick womöglich gar nicht in Ihren Zuständigkeitsbereich, vielleicht ist jemand anderes sogar besser ausgebildet, um diese Aufgaben zu übernehmen.

- Pflegen Sie **Freundschaften** und bauen Sie Ihre realen sozialen Netzwerke bewusst aus. Diese fungieren als «Frühwarnsysteme» gegen Überarbeitung.
- Ein gesunder Lebensstil muss nicht aufwendig sein. Schon regelmäßige Bewegung und gesundes Essen können große Verbesserungen des Wohlbefindens bewirken. Dabei ist mit Bewegung das gemeint, was Ihnen Spaß macht: Von klassischen Sportarten wie Schwimmen, Laufen und Radfahren bis hin zu Tanzen und Spazieren. Gesünder zu essen gelingt leichter, wenn Sie sich pro Quartal immer nur eine Verbesserung auf einmal vornehmen (zunächst zwei bis drei Monate weniger zu naschen, dann auch kleinere Portionen zu essen, dann auch weniger Alkohol zu konsumieren usw.), bis Sie schließlich alles umgestellt haben, was Sie jetzt stört.
- Erleben Sie öfter Neues: Testen Sie neue Restaurants, probieren Sie eine Sportart, die Sie noch nicht kennen, lernen Sie eine neue Sprache. Waren Sie schon in jedem Bezirk Ihrer Heimatstadt? Geben Sie sich gelegentlich kleinen «Alltagsabenteuern» hin und genießen Sie die kleine Auszeit.
- Entspannungstechniken wie Meditation, Yoga, Qi Gong oder progressive Muskelentspannung können sehr hilfreich sein, um Stress abzubauen oder zu sich selbst zu kommen. Probieren Sie eine Methode für einen begrenzten Zeitraum aus und entscheiden Sie dann, ob Sie es weiterführen möchten.

12.1.3 Angelernter Perfektionismus

Viele PerfektionistInnen streben nach fast oder tatsächlich unerreichbaren Idealen. Einerseits ist es zu Beginn oft der Rausch, etwas Schwieriges zu meistern und einen tollen Erfolg feiern zu können. Wie bereits erwähnt, ist Perfektionismus nicht per se negativ (s. Kap. 11). Das Ziel, alles perfekt zu machen, kann jedoch nicht immer oder nur mit großen Entbehrungen (Zeit, Energie, vielleicht auch Geldeinbußen) erreicht werden, sodass das Streben nach Perfektionismus bald zu einem Teufelskreis wird: Je mehr man versucht, etwas perfekt zu machen, umso mehr Ressourcen werden dafür aufgebraucht, die dadurch für andere Vorhaben abgehen – was es wiederum erschwert, diese perfekt zu lösen.

Dabei sind viele der von perfektionistisch veranlagten Menschen angestrebten Ziele gar nicht ihre eigenen. Manche **Antreiber** (interne Motivatoren) haben sie von Eltern oder Lehrpersonen übernommen, oft als Reaktion auf Schelte. So kann der Wunsch, immer allem bis ins kleinste Detail nachgehen zu wollen, von Aussagen beeinflusst worden sein, die andere in der Kindheit oder Schulzeit geäußert hatten, z.B. wie ignorant oder ungelehrig man doch sei. Um diese Blöße und Scham nie mehr erleben zu müssen, haben sich einige Menschen angewöhnt, alles so gründlich wie möglich zu machen.

Übung

Können Sie an sich selbst auch perfektionistische Tendenzen erkennen und wenn ja, welche? Für wie perfektionistisch hält Sie Ihr Umfeld? Halten Sie eine gewisse perfektionistische Ader für liebenswert und für sich selbst nicht weiter belastend, ist alles in Ordnung. Nehmen Sie manche perfektionistische Tendenz jedoch als Belastung wahr, gehen Sie in der Zeit zurück und überlegen Sie, wann Sie diese das erste Mal erlebt haben. In welcher Situation und mit welchen Menschen wollten Sie etwas besonders gut machen? Arbeiten Sie auf, was Sie damals gefühlt und wie Sie reagiert haben und vergleichen Sie dies mit Ihrem heutigen Verhalten als Erwachsene.

12.2 Tages-, Wochen- und Monatsmottos

Wenn Sie sich über «leere Kilometer» und die zunehmende Hektik manchmal die Sinnfrage «Wozu tue ich mir das alles an?!» stellen, lohnt ein kritischer Blick auf die eigenen Prioritäten (s. o.) und Zielsetzungen und eine allfällige Justierung.

Übung

Eine einfache Schreibübung aus dem Repertoire von Schreibcoach Birgit Schreiber macht deutlich, welche Prioritäten in Ihrem Kalender und auf Ihren To-do-Listen ggf. zu wenig prominent vertreten sind und welche im Übermaß. Schreiben Sie Ihre zehn wichtigsten Lebensziele und liebsten Tätigkeiten auf einen Zettel. Danach schreiben Sie auf einen zweiten Zettel eine Liste mit Ihren zehn wichtigsten Tätigkeiten und Terminen der kommenden Woche. Nun vergleichen Sie diese beiden Listen: Wenn kein Element der ersten Liste in der zweiten – oder manchmal vielleicht nur indirekt – enthalten ist, sollten Sie handeln. Versuchen Sie in den nächsten Wochen und Monaten durch kleine Änderungen eine Ähnlichkeit zwischen beiden Listen zu erreichen – bringen Sie Ihre Ziele und Dinge, die Sie lieben, vermehrt in Ihren Alltag ein.

Bei der Neuausrichtung Ihrer Prioritäten reicht es zunächst schon zu wissen, was Sie nicht mehr machen wollen. In der Literatur und einschlägigen Blogs werden sie **Personal Policies** (z. B. auf http://www.brittanylbergman.com/personal-policies/) oder «Persönliche Gebrauchsanleitung» genannt: feste Grundsätze, die Sie für sich aufstellen und nur in schlimmen Notsituationen umgestoßen werden dürfen. Beispiele sind: «Am Sonntag ist arbeitsfreie Zeit.», «Während der Woche nehme ich an maximal zwei beruflichen Abendveranstaltungen teil.» «Ich halte meine Versprechungen ein, auch und ganz besonders jene, die ich mir gegenüber gemacht habe.»

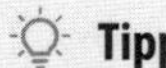

Tipp

Wenn Sie durch die Definition Ihrer Personal Policies auf regelmäßig wiederkehrende Ärgernisse gestoßen sind, von denen Sie sich gerne befreien würden, erstellen Sie als Ergänzung auch eine **«Not-to-do»-Liste**. Auf diese kommen Tätigkeiten, denen Sie nicht mehr nachkommen, Verpflichtungen, die Sie nicht mehr erfüllen, und Events, die Sie ab sofort nicht mehr besuchen möchten.

Personal Policies sollen Ihnen Leitlinien aufzeigen, ohne Sie dabei allzu sehr einzugrenzen. Ganz im Gegenteil: Durch Ihren freiwilligen Ausschluss mancher Tätigkeiten und Erlebnisse reduzieren Sie Zeit und Energie, die Sie für die Entscheidungsfindung «soll ich etwas machen oder nicht» aufwenden müssten. Viele Menschen finden diese persönlichen Gebrauchsanleitungen daher sehr befreiend, da einmal getroffene Entscheidungen zugunsten einer bestimmten Begrenzung auch das schlechte Gewissen mindern.

Reflexionsfragen

- Wenn ich es sofort ändern könnte – was wäre das erste, das ich angehen würde?
- Welche Verpflichtungen möchte ich mittelfristig nicht mehr erfüllen müssen?
- Welche drei Bereiche möchte ich weiterhin mit vollem Einsatz perfekt erledigen? Und welche drei nicht mehr?

Um bei drohender Überlastung oder nach einer Tiefphase wieder zu klareren Prioritäten zu kommen, hilft die Fokussierung auf ein zeitlich begrenztes **Motto**. Stellen Sie einen Monat unter die «Schirmherrschaft» eines Begriffs oder Ausspruchs. Lassen Sie sich jeden Tag durch eine automatische Erinnerung mit diesem Begriff wecken, nutzen Sie ihn als Hintergrund auf Ihrem Computer-Desktop, schreiben Sie ihn auf einen Klebezettel und hängen Sie ihn neben den Badezimmerspiegel. Arbeiten Sie wenn möglich einen Monat lang jeden Tag in ganz kleinen Dosen daran, diesem Begriff zu entsprechen. Beispielsweise fällt die Pflege von Freundschaften und Kontaktnetzwerken in besonders stressigen Zeiten leider allzu oft unter den Tisch. Das ist insofern kontraproduktiv, da gute soziale Gefüge ein Auffangnetz bei Überarbeitung und Stress und ganz generell eine großartige Quelle für Freude, Zugehörigkeit und Unterstützung sind. Machen Sie daher Freundschaften zu Ihrem nächsten Monatsmotto und investieren Sie etwas mehr Zeit in Ihre Freunde – das wirkt als wichtige Burnout-Prophylaxe und ist somit auch essentiell für Ihre Funktionsfähigkeit.

Übung

Zum Motto «Freundschaften» passend: Sammeln Sie einen Monat lang jeden Tag kleine **Aufmerksamkeiten**, die FreundInnen erfreuen oder Sie dabei unterstützen, ihnen wieder näher zu sein. Das kann ein Termin für einen gemeinsamen Kinoabend sein, ein gemeinsamer Besuch im Spa oder ein feines Essen im Lieblingsrestaurant des besten Freundes. Machen Sie auch Bekannten, Verwandten und KollegInnen eine Freude: Sagen Sie Ihrem Nachbarn zum Beispiel, wie erholt er nach seinem Urlaub wirkt, lassen Sie erkrankten Familienmitgliedern Genesungswünsche per Videobotschaft zukommen, bieten Sie den NachbarInnen an, deren Kinder im Auto mit in die Schule zu nehmen, bringen Sie Ihrem Team einen Kuchen mit ins Büro, hören Sie in der Kaffeepause einer Kollegin aufmerksam zu, nehmen Sie Ihrer Partnerin/Ihrem Partner im Haushalt eine Tätigkeit freiwillig ab oder gratulieren Sie guten FreundInnen mit einer Postkarte zu einem Erfolg. Die meisten Aufmerksamkeiten kosten kein oder kaum Geld und benötigen wenig Zeit – versuchen Sie täglich eine davon zu erledigen. Durch die «Macht der Kette» (s. Kap. 11) kommt man viel weniger in Versuchung, das Experiment vorzeitig abzubrechen oder es zu vergessen.

Neben diesen eher kurzfristigen Mottos kann auch ein Halbjahr oder Jahr unter ein bestimmtes Motto gestellt werden. Zum Beispiel das Motto «Wachstum», wenn Sie sich einmal intensiver mit Ihrer persönlichen Weiterentwicklung beschäftigen und nach immer neuen Wegen dafür suchen möchten. Das Motto «Ich» kann vieles beinhalten, das Sie an und durch sich erneuern, verbessern und erweitern möchten. «Publikationen», «Habilitation» oder «Abschluss» sind andere berufsbezogene Mottos.

12.3 Ständig on the go – Herausforderungen externer Lehrender

Personalentwicklungen von Hochschulen müssen eine Vielfalt an Themen, die für verschiedenste Fachbereiche interessant sind, und immer wieder neu entstehende Schwerpunkte mit entsprechenden Weiterbildungsangeboten abdecken. Dafür werden gerne externe Lehrende wie Selbstständige in der Erwachsenenbildung oder Coaches herangezogen. Diese machen daher oft einen großen Anteil an Vortragenden an Hochschulen aus. Ihre Kenntnisse sind oftmals mit praktischen Erfahrungen im jeweiligen Feld gepaart, was MitarbeiterInnen an akademischen Einrichtungen neue Impulse bietet.

Externe Hochschullehrende sind wichtig, dennoch ist ihre Entlohnung zumeist deutlich schlechter als die regulärer befristeter oder unbefristeter Hochschullehrender. Und das für mindestens gleich viel Arbeitsaufwand, u. a. für die

Vor- und Nachbereitung von Veranstaltungen (z. B. Kurs in Lehrplattform aufsetzen, administrative Aufgaben erledigen, Beschreibungen für Kursprogramme liefern, Besprechungen über Erfordernisse durchführen usw.). Wer von den Externen in kleinem Umfang am normalen Curriculum beteiligt ist, übernimmt z. T. auch die Beratung und Betreuung von Studierenden während der Semester sowie die Begutachtung und Beurteilung von studentischen Arbeiten.

Um ihr Auskommen zu erweitern, nutzen viele externe Lehrende ihre Vorkenntnisse und Erfahrungen, um ein breites thematisches Angebot zu erstellen. Die Erweiterung des Vortragsangebots durch ein stimmiges **Portfolio** wird mit erheblichem Aufwand für **Akquise** an interessierte Institutionen gestreut und beworben. Als externe/r Lehrende/r können Sie so zwar mehr Einkommen generieren, doch sind Sie durch Aufträge an vielen verschiedenen Einrichtungen seltener in den Hochschulalltag eingebunden und weniger über reguläre Aktivitäten und Unterstützungsangebote des Kollegiums informiert.

Umso wichtiger, auch im Hinblick auf mögliche Auftragsanbahnung und Akquise, ist daher das berufliche Netzwerken. Einige wichtige Dos und Dont's sind im nachfolgenden Kapitel zusammengefasst (s. Kap. 13). Auch den Aufwand für Vorbereitungen und Administratives der Veranstaltungen sollten Sie als Externe/r so gering wie möglich halten, z. B. indem Sie die Sekretariate der beauftragenden Institutionen bitten, die grundlegenden vorbereitenden Tätigkeiten zu übernehmen (Anmeldelisten führen, Nachfragen zum Kurs bearbeiten, Kursbeschreibung online stellen, Arbeitsblätter ausdrucken und bereitstellen usw.).

Tipp

Erstellen Sie eine Checkliste mit allen nötigen Vorbereitungen, die Sie vor einem Workshop oder Seminar unbedingt erledigen (lassen) müssen. Je nachdem, wie lange Ihre Stornofrist für Veranstaltungen abgemacht ist (meist eine bis drei Wochen), melden Sie sich eine Woche vor Ende dieser Frist bereits kurz bei den VeranstalterInnen und bitten Sie um die aktuellen Anmeldezahlen zu Ihrer Veranstaltung. Klären Sie dabei auch, was noch vorzubereiten ist, und beginnen Sie dann erst mit der inhaltlichen Planung.

Selbstständige sind besonders gefährdet, zu viel zu arbeiten und nicht mehr richtig abschalten zu können, weil es immer etwas zu tun gibt. Auch wer unselbstständig für eine gewisse Wochenstundenzahl angestellt ist, muss mit seiner Kraft und Ausdauer gut haushalten. Achten Sie ganz besonders auf Ihre Pausen, wenn Sie ein Ziel schnell erreichen möchten. Die Aufmerksamkeit reicht bei allen Menschen unterschiedlich lange, doch bedingt durch den eigenen Biorhythmus sowie äußerliche wie innerliche Voraussetzungen (Krankheit, Vitaminmangel, Schlafmangel, Hunger) wird mehrmals während des Tages ein Tief durchlaufen. In diesen Phasen sollte man Pausen einlegen und direkt davor und danach ausschließlich Tätigkeiten mit niedrigem Energiebedarf (nach Eisenhower-Matrix Priorität C oder D, wenn diese überhaupt abgearbeitet werden, s. Kap. 11) ausführen.

Ideal ist, in den Pausen nicht nur zu essen oder sich auszuruhen, sondern sich auch zu bewegen (Stichwort «aktive Pause»). Das Stresshormon Cortisol kann ausschließlich durch Sport und Bewegung sowie ausreichend Schlaf abgebaut werden. Wer die Warnsignale seines Körpers nicht wahrnimmt oder bewusst missachtet, muss mittel- bis langfristig mit seelischen und körperlichen Beeinträchtigungen rechnen.

13 Karriereentwicklung im Auge behalten

Natascha Miljković

«Es ist nicht von Bedeutung, wie langsam du gehst, solange du nicht stehenbleibst.»
(Konfuzius)

In diesem Kapitel finden Sie …
… Tipps und Ideen, wie Sie sich und Ihre zahlreichen Kompetenzen in das beste Licht rücken können. Zum einen planerisch, indem Sie Ihre Karriereentwicklung im Auge behalten, zum anderen, indem Sie sich online und offline durch Selfbranding-Methoden bekannt(er) machen.

13.1 Wissenschaftliche Karrieren

«Karrieren beginnen häufig bereits im Studium» proklamierte man im Duden Bewerbungsratgeber für AkademikerInnen 2008 (2008:21). Das hat auch mehr als zehn Jahre danach noch seine Gültigkeit. Ergänzen sollte man diesen Satz allerdings um «Karrieren macht man durch Kontakte». In vielen Fachbereichen sind das Kontaktnetzwerk an ExpertInnen und die beruflichen Möglichkeiten durchaus überschaubar. Aus diesem Grund sind auch die Karrieren – so man in diesem Bereich weiter tätig bleiben möchte – stark davon abhängig, ob man gute und starke Verbindungen zur jeweiligen **Community** hat (Duden 2008:19). Tipps zum aktiven **Netzwerken** finden Sie untenstehend (s. Kap. 13.2).

Deutlich schwieriger als noch vor zehn Jahren wurde es, einen klassischen Bildungs- und Karriereweg an Hochschulen einzuschlagen. Einst konnten besonders talentierte und fleißige Studierende von der studentischen Hilfskraft oder TutorIn zur wissenschaftlichen Hilfskraft werden, dann über die Promotionsanstellung zu einer guten PostdoktorantInnen-Position und von der **Privatdozentur** zur Assistenzprofessur gelangen und sich schließlich als ProfessorIn etablieren. Unmöglich ist das auch heute nicht, doch durch die geringe Zahl an Professurstellen ist der beschriebene Werdegang selten geworden. Außerdem ist für das Anstreben der Habilitation (auch: venia legendi; in einigen europäischen Ländern die Berechtigung zur Hochschullehre in einem Fachgebiet) und einer Professur nach dem akademischen Abschluss ein längerer Auslandsaufenthalt gang und gäbe (Duden 2008:20). Durch ihre Anwendungs- bzw. Praxisorientierung ist bei Fachhochschulen für eine Anstellung in höheren Positionen zudem **Praxiserfahrung** in der Wirtschaft o. dgl. vorzuweisen.

Berufungsprozesse für Professuren dauern lange (ca. eineinhalb bis zwei Jahre) und sind fordernd. Nach Ihrer Bewerbung auf eine zumeist internationale Ausschreibung in Ihrem Fachbereich werden Sie in vielerlei Hinsicht geprüft. Das Ausschreibungsprofil verlangt neben einem herausragenden «**Track Record**» (Nachweis) Ihrer Forschung auch zahlreiche Publikationen in möglichst hochrangigen Journalen und Einwerbung von Forschungsgeldern für sehr gut bewertete wissenschaftliche Projekte. Zudem wird erwartet, dass Sie eine gute Vortragstätigkeit, erfolgreiche Betreuung von Studierenden und einige Auslandserfahrung nachweisen können. Eine **Berufungskommission** wird die eingelangten Bewerbungen genau prüfen und nur die besten KandidatInnen für den weiteren Bewerbungsprozess zulassen.

Stellenanzeigen für AkademikerInnen und WissenschaftlerInnen finden Sie auf den Karriereseiten der Hochschulen und in allen offiziellen Ankündigungsorganen des jeweiligen Landes (Websites und Datenbanken von Ministerien, Arbeitsämtern usw.). Andere Möglichkeiten, auf gute Jobs aufmerksam zu werden, sind Portale wie:

- https://www.academics.de/stellenanzeigen
- https://www.myscience.de/jobs
- https://wissenschaftskarriere.duz.de/
- http://www.bildungsserver.de/jobboerse/jobboerse_de.html
- http://www.hochschulkarriere.de
- https://www.research-in-germany.org/de/karriere-in-der-forschung/jobsuche.html
- https://academicpositions.at/
- https://www.fwf.ac.at/de/service/fwf-jobboerse/
- https://www.ffg.at/jobboerse
- https://academicpositions.ch/
- http://www.science-jobs.ch/de

Für die europaweite Suche nach wissenschaftlichen Anstellungen können Sie u. a. folgende Seiten nutzen:

- https://www.academicjobseu.com/
- https://www.timeshighereducation.com/unijobs/europe/

- https://www.universitypositions.eu/
- https://euraxess.ec.europa.eu/

Darüber hinaus bieten auch Fachschaften spezielle Jobbörsen an, ebenso Berufsverbände (z. B. «PsychJOBS» (https://www.psychjob.eu/de/jobs) für den psychologischen Bereich).

13.2 Selfbranding

Unter dem sogenannten **Selfbranding** (oder Personal Branding) sind zahlreiche niederschwellige Marketingtechniken für Einzelpersonen zusammengefasst. Durch diese Formen von Selbstdarstellung präsentieren sich ExpertInnen online wie offline anderen Menschen, um u. a. folgende Ziele zu erreichen:

- auf sich und die eigenen Kenntnisse und Fähigkeiten aufmerksam machen
- die eigenen Services und Produkte in Szene setzen und bewerben (v. a. Selbstständige)
- ein Fachgebiet einem breiteren Publikum durch die eigene Tätigkeit näherbringen
- bestimmte Werte vertreten

Zwar sollte diesen Ansinnen regelmäßig nachgegangen werden, doch sollten sie nie aufdringlich und immer entsprechend der eigenen Persönlichkeit erfolgen, um zur authentischen **«Ich-Marke»** mit Wiedererkennungswert zu werden und niemanden zu vergraulen (Miljković 2018). Niemand soll überzeugt oder überredet werden, wie großartig man ist und wie toll man sich auskennt (Kasanoff 2014). Vielmehr soll Ihr Selfbranding für andere einen Mehrwert im Netzwerk schaffen (s. u.) und im Idealfall auch eine Identifikation mit der eigenen Person ermöglichen.

Reflexionsfragen

- Wie möchte ich von anderen Menschen wahrgenommen werden?
- Welcher Aspekt meiner Persönlichkeit kommt bei anderen Menschen am besten an?
- Was ist meine wichtigste «Botschaft» an andere?
- Welche Aspekte meiner Tätigkeit sollten viel mehr Menschen zugänglich sein?
- Für welche Werte stehe ich unbedingt ein?

13.2.1 Authentizität

Authentische Menschen werden von anderen gemocht, weil sie ihren Weg gehen, ehrlich sind, nicht über andere klatschen und nicht viel auf die Meinungen anderer zählen. Authentisch zu leben bedeutet jedoch nicht, nie auf andere zu hören. Authentische Menschen haben lediglich bereits gelernt, selbst auch nur authentische und ehrliche Menschen in ihr Leben zu lassen und dadurch gewiss sein zu können, dass auf deren Ratschlag Verlass ist. Authentisch zu leben bedeutet auch, in sich zu ruhen und alle Ecken und Kanten der eigenen Persönlichkeit zu kennen, zu akzeptieren und wertzuschätzen.

Allerdings: Nur weil man eine authentische Person ist, wird man nicht automatisch von allen Menschen gemocht. Doch eine «Ich-Marke» wird eben durch diese gelebte Authentizität wiedererkennbar: Man kann sich auf einer tieferen menschlichen Ebene leichter mit ihr identifizieren – oder eben auch nicht. Das trägt dazu bei, dass das Gesagte von «Ich-Marken» mehr Gewicht bekommt, weil man diesen Menschen mehr Vertrauen schenkt (Wüst 2011), man freut sich über die nützlichen Impulse, die sie geben, verlässt sich eher auf ihre Einschätzungen und empfiehlt sie weiter.

Übung

Folgende Reflexionsfragen können Sie dabei unterstützen, eine authentische Ich-Marke aufzubauen:

- Was lief im letzten Jahr/in einem bestimmten Projekt bisher nicht so gut? Worauf führe ich das zurück? Welche Fähigkeiten habe ich dabei gelernt und welche möchte ich mir noch aneignen?
- Von welchen Menschen war ich kürzlich stark beeindruckt? Welche positiven Verhaltensweisen haben sie gezeigt? Was könnte ich davon für mein Leben übernehmen?
- Wie bin ich mit Fehlern bzw. Unvorhergesehenem umgegangen? War ich lösungsorientiert oder habe ich mich eher gegen Schuldzuweisungen gewappnet?
- In welchen Situationen habe ich meine Intuition nicht beachtet bzw. bin ich entgegen meiner eigenen Prinzipien vorgegangen?
- Wie kann ich die Arbeits- oder privaten Beziehungen zu anderen vertiefen und/oder positiver gestalten? Sind meine Kontakte mit Problemen beschäftigt, bei denen ich sie unterstützen kann?

13.2.2 Selfbranding für Lehrende

Für Sie als Lehrende ist es wichtig, einen guten **Rapport**, also eine verbindende zwischenmenschliche Verbindung, mit Ihren Studierenden aufzubauen. Das unterstützt Sie dabei, sie effektiv durch das Semester oder durch das ganze

Studium begleiten zu können. Beim Aufbau von zwischenmenschlichen Beziehungen geht natürlich jede/jeder völlig nach ihrer/seiner jeweiligen Persönlichkeit vor – für alle ist Authentizität (s. o.) jedoch der Schlüssel zu guten Beziehungen mit KollegInnen und Studierenden.

Wie auch beim Netzwerken (s. u.) ist das zentrale Element beim Selfbranding, anderen immer mehr zu bieten, als man selbst aus einem Netzwerk entnimmt. Folgende Praktiken sind förderlich (Miljković 2018):

- Das Teilen von nützlichen Informationen (z. B. welche Fachbücher Sie für besonders geeignet halten, Hinweise auf Bildungsveranstaltungen, Weitergabe von Handreichungen usw.) unterstützt andere und stärkt das Netzwerk.
- Das Teilen von Reflexionen über das eigene Handeln vor, im und nach dem Unterricht (z. B. Erfahrungsberichte über neue (Online-)Lehrmethoden oder die eigenen Problemlösungsansätze zu wiederkehrenden, schwierigen Situationen in einem Blog, Podcast oder kurzem Video festhalten (Gallagher 2015)) ist für andere eine gute Möglichkeit zur Reflexion über das eigene Verhalten und zur Selbstverbesserung.
- Das Teilen von interkulturellen Aspekten (z. B. durch Aufwerfen von Fragen wie «Wie wird das eigentlich woanders gehandhabt?» – «Vor welchen Herausforderungen stehen Lehrende in Land xy?») erweitert nicht nur den eigenen Horizont, sondern auch den der anderen.

Ein eigener **Webauftritt** mit Blog ist heutzutage häufig der wichtigste Dreh- und Angelpunkt der Kommunikationsaktivitäten für Selfbranding. Unterstützt werden diese durch die Nutzung ausgesuchter Social-Media-Kanäle wie Twitter, LinkedIn, Facebook oder Instagram. Ziehen Sie Online-Inhalte und Social Media zum ersten Mal für Berufliches und Selfbranding-Techniken heran, gibt es oft Hürden und Befürchtungen (Miljković 2018):

- «Ich habe nicht genug Ideen dafür.» – **Content** findet sich im Lehralltag bestimmt mehr als genug. Schreiben Sie, worüber Sie als Lehrende gerne lesen und seien Sie bei der Vermittlung der Informationen kreativ.
- «Ich habe keine Zeit dafür.» – Das Bloggen und Nutzen von Social Media benötigt etwas Zeit, aber sicherlich weniger als Sie vermuten. Überlegen Sie Ziele und Nutzen für sich und Ihre Lesenden und erstellen Sie sich dann einen Zeit- und **Redaktionsplan** (s. u.).
- «Ich kann nicht so unterhaltsam schreiben.» – Gerade beim Schreiben können Andere viele Aspekte Ihrer Persönlichkeit erkennen, das Wichtigste beim Selfbranding. Mit etwas Übung finden Sie Ihre eigene **Schreibstimme** meist rasch.

- «Ich bin technisch nicht affin genug.» – Die Funktionen von Social Media sind relativ selbsterklärend aufgesetzt. Da Editorprogramme für Blogs Microsoft Word und anderen Schreibprogrammen sehr ähnlich sind, können auch Neulinge schon nach wenigen Minuten ihren ersten Blogbeitrag veröffentlichen.

 **Übung**

Tatsächlich kann ein Versuch in der Social-Media-Welt Fuß fassen zu wollen, nicht schaden. Doch auch Selfbranding und Netzwerken ausschließlich offline zu betreiben, ist völlig in Ordnung. Wenn Sie es sich noch einige Zeit aus sicherer Distanz überlegen möchten, folgen Sie einstweilen einigen Ihrer KollegInnen z. B. auf Twitter und LinkedIn. Analysieren Sie, was, wann und wie viel Ihre KollegInnen online teilen («posten») und wie sie mit Kommentaren umgehen. Wenn die KollegInnen Blogs führen, sehen Sie den Aufbau der Artikel genau an: Was gefällt Ihnen an der Informationsaufbereitung, was nicht so gut? Sind die Artikel informativ oder unterhaltsam – oder beides? Welche Inhalte werden darin verlinkt? Sehen Sie dann Ihre eigene Zeitplanung durch und versuchen Sie zwei bis drei Stunden pro Woche oder wenigstens alle zwei Wochen erübrigen zu können, um einen Blogartikel von ca. zwei A4-Seiten und einige Social-Media-Posts zu verfassen. Mehr Aufwand bedarf es meist gar nicht, um Social Media verstärkt für Selfbranding zu nutzen.

Lediglich zwei Bedenken rund um Social Media sind wirklich legitim:

1) Setzen Sie Spielregeln für sich und Ihre Studierenden auf, wie Sie online und offline beim Kommunizieren mit ihnen interagieren möchten. Allzu schnell könnte zu viel Kontakt zu einer/einem Studierenden bei der späteren Notenvergabe als Beeinflussung gewertet werden (Carrigan 2016:102). Die schnellste Lösung: Manche Lehrende verweigern ihren aktuellen Studierenden bis nach der Notenvergabe die Verknüpfung mit ihren Social Media, um unangenehme Verdächtigungen zu vermeiden.
2) Auch die Onlinewelt ist keine rechtlose Weite. Achten Sie daher penibel darauf, keine sensiblen Daten oder Angaben Dritter zu veröffentlichen und auch Urheber- und Persönlichkeitsrechte Dritter zu wahren (Achtung bei Verwendung von Bildern, Musik und Texten – weichen Sie auf lizenzfreie Inhalte aus!).

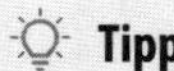 **Tipp**

Die Nutzung von Online- und Social-Media-Tools kann Ihnen nicht nur für den Aufbau des Rapports dienlich sein. **Social Media** halten auch einige didaktische Möglichkeiten für Sie bereit: Online-Umfragen, Live-Abstimmungen, gemeinsames Sammeln von Informationen, gemeinsames Verfassen von Texten usw. (Klein 2017; Miljković 2018).

13.2.3 Beruflich netzwerken

Im Idealfall ist das Netzwerken, also der Kontaktaufbau online und offline, nicht zielgerichtet: Man trifft andere, freut sich an deren Bekanntschaft und, wenn man sie unterstützen kann, tut man es auch. Alle Kommunikation und Hilfestellung findet allerdings statt, ohne eine unmittelbare Gegenleistung dafür zu erwarten. Das «Geben und Nehmen» ist tatsächlich viel mehr ein Geben, um das Netzwerk zu fördern. Das stärkt die Verbindungen nachhaltig, sodass Sie das Netzwerk auch beanspruchen können, wenn Sie später selbst einmal Informationen benötigen oder die Einladung zu einer Veranstaltung verbreiten wollen.

Übung

Soziale Netzwerke können auch wissenschaftliche Karrieren stärken. Dazu bedarf es allerdings der Analyse und Pflege der Kontakte. Halten Sie auf einem Blatt Papier fest, in welchen Online- und Offline-Netzwerken Sie aktiv sind (z. B. im Netzwerk der Abteilung, einer bestimmten Arbeits- oder Projektgruppe, einer Gruppe von persönlichen FreundInnen, eines Vereins oder des Elternverbands an der Schule Ihrer Kinder usw.). Üblicherweise stehen Ihnen nicht all diese Gruppen beruflich und privat sehr nahe, ebenso nicht alle ihrer VertreterInnen. Überlegen Sie, mit welchen der bestehenden Gruppen Sie in Zukunft mehr oder auch weniger Kontakt haben möchten und wie Sie das konkret angehen wollen (z. B. einmal pro Woche zu den Mittagspausen mit den KollegInnen auch Bekannte aus anderen Abteilungen einladen, sich im Hobbyclub nicht für die Organisation der nächsten Veranstaltung melden, sondern nur einen Teil davon übernehmen). Bedenken Sie auch bevorstehende Veränderungen: Gibt es Kontakte und Gruppen, die Ihnen beruflich und/oder privat in der nächsten Zukunft gut täten (z. B. weil Sie in eine neue Stadt ziehen oder den Arbeitsplatz wechseln werden)? Überlegen Sie dann: Wie könnten Sie in diese Kreise kommen? Gibt es gelegentlich öffentliche Veranstaltungen dieser Gruppen? Treten Sie auch entsprechenden Facebook- und LinkedIn-Gruppen bei und stellen Sie sich dort kurz vor. Überlegen Sie, welche Personen in den einzelnen Gruppen Sie am authentischsten finden, wer besonders aktiv und besonders zuverlässig ist. Wie könnten Sie diese Personen unterstützen, um bessere Verbindungen aufzubauen? Mit diesen Strategien kuratieren und pflegen Sie Ihre Netzwerke stetig (Miljković & Merten 2017:153ff.).

Netzwerkpflege und -aufbau sind unaufwendig, sollten jedoch regelmäßig durchgeführt werden, z. B. mit folgenden Aktivitäten:

- Fragen anderer in Social-Media-Kanälen beantworten
- Details über Menschen in Erfahrung bringen
- Nützliche Empfehlungen und Tipps weiterleiten
- Posts kommentieren und wertvolle Gedanken hinterlassen
- Menschen einander vorstellen

Tipp

Das soziale Wesen Mensch hat ein feines Gespür für Mitmenschen. Darum funktioniert das Netzwerken besonders gut, wenn man Online-Aktivitäten auch ein Offline-Treffen folgen lässt und seine Kontakte persönlich kennenlernt.

13.3 Social Media für AkademikerInnen

Seit 1991 die erste Website online ging, eroberte die Menschheit die von ihr neu geschaffene Online-Welt rasant. Mittlerweile haben gut vier Milliarden Menschen permanenten Internetzugang zu mehr als zwei Milliarden Websites (aktuelle Zahlen von Internet Live Stats auf http://www.internetlivestats.com/). «Ich google das mal schnell.»: Was noch vor einigen Jahren als sprachlicher Fauxpas erschienen wäre, wurde durch einen Eintrag in den Duden zu einem properen deutschen Wort – googeln. Der Vorgang des Suchens in Suchmaschinen wie Google ist längst zum Synonym für **Wissensaneignung** geworden. Genauso sind Hashtags, liken, sharen, tweeten, pinnen, posten und viele andere Begriffe der Online- und Social-Media-Welt auch in unseren Alltag eingezogen. Social Media umgeben uns alle, auch hartgesottene GegnerInnen.

Das trifft auch auf Hochschulen und die Forschung zu: Das Klischee der/des Gelehrten, die/der einsam in einer Bibliothek recherchiert und in vielen öden Stunden im Büro bis spätabends fantastische Publikationen erstellt, hat meist nichts mehr mit unserem Arbeitsleben in den großen globalen Netzwerken zu tun (Weller 2011 zitiert in Carrigan 2016:7). Darum ist es essenziell, sich – immer nach persönlichem Gusto und Bedarf – um einen guten Umgang mit den zahlreichen Möglichkeiten zu bemühen. Eine Weiterbildung für mehr digitale Lehrkompetenzen (**Digital Scholarship** nach Weller 2011) unterstützt Sie dabei, sich in den Social Media gut zurechtzufinden und die digitalen Möglichkeiten auch in Ihrer Lehre einzusetzen.

Zunächst sollten Sie jedoch immer klären, wozu Sie Social Media nutzen möchten. Grundsätzlich stehen Lehrenden und Forschenden zwei große Kategorien an Nutzungsarten zur Verfügung (van Dijck 2012 zitiert in Carrigan 2016:10) – 1) Soziale Netzwerke für den persönlichen Austausch (Twitter, Linked In, Facebook o. Ä.) und 2) Webseiten mit selbst gestalteten Inhalten (**user generated content**) (Youtube, Flickr, Wikipedia o. Ä.). Auch über die Wunsch-Zielgruppe, Art, Tonalität und Frequenz sollten Sie sich vorab klar werden.

Tipp

Elisabeth Rock (o. J.) gibt folgende generellen Empfehlungen für den professionellen Umgang mit Social Media:

- Posten Sie ein- bis zweimal pro Monat, damit sich Menschen an Sie erinnern können.
- Bedenken Sie: Wenn Sie posten, repräsentieren Sie immer auch Ihre Institution mit.
- Eigenlob stinkt. Achten Sie auf ein ausgewogenes Verhältnis von Eigen- und Fremdinhalten (z. B. durch Teilen und Empfehlen von Posts anderer).
- Achten Sie auf Ihren Ruf und hüten Sie die eigene Zunge. Auch der Online-Bereich ist durch diverse Rechte geordnet (s. o.).
- Bleiben Sie positiv und konstruktiv, wenn Sie anderen antworten.

Social Media bieten zahlreiche Möglichkeiten für die Modernisierung von Lehre und Forschung. So können Lehrveranstaltungen durch Streaming mehr TeilnehmerInnen erreichen, die Online-Lehre z. B. durch blended learning oder **MOOCs** (massive open online courses) mehr Freiräume für Kreativität und echte Anpassung an die Bedürfnisse der Lernenden ermöglichen sowie auch Publikationen durch soziales Sharing mehr Sichtbarkeit erlangen, Kontakte für neue Forschungsprojekte leichter geknüpft werden usw. Achten Sie bei der Nutzung dieser Plattformen auf einige Richtlinien (u. a. Fuglei 2014):

- Halten Sie private und berufliche Kontakte eher getrennt und posten Sie private Fotos und Inhalte in Ihren beruflichen Netzwerken nur äußerst spärlich.
- Kontrollieren Sie die **Privatsphäreeinstellungen** genau und passen Sie diese Ihren Bedürfnissen an.
- Setzen Sie sich Richtlinien, wie Sie mit Ihren Studierenden kommunizieren (s. o.). Erwecken Sie vor allem nie den Anschein, als seien Sie 24 Stunden täglich erreichbar.
- Vernetzen Sie sich mit Ihren professionellen Kontakten und mit Organisationen, von denen Sie etwas lernen können.
- Sehen Sie nach, welche Hashtags für Ihre Themen gerade aktuell sind und verwenden Sie diese, um mit Ihren Posts mehr Lesende zu erreichen.

Reflexionsfragen

- Zu welchem Zweck möchte/muss ich Social Media nutzen?
- Welche Kanäle könnte ich für welche Inhalte verwenden?
- Wie könnte ich Social Media oder andere Online-Nutzungen in den Unterricht einbauen?

- Gibt es an meiner Hochschule bestimmte Vorgaben zur Social-Media-Nutzung, generell und für den Unterricht im Speziellen?
- Welche Vor- und Nachteile würde die Social-Media-Nutzung im Unterricht für die Studierenden und mich mit sich bringen?
- Welche Spielregeln im Online-Kontakt zu meinen Studierenden möchte ich etablieren?

Wer seine Social-Media-Kompetenzen noch weiter ausbauen und vor allem mehr über Sicherheit und Urheberrechte in Netzwerken wissen möchte, sollte sich in die «iMOOX»-Kurse der Universität Graz (Österreich) einschreiben (https://imoox.at/mooc/course/index.php) und deren Test über Digital Literacy ausfüllen.

13.4 Professionelle Entwicklung

Die bereits angesprochenen **hochschuldidaktischen Lehrgänge** sind die wohl umfangreichste Möglichkeit, um sich für die Lehre weiterzubilden. Allerdings erfordern sie einiges an Zeitaufwand, weshalb Sie solche Kurse womöglich nicht besuchen wollen oder können. Andere Lehrende würden diese Lehrgänge gerne besuchen, doch sie sind (noch) nicht dazu berechtigt, da einige der entsprechenden Angebote eine bis zu einjährige Lehrerfahrung voraussetzen.

Glücklicherweise sind diese Kurse nicht die einzigen Möglichkeiten zur Weiterbildung der eigenen Lehre, und auch über die Lehrkompetenzen hinaus gibt es immer wieder Skills, die man gerne verbessern, und Themen, über die man gerne mehr wissen möchte. Studieren Sie deshalb vor Semesterbeginn das jeweilige Weiterbildungsangebot der Hochschule nach geeigneten Personalentwicklungsmaßnahmen für Ihre Zwecke (s. Kap. 3.3), überlegen Sie sich, ob Sie an Kursen der lokalen «School of Education» teilnehmen möchten, bewerben Sie sich für Mentoring-Progamme (s. Kap. 3.2) oder belegen Sie eine Kurzausbildung zur **ErwachsenenbildnerIn**.

Weitere interessante professionelle Entwicklungsmöglichkeiten bieten Spezialausbildungen in Fachdidaktik (s. Kap. 1) oder der Besuch lokaler, nationaler, europäischer oder internationaler Fachtagungen oder Fachdidaktik-Tagungen. Weiterbildungsthemen, die sehr beliebt oder gerade stark im Kommen sind, sind u. a.:

- Digitale Didaktik (inklusive elearning/mlearning (mobiles Lernen), Apps, Gamification, blended/inverted/flipped classroom usw.)
- Umgang mit Mehrsprachigkeit von Studierenden bzw. MigrantInnen
- Teaching in English
- Inklusives Lehren
- Growth Mindset (s. Kap. 2.4 und 3.2)
- Interkulturalität
- Urheberrecht in der Lehre (Open Educational Resources (OER), s. Kap. 3.1)
- Leadership
- Visual notetaking
- Design thinking

14 Lehre und Betreuung als Nebenjob

Natascha Miljković

«Man kann viel, wenn man sich nur recht viel zutraut.»
(Wilhelm von Humboldt)

In diesem Kapitel finden Sie …
… Anregungen für die Ausweitung Ihrer Lehrtätigkeit, falls Sie aktuell nur eine Teilzeit- oder geringfügige Anstellung innehaben oder als externe Lehrende arbeiten. Im zweiten Unterkapitel werden Möglichkeiten besprochen, wie Sie nicht-lehrende Tätigkeiten erweitern könnten. Zum Abschluss finden Sie einen Überblick über Möglichkeiten, sich selbstständig zu machen.

14.1 An Hochschulen lehren

Dank vieler Einsparungsmaßnahmen im Hochschulsektor sind unbefristete Vollanstellungen an Hochschulen im deutschsprachigen Raum selten geworden. Durchgesetzt haben sich vielerorts andere Bezahlungsschemata für Lehrende:

- befristete Vollanstellung
- unbefristete und befristete Teilzeitanstellung
- geringfügige Anstellung (z. B. für ein wenige Stunden dauerndes, geblocktes Seminar)
- Einsatz als externe Lehrende (z. B. für Weiterbildungskurse in der Personalentwicklung)

Die höhere Flexibilität in der Planung für die Hochschulen geht mit oftmals kaum abgesicherten oder gar prekären Arbeitsverhältnissen der hochqualifizierten WissensarbeiterInnen einher. AktivistInnen-Gruppen wie die österreichische «Interessengemeinschaft IG LektorInnen und WissensarbeiterInnen» (http://www.ig-elf.at/) und das deutsche «Netzwerk für Gute Arbeit in der Wissenschaft» (NGAWiss) machen auf Missstände aufmerksam und kämpfen gegen ungerechte Entlohnung, Prekariat und Ausbeutung im Hochschulbereich.

Nach einem oder zwei Jahren auf einer befristeten Lehrposition sind viele AkademikerInnen wieder zurück auf dem Arbeitsmarkt. Andere möchten zusätzlich zur befristeten Teilzeitanstellung mehr Stunden arbeiten und wollen trotz der genannten schwierigen Bedingungen ihre Lehrtätigkeit ausweiten. Beginnen Sie sich an der eigenen Hochschule in anderen Abteilungen oder auch an Hochschulen im näheren Umkreis zu bewerben.

✍ Übung

Bevor Sie sich in den Bewerbungsrummel rund um die teils heiß umkämpften Lehrstellen begeben, stellen Sie ein Portfolio mit repräsentativen Vorträgen und Weiterbildungen, die Sie in den letzten Jahren gehalten oder besucht haben, zusammen. Wichtige Informationen sind:

- Thema Ihrer Veranstaltungen
- Art der Veranstaltungen (Vortrag, Seminar, Proseminar, Workshop, Webinar)
- Ort und AuftraggeberInnen (zumindest der Name der Institution)
- Datum und Dauer in Stunden
- ggf. die jeweiligen Zielgruppen (Allgemeinheit, Studierende, Lehrende)

Nennen Sie auch alle absolvierten didaktischen und fachdidaktischen Ausbildungen, die Ihrer Lehre zugutekommen. Zusätzlich zu Ihrem Lehrportfolio können Sie auch einen Mini-Vortrag (**Pitch**) über Ihre Vortragsthemen erstellen und ihn, wenn Sie mögen, sogar als kurzes Video zur Verfügung stellen.

Abgesehen von den genannten Qualifikationen in der Bewerbung ist es für die zukünftigen AuftraggeberInnen auch interessant, mehr über Ihre **Lehrphilosophie** (s. Kap. 1.3) zu erfahren und darüber, ob Sie eher Spezialisierung oder eher Allgemeingelehrtheit vertreten. Auch interdisziplinäre Lehransätze werden gut angenommen, da sie gleichzeitig mehrere InteressentInnenkreise ansprechen.

Vielen nebenberuflich Lehrenden bieten sich bedingt durch ihr jeweiliges Berufsfeld (als Coach, BeraterIn, Marketing-Expertin usw.) oder durch Kombination eines Faches mit bestimmten weiteren Kenntnissen (z. B. Landeskunde oder Sprachkenntnisse) gute Chancen auf zusätzliche Beschäftigung. Ungewöhnliche Wissenskombinationen sind ein Trumpf gegenüber MitbewerberInnen.

Auch viele PraktikerInnen gehen gerne als Lehrende zurück an Hochschulen; aufgrund ihrer höheren Anwendungsorientierung vor allem an die Fachhochschulen. Der Vorteil für die Institutionen und die Studierenden liegt in den vielen praktischen Erfahrungen der Lehrenden, die das theoretische Wissen oftmals relativieren, aber auch ungemein bereichern können. Die Nachteile liegen u. a. in ihren noch unterentwickelten didaktischen Fähigkeiten und manchmal zu geringen Theoriekenntnissen.

Reflexionsfragen

- Welche meiner Fachgebiete und Kenntnisse unterrichte ich am liebsten?
- Für welchen Level möchten ich gerne unterrichten (Bachelor, Master, PhD)?
- Welche Überschneidung mit anderen Gebieten würde sich anbieten aufzuarbeiten?

14.1.1 SpeakerIn und ErwachsenenbildnerIn

Eine andere Möglichkeit nebenberuflich zu lehren ist, sich als Vortragende (SpeakerIn) oder TrainerIn in der Erwachsenenbildung selbstständig zu machen. **SpeakerInnen** sind ExpertInnen, die zu Veranstaltungen für Eröffnungsvorträge eingeladen werden, um z. B. den **Keynote-Vortrag** zu halten oder an Diskussionsrunden teilzunehmen.

Tipp

Speziell Expertinnen ist das Portal Speakerinnen.org (https://speakerinnen.org/de) zu empfehlen. Die NGO hinter dieser Plattform hat zum Ziel, mehr Frauen auf die Veranstaltungspodien zu bringen, um auch deren Expertise in Wissenschaft und Wirtschaft repräsentativer vertreten zu sehen. Der Eintrag in die Plattform ist kostenlos und schnell getätigt.

Erwachsenenbildung kann sehr viele Themen für ganz unterschiedliche Zielgruppen abdecken: von HobbyistInnen in Gartendesign unterrichten, Arbeitslose für das Berufsleben umschulen bis hin zu Laien in wissenschaftlichen Themen weiterbilden ist alles möglich. Die TrainerInnen in der Erwachsenenbildung arbeiten zumeist an außeruniversitären Einrichtungen wie Akademien, Volkshochschulen und Vereinen.

Tipp

Die didaktischen Anforderungen an die ErwachsenenbildnerInnen sind oft kaum geringer als für LektorInnen an Hochschulen, weshalb eine fundierte Ausbildung (z. B. die **Zertifizierung** nach ISO 17024) ein großer Wettbewerbsvorteil ist. Für Schulungstätigkeit in Wiedereingliederungsmaßnahmen für Arbeitsämter sind oft zusätzliche Befähigungsnachweise erforderlich – informieren Sie sich rechtzeitig, sollten Sie Interesse an dieser Art von Nebenbeschäftigung haben.

Die Honorare für Engagements als SpeakerIn können je nach Bekanntheitsgrad in der Branche oder Fachbereich durchaus beachtlich sein, ebenso beachtlich ist allerdings auch die Bandbreite an Honorarsätzen. Die durchschnittliche Bezahlung in der Erwachsenenbildung ist meist gering, viele VeranstalterInnen können zudem nur selten von Pauschalpreisen abweichen. Die Möglichkeit, außerhalb von Hochschulen zu unterrichten, sich ein kleines «Körberlgeld» (Zubrot) zu erarbeiten und gleichzeitig breitere Lehrerfahrung zu sammeln, ist es sicherlich wert.

14.1.2 Ideen-Hub Lehre

Die Lehre kann auch zur Ideen-Generierung genutzt werden. Wer in einer Halbtagsbeschäftigung ausharrt und keine passenden zusätzlichen Engagements in der Lehre (oder Forschung) entdeckt, kann die aktuell vorhandenen Ressourcen nutzen, um sich auf ein längeres Projekt vorzubereiten oder ein solches nebenher durchzuführen, z. B.:

- Schließen Sie Ihre PhD mit Hochdruck ab.
- Bewerben Sie sich auf Forschungs- oder Lehrstellen.
- Führen Sie umfangreiche Recherchen für Ihre Publikationen durch.
- Bahnen Sie ein größeres Forschungsprojekt an.
- Reichen Sie einen Forschungsantrag ein.
- Planen Sie ein Sabbatical oder eine Forschungsreise.
- Entwickeln und schreiben Sie ein Sachbuch.
- Planen Sie neue Lehrveranstaltungen.
- Starten Sie die Akquise für außeruniversitäre Lehranstellungen.
- Beginnen Sie eine postgraduale Zusatzausbildung.

Notieren Sie sich bei den Nachbereitungen zu Ihren Veranstaltungen interessante Fragen von Studierenden, Umstände, für die Sie keine einfache Erklärung gefunden haben und Aspekte, die Sie selbst noch nicht so genau verstehen. Auch Veranstaltungen anderer lassen manchmal spannende Fragen offen. Selbst Artikel, Bücher und Dokumentationen ebenso wie Gespräche unter KollegInnen können Sie zur Entwicklung eines neuen Seminarangebots oder eines Buchprojektes anregen.

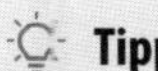 **Tipp**

Wie kann man aus den eigenen Vorlesungs- oder Vortragsthemen ein Skript für ein Sach- oder Fachbuch entwickeln? Klären Sie zunächst Ihre Intentionen genau: Was möchten Sie mit so einem Buch erreichen? Ist es der Ausbau des ExpertInnenstatus? Erhoffen Sie sich dadurch Folgeaufträge als Vortragende? Könnten Sie – und viele andere Lehrende – das Buch für die Lehre nutzen? Recherchieren Sie anschließend, welche ähnlichen Bücher bereits erschienen sind und welche Verlage diese herausgebracht haben. Stellen Sie dann eine vorläufige Inhaltsangabe für Ihre **Buchidee** zusammen. Falls Sie bemerken, dass Sie das Buch nicht alleine schreiben können oder wollen, überlegen Sie sich, wer als Co-AutorIn in Frage käme (Miljković 2019).

14.2 Nicht-lehrende Tätigkeiten anstreben

Abgesehen von der Lehre stehen Ihnen innerhalb von Hochschulen und anderen Bildungseinrichtungen zahlreiche andere bezahlte Tätigkeiten zur Verfügung wie

- **Review-Tätigkeiten** durchführen
- an wissenschaftlichen Projekten mitarbeiten
- Umfragen und Erhebungen für Studien durchführen
- Web- und Social-Media-Auftritte für Institutionen betreuen
- Übersetzungsaufträge annehmen
- Sach- und Fachbücher für andere Forschende (aber niemals Abschlussarbeiten für Studierende!) schreiben
- Projektkoordination und/oder -management für Wissenschaftsprojekte durchführen
- Nachhilfe für SchülerInnen geben
- **Privattutorien** für Studierende anbieten
- in Museen Ihres Fachbereichs Themenführungen leiten
- in Fachverbänden und Vereinen organisatorisch tätig sein
- in der Wissenschafts-PR Fuß fassen

14.3 Selbstständigkeit, Spin-off und Start-up

Vor allem in technisch-naturwissenschaftlichen Fachbereichen ergibt sich oft die Möglichkeit, aus einem Forschungsprojekt weiteren Nutzen zu ziehen: **Patente** anmelden, ein **Spin-off** (eine eigenständige kleine Firma oder ein Vertrieb, der auf Resultaten eines Projektes basiert) aufbauen, die eigene **Expertise** in beratender Tätigkeit als Selbstständige einbringen oder ein **Start-up** gründen. Alle diese Möglichkeiten eignen sich dafür, Ihr Wissen und Können auch außerhalb der akademischen Welt zu Geld zu machen, ob durch ein zusätzliches Einkommen oder nach einem Exit als neues Standbein. Besonders die große Flexibilität von Spin-off und Start-up bei der Gestaltung des Arbeitsumfeldes und in der Zusammenarbeit mit anderen (Stichwort «New Work») lockt viele ExpertInnen. Wie bei allen Vorhaben gilt es aber auch hier, über allfällige Nachteile nachzudenken, bevor man den Schritt in die Selbstständigkeit wagt.

Beachten Sie in jedem Fall die Bestimmungen zu **Diensterfindungen** und Spin-offs Ihrer Hochschule. Für die meist zahlreichen Fragen rund um Urheber-, Verwertungs- und Markenrechte bei Unternehmensgründung von Hochschulangestellten können die Rechtsabteilungen der Hochschulen, die oftmals inneruniversitär gelagerten **Technologietransferzentren** sowie die außeruniversitären, regionalen **Wissenstransferzentren** wertvolle Informationen geben.

Zukünftigen Selbstständigen ist die Erstellung eines gründlichen **Business Plans** wärmstens zu empfehlen. Darin sollte neben der Beschreibung der Geschäftsidee auch eine genaue Analyse des angestrebten Absatzmarktes, der Zielgruppe(n), ein solides Budget und mögliche Risiken festgehalten sein. Hilfestellungen dafür bieten neben den oben genannten Transferzentren die Vertretungsorgane für Wirtschaftstreibende (Wirtschaftskammer, Industriellenvereinigung usw.) und zunehmend auch akademische Gründungszentren an den Hochschulen.

Eine kompakte Möglichkeit, einen ersten Überblick über die vielen Aspekte eines eigenen Business zu erlangen, ist die Aufbereitung durch einen **Business Model Canvas**, für den Sie online viele kostenlose Vorlagen finden.

Andere Formen von Selbstständigkeit sind die selbstständige Tätigkeit als ErwachsenenbildnerIn (s. o.) sowie je nach Fachgebiet die Tätigkeit als Ärztin/Arzt, TherapeutIn, Coach, ArchitektIn usw. Bedenken Sie, dass viele Berufe starke Reglementierungen für die Ausübung auferlegt haben bzw. manche Berufe durch Standesvorgaben geschützt sind. Auch das Hobby zum Beruf zu machen, kann große Erfüllung – und zusätzliches Geld – in Ihr Leben bringen.

Übung

Let's talk money! Viele GründerInnen scheuen die realistische Betrachtung ihrer Idee, um sich nicht schon zu Beginn desillusionieren zu lassen. Dennoch ist es das Vernünftigste, zuerst eine Machbarkeitsanalyse zu machen und dann erst ins Träumen und ins Tun zu kommen. Erstellen Sie eine genaue Übersicht über nötige Vorab-Investitionen in Ihr Business und über geschätzte laufende Kosten im Vollbetrieb: Benötigen Sie teure Geräte, ein Büro, eine Lagerhalle oder spezielle Materialien? Erheben Sie, wie hoch Ihr Steuersatz sein wird und welche weiteren Abgaben für Ihr Vorhaben relevant werden könnten. Falls Sie planen, MitarbeiterInnen einzustellen, vergewissern Sie sich, dass Sie z. B. auch Lohnnebenkosten berücksichtigen. Halten Sie das absolute Minimum und den Idealwert Ihrer aktuellen Lebenshaltungskosten fest: Wie viel Miete zahlen Sie aktuell? Wie viel kosten Kindergarten oder Nachmittagsbetreuung Ihrer Kinder? Wie viel Geld müssen Sie für Ihre Pension beiseitelegen? Was bedeutet diese ermittelte Summe (Business-Kosten und Lebenshaltungskosten) für Sie? Wie viele Aufträge bzw. wie viele Arbeitsstunden müssten Sie zu welchem Preis verkaufen? Und was müssten Sie dafür womöglich zurückstellen oder komplett aufgeben?

14.4 Exit aus dem Hochschulsektor

Nach meist vielen Jahren Arbeit an Hochschulen kommt für sehr viele AkademikerInnen der Moment, sich auf den Abgang von der Hochschule vorzubereiten. Entweder, weil sie ihr Studium oder ihre postgraduale Ausbildung abgeschlossen haben, ihr Vertrag nicht weiter verlängert wird, ein Projekt abgeschlossen wurde oder sie sich selbstständig machen möchten. Oftmals ist man so konzentriert auf die Bearbeitung eines Projektes, dass dieser Moment viel schneller als vermutet ansteht. Häufig ist es auch eine sehr emotionale Zeit, da man unfreiwillig aus angestammten Bereichen gerissen wird.

Der Abschied aus einer Hochschulanstellung ermöglicht es aber auch, neue Wege zu beschreiten und seinen Träumen nachgehen zu können (Perel 2018). Wie findet man heraus, was man zukünftig machen möchte? Zum Beispiel indem man schon deutlich vor dem Zeitpunkt des Abgangs eine persönliche

Exitstrategie aufbaut. Den Anfang macht die Einsicht, dass Karriereplanung nicht allzu viel mit strenger Planung zu tun hat, sondern oft flexibel vonstattengeht. Halten Sie daher Ihre Augen und Ohren offen, netzwerken Sie strategischer (s. Kap. 13) und nutzen Sie sich ergebende Chancen rasch.

Manches kann man allerdings nicht dem Zufall überlassen, etwa eine gute Vorbereitung. Holen Sie auf jeden Fall Empfehlungen Ihrer Betreuenden und Vorgesetzten ein, schärfen Sie Ihr Profil durch Selfbranding (s. Kap. 13) und bilden Sie sich weiter, wo es nötig sein sollte.

Tipp

Empfehlungsschreiben sind keine Zeugnisse oder Arbeitszeugnisse, sondern beruhen ausschließlich auf den sehr persönlichen Einschätzungen Ihrer Vorgesetzten (Duden 2008:49f.). Darum besteht auch keinerlei Pflicht, diese für Sie auszustellen. Sie sollten sich allerdings darum bemühen, mehrere Empfehlungsschreiben zu bekommen. Selbstverständlich sind diese umso aussagekräftiger, je besser die Reputation des Ausstellenden ist. Um es den Vorgesetzten einfacher zu machen, können Sie zuvor schon einige Aspekte überlegen, die Ihnen wichtig sind, weil sie Sie und Ihre Arbeitsleistungen am besten repräsentieren. Sie können sogar eine Vorlage für das Empfehlungsschreiben vorbereiten, damit den Empfehlenden so wenig Arbeit wie möglich entsteht. Im Schreiben sind Ihre wissenschaftlichen Leistungen am wichtigsten, nicht allzu viel Gewicht muss hingegen auf die Betonung Ihrer Soft Skills gelegt werden.

Ein weiterer Erfolgsfaktor für Ihre Exitstrategie ist ein gründliches Update Ihres Lebenslaufs, Ihrer Online-Profile in Social Media bzw. Ihres Webauftritts. Stellen Sie sich mit all Ihren Erfahrungen und Kenntnissen dar und zeigen Sie sich so möglichen ArbeitgeberInnen im besten Licht. Auch Ihre **Bewerbungsunterlagen** können eine Überarbeitung vertragen: Die Career Center der Hochschulen bieten entsprechende Services durch ExpertInnen an. Dort können Sie auch Bewerbungstrainings durchführen, um über den aktuellen Stand des Arbeitsmarktes informiert zu sein.

Tipp

Zu guter Letzt, bevor Sie Ihren Arbeitsplatz ein allerletztes Mal verlassen: Sichern Sie all Ihre Daten und nehmen Sie (sofern das erlaubt ist) alle wichtigen Unterlagen in Kopie mit nach Hause. Sammeln Sie alle Bestätigungen/Zeugnisse ein und retournieren Sie ggf. entlehnte Bücher. Falls Sie an Lehre beteiligt sind, stellen Sie fest, bis wann die Noteneingabe spätestens zu erfolgen hat. Falls Sie ein Projekt abschließen, kontrollieren Sie den Status quo durch ein Project Review und beginnen Sie mit der Nachbereitung (s. Kap. 11.3). Setzen Sie jetzt auch schon Nachbesprechungstermine mit Vorgesetzten und Feedbackgespräche mit KollegInnen an.

Literaturempfehlungen zu Teil IV

Carrigan M. (2016): Social Media for Academics, Los Angeles u. a.: Sage.

Duden (2008): Erfolgreiche Bewerbungen in der Wissenschaft, erstellt von Reinders H., Mannheim/Wien: Dudenverlag.

Fuglei M. (2014): Social Media In Education: Benefits, Drawbacks and Things to Avoid. In: *Room 241, a blog by Concordia University – Portland.* Zuletzt abgerufen am 19.3.2019 unter https://education.cu-portland.edu/blog/leaders-link/educational-social-media-use/.

Gallagher K. (2015): How to Build Your Teacher Brand. *EdSurge blog.* Zuletzt abgerufen am 4.4.2019 unter https://www.edsurge.com/news/2015-12-23-how-to-build-your-teacher-brand.

Jackson V. P. (2009): Time management: A realistic approach. Journal of the American College of Radiology 6(6): 434–6. DOI: *10.1016/j.jacr.2008.11.018.*

Kasanoff B. (2014): How to self-promote without being a jerk. *LinkedIn Artikel.* Zuletzt abgerufen am 4.4.2019 unter https://www.linkedin.com/pulse/how-self-promote-without-being-jerk-bruce-kasanoff.

Klein A. (2017): Wissenschaftliche Arbeiten schreiben. Praktischer Ratgeber mit über 100 Software-Tipps. Frechen: mitp.

Miljković N. (2018): Self Branding und online Reputationsmanagement. In: Miglbauer M., Kieberl L., & Schmid S. (2018). Hochschule digital.innovativ. #digiPH. *Tagungsband zur 1. Online-Tagung*, S. 359–370. Graz: FNMA.

Miljković N. (2019): Von der Vorlesung zum Sachbuch. So bauen Sie Ihren Expertenstatus aus. Wiesbaden: Springer-Gabler.

Miller M. (2017): Karriere nach der Wissenschaft. Alternative Berufswege für Promovierte. Frankfurt am Main: Campus Verlag.

Perel G. (2018): What happens when academics quit? Good things, it turns out. *Times Higher Education THE* von 16. März 2018. Zuletzt abgerufen am 20.3.2019 unter https://www.timeshighereducation.com/blog/what-happens-when-academics-quit-good-things-it-turns-out.

Rock E. (o. J.): Staying professional on social media. Keep your reputation in mind before you hit «post.». In: *AICPA.* Zuletzt abgerufen am 19.3.2019 unter https://www.aicpa.org/interestareas/youngcpanetwork/resources/career/staying-professional-on-social-media.html.

Welch S. (2009): 10-10-10: 10 Minuten, 10 Monate, 10 Jahre – Die neue Zauberformel für intelligente Lebensentscheidungen. München: Arkana Verlag.

Weller M. (2011): The Digital Scholar. How Technology is Transforming Scholarly Practice. London/Oxford: Bloomsbury Academic.

Wilde A. (2016): Die Berufungskommission – Zuständig für das gesamte Berufungsverfahren. In: *Academics.de.* Zuletzt abgerufen am 4.4.2019 unter *https://www.academics.de/ratgeber/berufungskommission-professur.*

Wüst P. (2011): Die Marke Ich: Authentizität schafft Vertrauen. HR Today Special 1/11 – Leadership. Zuletzt abgerufen am 4.4.2019 unter http://www.wuest-consulting.ch/data/press/2011/Die-Marke-Ich—Authentizitaet-schafft-Vertrauen/file/Führungsmarke_HR_Today_Spezial.pdf.

Über die Autorinnen

Andrea Klein

Dr. Andrea Klein – Dozentin, Coach und Autorin – lehrt seit vielen Jahren an Universitäten, Fachhochschulen und Berufsakademien die Grundlagen wissenschaftlichen Arbeitens. Im Jahr 2019 hat sie den Online-Kongress «Studienfeuer» ins Leben gerufen (www.studienfeuer.de). In hochschuldidaktischen Workshops teilt Andrea Klein ihre Erfahrungen mit Dozierenden und entwickelt mit ihnen Herangehensweisen für die Lehre sowie für die Betreuung und Begutachtung studentischer Arbeiten. Ihr Fachblog «Wissenschaftliches Arbeiten lehren» (www.wissenschaftliches-arbeiten-lehren.de) richtet sich ebenfalls an Dozierende.

Bibliografie (Auswahl)

Klein A. (2017): Wissenschaftliche Arbeiten schreiben. Praktischer Leitfaden mit über 100 Software-Tipps. Frechen: mitp.

Klein A. (2018): Wissenschaftliches Arbeiten im dualen Studium. München: Verlag Vahlen.

Klein A. (Herbst 2019): Wissenschaftliches Arbeiten lernen in dualen sozialpädagogischen Studiengängen. In Hess, S. (Hrsg.): Dual Sozialpädagogik studieren: Chancen und Herausforderungen in Studiengängen mit Theorie-Praxis-Verzahnung. Wiesbaden: Springer.

Klein A. (Herbst 2019): Duale Denkhüte. In: Wymann, C. (Hrsg.): Praxishandbuch Schreibdidaktik. Übungen zur Vermittlung wissenschaftlicher Schreibkompetenzen. Opladen & Toronto: Verlag Barbara Budrich.

Klein A. (Herbst 2019): Tools, Tools, Tools. In: Wymann, C. (Hrsg.): Praxishandbuch Schreibdidaktik. Übungen zur Vermittlung wissenschaftlicher Schreibkompetenzen. Opladen & Toronto: Verlag Barbara Budrich.

Kontakt

Dr. Andrea Klein
Anna-Bender-Straße 22, D-68535 Edingen-Neckarhausen
www.wissenschaftliches-arbeiten-lehren.de
andrea.klein@wissenschaftliches-arbeiten-lehren.de

Natascha Miljković

Die promovierte Naturwissenschaftlerin und Wissenschaftsberaterin Natascha Miljković ist seit 15 Jahren im Hochschulbereich tätig. Seit der Gründung ihrer Agentur «Zitier-Weise» (www.plagiatpruefung.at) 2012 berät sie Hochschulen im deutschsprachigen Raum zu Responsible Conduct of Research and Innovation (RRI) und schult Studierende und Hochschullehrende zu Wissenschaftsethik und Plagiatsprävention. Auf ihrem Blog (www.plagiatpruefung.at/zitier-weise-blog) berichtet sie regelmäßig über aktuelle Entwicklungen in diesen Bereichen.

Bibliografie (Auswahl)

Miljković N. (erscheint Ende 2019): Von der Vorlesung zum Sachbuch. Tipps von der Konzeptarbeit bis zur Buchvermarktung. Wiesbaden: Springer-Gabler.

Miljković N. (erscheint Ende 2019): Aktive Plagiatsprävention durch Paraphrasieren. In: Wymann, C. (Hrsg.): Praxishandbuch Schreibdidaktik. Übungen zur Vermittlung wissenschaftlicher Schreibkompetenzen. Opladen & Toronto: Verlag Barbara Budrich.

Miljković N. (2018): Chancen und Limitierungen von Plagiatsprüfungen. In: Miglbauer M., Kieberl L. & Schmid S. (2018). Hochschule digital.innovativ | #digiPH. *Tagungsband zur 1. Online-Tagung*, S. 349–358. Graz: FNMA.

Miljković N. (2018): Self Branding und online Reputationsmanagement. In: Miglbauer M., Kieberl L. & Schmid S. (2018). Hochschule digital.innovativ | #digiPH. *Tagungsband zur 1. Online-Tagung*, S. 359–370. Graz: FNMA.

Miljković N. & Merten R. (Hrsg.)(2017): Erfolg in Studium und Karriere. Fit durch Selbstcoaching. Leverkusen-Opladen: UTB-Budrich.

Dollfuß H. & Miljković N. (2015): Plagiate finden und vermeiden (Editorial). *GMS Medizin Bibliothek-Information* 2015, 15(1–2): Doc 01 (online unter: https://www.egms.de/static/en/journals/mbi/2015-15/mbi000328.shtml).

Miljković N. (2015): Why do we quote? The culture and history of quotation (Rezension). *GMS Medizin-Bibliothek-Information* 2015, 15(1–2): Doc 5 (online unter: https://www.egms.de/static/en/journals/mbi/2015-15/mbi000332.shtml).

Miljković N. (2015): Mehr Schaden als Nutzen? Problematischer Einsatz von Textvergleichsprogrammen zur vermeintlichen Plagiatsvermeidung. *GMS Medizin-Bibliothek-Information* 2015, 15(1–2): Doc 10 (online unter: https://www.egms.de/static/en/journals/mbi/2015-15/mbi000337.shtml).

Kontakt

Dr. Natascha Miljković (Agentur «Zitier-Weise»)
Müllnergasse 12/13, A-1090 Wien (Österreich)
www.plagiatpruefung.at
office@plagiatpruefung.at

Der Newsletter zum Buch

Weiterführende Informationen zu den im Buch angesprochenen Themen können Sie auch über den Newsletter der Autorinnen unter http://eepurl.com/dc0vd1 beziehen.

Register